中国旅游院校五星联盟教材编写出版项目

中国骨干旅游高职院校教材编写出版项目

出境旅游领队实务

（第二版）

主 编 徐辉

中国旅游出版社

项目统筹：段向民

责任编辑：段向民

责任印制：谢　雨

封面设计：何　杰

图书在版编目（CIP）数据

出境旅游领队实务／徐辉主编. -- 2 版. -- 北京：
中国旅游出版社，2018.7（2023.6重印）

中国旅游院校五星联盟教材编写出版项目　中国骨干
旅游高职院校教材编写项目

ISBN 978-7-5032-6063-6

Ⅰ. ①出… Ⅱ. ①徐… Ⅲ. ①出入境—旅游服务—高
等职业教育-教材 Ⅳ. ①F590.63

中国版本图书馆 CIP 数据核字（2018）第 147136 号

书　　名：出境旅游领队实务（第二版）

作　　者：徐辉　主编

出版发行：中国旅游出版社

（北京静安东里6号　邮编：100028）
http：//www.cttp.net.cn　E-mail：cttp@mct.gov.cn
营销中心电话：010-57377103，010-57377106
读者服务部电话：010-57377107

经　　销：全国各地新华书店

印　　刷：北京工商事务印刷有限公司

版　　次：2018 年 7 月第 2 版　2023 年 6 月第 4 次印刷

开　　本：787 毫米×1092 毫米　1/16

印　　张：18.5

字　　数：369 千

定　　价：39.80 元

ISBN　978-7-5032-6063-6

出 版 说 明

把中国旅游业建设成国民经济的战略性支柱产业和人民群众更加满意的现代服务业，实现由世界旅游大国向世界旅游强国的跨越，是中国旅游界的光荣使命和艰巨任务。要达成这一宏伟目标，关键靠人才。人才的培养，关键看教育。教育质量的高低，关键在师资与教材。

经过 20 多年的发展，我国高等旅游职业教育已逐步形成了比较成熟的基础课程教学体系、专业模块课程体系及学生行业实习制度，形成了紧密跟踪旅游行业动态发展和培养满足饭店、旅行社、旅游景区、旅游交通、会展、购物、娱乐等行业需求的人才的开放式办学理念，逐渐摸索出了一套有中国特色的应用型旅游人才培养模式。在肯定成绩的同时，旅游教育界也清醒地看到，目前的旅游高等职业教育教材建设和出版还存在着严重的不足，体现在教材反映出的专业教学理念滞后，学科体系不健全，内容更新慢，理论与旅游业实际发展部分脱节等，阻碍了旅游高等职业教育的健康发展。因此，必须对教材体系和教学内容进行改革，以适应飞速发展的中国旅游业对人才的需求。

上海旅游高等专科学校、浙江旅游职业学院、桂林旅游高等专科学校、南京旅游职业学院、山东旅游职业学院、郑州旅游职业学院等中国最早从事旅游职业教育的骨干旅游高职院校，在学科课程设置、专业教材开发、实训实习教学、旅游产学研一体化研究、旅游专业人才标准化体系建设等方面走在全国前列，成为全国旅游教育的排头兵、旅游教学科研改革的试验田、旅游职业教育创新发展的先行者。他们不仅是全国旅游职业教育的旗帜，也是国家旅游局非常关注的旅游教育人才培养示范单位，培养出众多高素质的应用型、复合型、技能型的旅游专业人才，为旅游业发展做出了贡献。中国旅游出版社作为旅游教材与教辅、旅游学术与理论研究、旅游资讯等行业图书的专业出版机构，充分认识到高质量的应用型、复合型、技能型人才对现阶段我国旅游行业发展的重要意义，认识到推广中国骨干旅游高等职业院校的基础课程、专业课程、实习制度对行业人才培养的重要性，由此发起并组织了中国旅游院校五星联盟教材编写出版项目暨中国骨干旅游高职院校教材编写出版项目，将六校的基础课程和专业课程的教材成系统精选出版。该项目得到了"五星联盟"院校的积极响应，得到了国家旅游局人事司、教育部高职高专旅游专业教学指导委员会、中国旅游协会旅游教育分会的大力支持。经过各方两年多的精心准备与辛勤编写，在国家"十二五"开局之年，这套教材终于推出面世了。

中国旅游院校五星联盟教材编写出版项目暨中国骨干旅游高职院校教材编写出版项目所含教材分为六个专业模块：**"旅游管理专业模块"**（《旅游概论》、《旅游经济学基础》、《中国旅游地理》、《中国旅游客源国与目的地国概况》、《旅游市场营销实务》、《旅游服务业应用心理学》、《旅游电子商务》、《旅游职业英语》、《旅游职业道德》、《旅游策划实务》、《旅游交际礼仪》、《休闲学概论》、《旅游商品概论》）；**"酒店服务与管理专业模块"**（《酒店概论》、《酒店前厅部服务与管理》、《酒店客房部服务与管理》、《酒店餐饮部服务与管理》、《酒店财务管理》、《酒店英语》、《酒店市场营销》、《调酒与酒吧管理》）；**"旅行社服务与管理专业模块"**（《旅行社经营管理》、《旅游政策与法规》、《导游业务》、《导游文化基础知识》、《旅行社门市业务》、《旅行社业务操作技能实训》、《出境旅游领队实务》）；**"景区服务与管理专业模块"**（《景区规划原理与实务》、《景区服务与管理》、《旅游资源的调查与评价》）；**"会展服务与管理专业模块"**（《会展概论》、《会展策划与管理》、《会展设计与布置》、《实用会展英语》）；**"烹饪工艺与营养专业模块"**（《厨政管理》、《烹饪营养与食品安全》、《面点工艺学》、《西餐工艺与实训》）。本套教材实行模块主编审稿制，每一个专业模块均聘请了一至三位该学科领域的资深专家作为特邀主编，负责对本模块内每一位主编提交的编写大纲及书稿进行审阅，以确保本套教材的科学性、体系性和专业性。"五星联盟"的资深专家及六校相关课程的骨干教师参与了本套教材的编写工作。他们融合多年的教学经验和行业实践的体会，吸收了最新的教学与科研成果，选择了最适合旅游职业教育教学的方式进行编写，从而使本套教材具有了鲜明的特点。

1. 定位于旅游高等职业教育教材的"精品"风格，着眼于应用型、复合型、技能型人才的培养，强调互动式教学，强调旅游职业氛围及与行业动态发展的零距离接触。

2. 强调三个维度能力的综合，即专业能力（掌握知识、掌握技能）、方法能力（学会学习、学会工作）、社会能力（学会共处、学会做人）。

3. 注重应用性，强调行动理念。职业院校学生的直观形象思维强于抽象逻辑思维，更擅长感性认识和行动把握。因此，本套教材根据各门课程的特点，突出对行业中的实际问题和热点问题的分析研讨，并以案例、资料表述和图表的形式予以展现，同时将学生应该掌握的知识点（理论）融入具体的案例阐释中，使学生能较好地将理论和职业要求、实际操作融合在一起。

4. 与相关的行业资格考试、职业考核相对应。目前，国家对于饭店、导游从业人员的资格考试制度已日臻完善，而会展、旅游规划等的从业资格考核也在很多旅游发达地区逐渐展开。有鉴于此，本教材在编写过程中尽可能参照最新的各项考试大纲，把考点融入教材当中，让学生通过实践操作而不是理论的死记硬背来掌握知识，帮助他们顺利通过相关的考试。

中国旅游院校五星联盟教材编写出版项目暨中国骨干旅游高职院校教材编写出版项目是一个持续的出版工程，是以中国骨干旅游高职院校和中国旅游出版社为平台的可持续发展事业。我们对参与这一出版工程的所有特邀专家、学者及每一位主编、参编者和旅游企业界人士为本套教材编写贡献出的教育教学和行业从业的才华、智慧、经验及辛勤劳动表示崇高的敬意和衷心的感谢。我们期望这套精品教材能在中国旅游高等职业教育教学中发挥它应有的作用，做出它应有的贡献，这也是众多参与此项编写出版工作的同人的共同希望。同时，我们更期盼旅游高等职业教育界和旅游行业的专家、学者、教师、企业界人士和学生在使用本套教材时，能对其中的不足之处提出宝贵意见和建议，我们将认真对待并吸纳合理意见和建议，不断对这套教材进行修改和完善，使之能够始终保持行业领先水平。这将是我们不懈的追求。

中国旅游出版社

2013 年 11 月

再版前言

据世界旅行及旅游业理事会（WTTC）预测，中国将在 2023 年成为世界第一大旅游经济体。中国出境旅游市场以其爆发式的增长速度正在成为全球瞩目的热点。旅游专家认为，今后 4 年中国公民出境旅游总人数有望突破 4 亿人次。2017 年，中国出境游人数已达 1.31 亿人次。同比增长 7.0%。从总量上来看，已经连续 6 年成为世界排名第一的世界客源国。截至 2016 年 12 月，我国正式开展组团业务的出境旅游目的地国家（地区）达到 123 家。截至 2017 年 1 月，有 174 个国家与我国建立了外交关系，已正式开展组团业务的中国出境旅游目的地国家（地区）占到了与我国建交国家的 70.69%。

出境游领队是中国出境旅游近十几年迅速发展而催生出来的新职业。2015 版《中华人民共和国职业分类大典》将旅游团队领队等 4 个职业作为新职业纳入《大典》，这标志着出境旅游领队职业身份在国家职业体系中首次得以确立。而具有出境资质的国际旅行社（公司）急需旅游院校能培养出既有理论基础，又有实战经验的应用型旅游人才，以应对日益发展的出境旅游行业对旅游人才的需求。

目前，越来越多的旅游院校及旅游学系开始开设了《领队实务》这门课程。但由于缺乏师资与教材，许多旅游院校及旅游学系只能在《导游业务》的课程中，开设一个模块，或者根本无能力开设该课程。这显然与行业的发展及学科的发展是不相适应的。基于此，编者在多年亲自带团担任出境旅游领队积累实战经验和参阅大量国内外研究出境旅游带团成果的基础上，对旅行社出境旅游领队带团的流程进行了系统梳理，编著了《出境旅游领队实务》一书。修订后的书籍可以从以下几个方面来体现此本教材的鲜明特点。

内容翔实，条理清晰。本书涉及出境旅游领队带团工作中常遇到的各方面的知识，涵盖出境游领队与出境游之间的关系、出境游领队与旅游业的关系、出境游领队应具备的资格及素质、出境游领队必须储备的相关知识、出境游领队带团的整个作业流程、出境游领队带团的操作与讲解技巧、带团中事故的处理与预防等十个篇章。基本包含了出境游领队所应具备的带团能力和技巧。加上本书的编写者来自不同的旅游院校，更有来自旅行社行业的资深业者，他们不但有着丰富的担任出境游领队的经验，也有丰富的旅游教学经验，从而可以从全方位、多角度地收集发生在全球各地带团案例、梳理带团流程来编纂此书。

双重体例，方便教学。本书分为基础篇、操作篇、技能篇三大模块。首尾的基础篇和技能篇的体例采用本章导读、学习目标、复习与思考，文中穿插知识链接、案例思考及分析。正文的开始由案例导入进行分析引导阅读者关注正文所要阐述的内容。而教材中间部分阐述领队带团流程的操作篇采用是任务驱动的体例。该部分的设计以真实出境游领队职业活动为导向，以出境游领队工作真实的任务为载体，整合序化教学内容，导入教学情境，重视学生的能力训练，采用以学生为主题，学做一体化的课程教学模式。

注重实用，服务多元。编者坚持与旅行社行业接轨，吸收了大量的出境游领队带团的实战经验，反映了旅行社业实践和研究的新成果，内容具有较强的前瞻性。为配合出境旅游发展的需要，修订后的教材除更新内容外，还特别增加了出境游领队在国际邮轮上的服务这一章节，增加了旅行社行前说明服务规范、领队导游引导文明旅游规范、旅行社出境旅游服务规范和各国报警电话一览四项附录。此书既可作为旅游院校的教学用书，又可作为出境旅游领队培训教材，同时，也可作为广大出境旅游爱好者的参考书。该书内容全面、层次清晰，具有很强的可读性。

《出境旅游领队实务》由浙江旅游职业学院旅行社管理系徐辉副教授主编，负责本书的整体设计，编写第二章、第四章、第五章、第六章及统稿、定稿等工作；浙江省中国旅行社集团有限公司资深出境游领队兼德语导游孙艺翻译编写第一章、第九章；浙江旅游职业学院外语系厉玲玲老师编写第三章；浙江旅游职业学院外语系陈积峰老师与酒店管理系金一冬老师合编第七章；浙江长征职业技术学院吴小川老师编写第八章；浙江省中青国际旅游有限公司出国出境旅游中心朱小军副总经理编写第十章。

在编写过程中，编者参考和借鉴了旅游界诸多同行和专家的研究成果。同时，有旅游企业专业人士、高层管理人员与旅游媒体的共同参与，体现校企合作、媒体参与开发课程的新理念。浙江省旅游局、浙江省中青国际旅游有限公司出境旅游总部朱小军副总经理对此教材的编写工作给予了很大的帮助。浙江省中青国际旅游有限公司出境旅游总部澳新部陈钗经理给主编提供了担任"纯净新西兰南北岛八日游"的领队工作，夯实了本书操作篇任务驱动体例的内容。浙报传媒《江南游报》总编江如文给予积极支持，在显著的版面上连续刊登出境游案例及专家评析，让高校、企业与媒体的合作形成了良性循环。另外，杭州海外旅游有限公司资深领队童智毅先生、浙江省中青国际旅游有限公司资深领队陈雪峰女士、中国旅游出版社段向民编辑对此教材的编写工作给予了很大的帮助。在此一并表示感谢。

由于本书涉及的内容广泛，专业性强，我们的学识水平有限，难免存在不足之处，恳请各界读者匡正赐教，以期通过不断的修订进行完善和提升。

徐　辉

2018 年 5 月 31 日

于杭州

目 录
CONTENTS

基础篇

操作篇

技能篇

基础篇

第一章 出境旅游领队概述

　　根据世界旅行及旅游业理事会（WTTC）预测，中国将在 2023 年成为世界第一大旅游经济体。旅游专家认为，今后 4 年中国公民出境旅游总人数有望突破 4 亿人次。2017 年，中国出境游人数已达 1.31 亿人次。同比增长 7.0%。从总量上来看，中国已经连续 6 年成为世界排名第一的世界客源国。出境旅游的发展使我国的出境旅游领队越来越受到人们的关注。

　　出国、出境旅游与国内旅游不仅仅是旅游目的地自然条件和旅游距离上的差异，由于跨越不同社会经济制度，存在着不同的民族文化，以及使用不同语言文字，故而在许多方面与国内旅游有所不同。如出入境必须准备中华人民共和国护照，过关签证体现国家主权，健康检疫进行疾病预防，各国海关有不同的规定等。还有目的地国家或地区语言文化环境对旅游服务产生的额外要求，由于时差等因素在境外出现问题与国内通信联络的不便以及不同政治、法律、经济制度造成的麻烦等。随着出境旅游越来越呈现出泛大众化的倾向，出境旅游的发展使我国的出境旅游领队越来越受到人们的关注。

　　本章分别从多方面专门介绍了我国的出境旅游领队在出境旅游活动中的地位和作用；详细介绍了我国的出境旅游领队队伍从无到有、从探索到成熟的发展历程；介绍了出境旅游领队与旅游业及其他行业的关系；阐述了领队工作的特点；阐明了出境旅游领队人员的职责和义务。

学习目标　　　　　　　　　　　　　　　　　　　　　>>

知识目标

1. 熟悉出境旅游领队在旅游业中的地位和作用。
2. 掌握我国出境旅游领队的发展过程。
3. 了解出境旅游领队与旅游业和其他产业的关系。

能力目标

1. 掌握出境旅游中旅游者下榻饭店的分类方法。
2. 了解出境旅游中景区景点的分类方法。
3. 熟悉出境旅游中所使用交通工具的特点。
4. 掌握旅游团安全事故的预防与处理方法。
5. 掌握引导旅游者在境外文明旅游的技能。

你是我们的埃及导游吗?

在非洲埃及带团的日子里,开罗机场所发生的一幕,今日想来历历在目……

下午,团员们乘船游览了土耳其伊斯坦布尔的博斯普鲁斯海峡和欧亚跨海大桥的绝佳风光后,乘埃及航空公司的飞机前往埃及首都开罗进行游览。飞机飞行了2小时,抵达开罗国际机场时,已是晚上9:00。过了绿色通道,拿到行李后,在国际抵达处,有一位阿拉伯人长相的年轻人手上举着"Welcome Zhejiang Delegation"(欢迎浙江代表团)的接站牌,用英语问我:"Are you a tour manager from China?"(你们是从中国来的领队吗?)。我回答:"是的。"我问了这位阿拉伯小伙子的名字,发现他的名字与我公司给我的接待计划中所给的名字不一样。于是我就问他:"Are you our Egyptian tour guide?"(你是我们的埃及导游吗?)阿拉伯小伙子回答道:我是机场代表,导游Nassor明天会来酒店接你们去游览的。

当我确定了导游的名字与我的计划上的名字相符,核对了团队的人员、团名,我才放心地让团员们随机场代表赴酒店入住。

案例分析

美国著名的营销家 Parsuraman et al(1998)提出了五种服务质量标准:可靠性、反应性、保证性、移情性、有形性。可靠性是指旅游企业可靠地、准确无误地完成所承载的服务能力,是旅游服务质量属性的核心内容和关键部分。例如:旅游者希望航空公司的飞机能正点起飞,正点降落。结合旅游服务的特性,笔者认为安全性也是旅游服务质量属性之一。安全性是旅游企业向旅游者提供的服务,使旅游者感到人身与财产安全。

埃及毕竟是远离中国的非洲国度,也是一个对中国开放不久的旅游目的地国家。其旅行社运作的体系跟中国也有差异。如接送团体,由机场代表负责完成,游览部分由导游完成。本案例中,笔者在出团前在网上搜索到在埃及开罗机场,经常有别着埃及旅游协会(Egyptian Chamber of Tourism)之类徽章的人和旅游者搭讪,使得领队在与地陪交接时格外小心。核对导游姓名、人数、团名等,以确保服务的可靠性与安全性,也符合了服务质量标准中可靠性的另一层含义,就是服务的连续一致性。也就是说,第一次就将事情做对,信守承诺。设想,如果导游接错了团,团员们在异国他乡,会是怎么样的一种感受呢?

(资料来源:徐辉.国际旅游业对客服务艺术案例[M].杭州:浙江科学技术出版社,2008.)

第一节　出境旅游领队的发展历程

我国自实行改革开放政策以来，国民经济实现快速增长。国民的可支配收入的快速上升和国家给予的公共假期的不断增多，使旅游消费进入越来越多家庭的开支计划，其消费比例也在家庭总收入中不断增大。当今，富裕起来的中国公民不满足于仅仅饱览本国的名山大川、名胜古迹，更是逐渐走出国门，融入国际旅游的洪流之中。出境旅游在中国已经渐成时尚。发展势头强劲的出境旅游不仅丰富了我国公民的休闲生活，同时也加深了我国人民对世界各国的了解，促进了中国人民与世界各国人民的联系与沟通。

据国家旅游局的统计，2014 年，中国出境旅游人数首次过亿，达到 1.07 亿人次，与 2013 年相比，同比增长 19.49%。2017 年，中国出境游人数已达 1.31 亿人次。同比增长 7.0%（如表 1-1），继续蝉联全球出境旅游人数冠军。我国已经成为泰国、日本、韩国、越南、俄罗斯、马尔代夫、英国等多个国家的第一大入境旅游客源地。就绝对数量而言，中国出境市场已经超过德国与美国。根据世界旅游组织公布的数据显示，2014 年全球共 13 亿多的旅游者出国旅游，这意味着全球每 10 个出国旅游的人中，就有一个是中国人。中国内地公民出境旅游人数 1998 年为 843 万人次，到 2014 年破亿，增长 10.8 倍，是世界旅游史上绝无仅有的奇迹，它是中国旅游业发展的一个里程碑，成为我国家开放、国力强盛、国民小康的标志。

知识链接　🔍 搜索

表 1-1　中国公民出境总人数

年　份	人　数（人次）	增长率（%）
1997	532 万	
1998	843 万	58.46
1999	923 万	9.49
2000	1047 万	13.43
2001	1213 万	15.85
2002	1660 万	36.85
2003	2020 万	21.69
2004	2850 万	41.09
2005	3102 万	8.84
2006	3452 万	11.26

续表

年　份	人　数（人次）	增长率（%）
2007	3910 万	13.27
2008	4584 万	17.23
2009	4765 万	3.94
2010	5739 万	20.40
2011	7025 万	22.42
2012	8318 万	18.41
2013	9819 万	18.00
2014	1.07 亿	19.49
2015	1.17 亿	9.00
2016	1.22 亿	4.3
2017	1.31 亿	7.0

——资料来源：《中国旅游年鉴》（1997—2017）

2016 年我国出境旅游人数达 1,22 亿人次，其中旅行社组织的出境旅游人数超过 5000 万人次，出境自由行规模超过 7000 万人次，具有明显的散客出游特征。不论是跟团游还是自助游游客，都开始习惯通过移动互联网了解目的地信息或预订旅游产品。劲旅咨询发布的《2017 年在线旅游目的地信息服务市场研究报告》显示，2016 年在线旅游投资规模为 924 亿元。国内各种旅游运营商的大力发展，积累了越来越多的活跃用户。尤其是 80 后、90 后逐渐成为旅游消费的重要群体。他们更加偏好自由行的出境旅游方式，各种旅游 APP 为他们在行前预订、旅途游玩以及游后分享方面提供了很多便利，这些移动旅游运营商的发展也在一定程度上促进了出境游的发展。表 1-2 为国内部分主要的旅游类运营商，这些运营商旗下大多有数款旅游类 APP，为游客借助移动互联网出游提供信息。

表 1-2　国内部分旅游类运营商

运营商	APP 数量	APP 名称
去哪儿	6	去哪儿旅行，去哪儿兜行，去哪儿酒店，去哪儿攻略，去哪儿旅图
携程旅行网	5	携程旅行，携程学生旅行，携程攻略，携程特价酒店，携程旅游
同程旅游	5	同程旅游，非常酒店，非常机票，全国景点团购，温泉团购
途牛旅游网	3	途牛旅游，特价门票，途牛自驾
艺龙旅行网	2	艺龙旅行，艺龙酒店
深圳活力天汇科技有限公司	3	航班管家，鹰漠旅行，高铁管家
驴妈妈旅游网	1	驴妈妈旅游

一、我国出境旅游领队的产生与发展

根据旅游学原理，一个国家发展旅游应该首先发展国内旅游，然后再发展国际旅游。国内旅游是国际旅游的基础，国际旅游是国内旅游的延伸。而国际旅游包括了入境旅游和出境旅游。

在中国，因为特殊的国情，旅游业的发展则是先从国际旅游起步，但是却一直缺乏入境旅游和出境旅游两种业务同时发展的态势。从新中国成立到改革开放初期，国家一直致力于大力发展入境旅游，而对出境旅游的推动和促进则是 20 世纪 80 年代才慢慢开始形成气候。当时国家的发展方针是：适度发展出境旅游，大力发展入境旅游，积极发展国内旅游。所以，直到改革开放初期，有关出境"领队"的称谓在旅游界还并不为人们所熟悉。人们概念里"领队"还仅仅停留在对入境旅游团中来自我国客源国旅行社的工作人员的定位，而与今天我国众多具有从事出境旅游资质的旅行社委派的领队毫无关联。

"领队"一词在我国真正被旅行社业广泛使用，还是在我国的出境旅游快速发展起来之后。境外的旅行社对"领队"的翻译多种多样。大致上有"Tour Leader""Tour Manager""Tour Director""Tour Conductor"和"Tour Escort"几种称呼。具有出境资质的旅行社因为业务发展和管理的需要培养了不少高素质的出境旅游领队人员，大批出境旅游者在境外旅游中领略了出境旅游领队的风采，才使人们对"领队"一词有比较深刻的了解。出境旅游领队的出现及人们对其的认可过程，是和我国公民出境旅游的发展过程紧密相连的。我国出境旅游领队队伍的发展同时也印证了我国的对外开放程度。

我国最早的出境旅游领队——港澳游领队产生于广东省。由于历史的原因和特殊的地理位置，广东省及附近居民与港澳地区有着千丝万缕的联系。改革开放初期，在发展经济、文化交流、探亲访友等方面广东省比祖国内地其他地区有更加迫切的需求和不可超越的优势。尤其在人员往来方面，广东省可以说占尽了天时地利人和的先决条件，交通便利、文化同脉、语言同宗、习性相近等区位优势使广东省成为我国第一个被允许经营内地居民出境旅游的地区。1983 年，广东省的旅行社开始经营其居民赴港澳地区的探亲游业务。按照国家的规定，每个赴港澳的出境旅游团队必须包含一名由组团社派遣的领队随团出境旅游，以保证刚刚起步的港澳探亲旅游的顺利进行。至此，中国的出境旅游领队开始以带团人员的身份出现在出境旅游团队之中，出境旅游领队也成了我国旅行社内部的一个重要工作岗位。

我国最早的出国旅游领队开始于赴东南亚旅游的实施。经过几年港澳探亲游的探索和实践，我国的旅行社在出境旅游方面积累了一定的经验，同时我国公民的出境旅游意识不断提高，出境旅游市场推动着我国旅游业不断发展，逐步开发出境出国旅游变成了水到渠成的事情。1990年，面对不断提升的市场需求，国家旅游局发布实施了《关于组织我国公民赴东南亚三国旅游的暂行管理办法》，一些具有出境旅游经营资格的旅行社纷纷组团前往东南亚三国旅游观光。旅行社的领队人员开始率领出境旅游团在新加坡、马来西亚和泰国进行旅游观光活动，开启了中国旅行社的领队在境外带团游览新的一页。

经过数年的出境旅游实践和推广，出境旅游为越来越多的旅游者所接受，出境旅游的人数成倍增长，旅游者对出境旅游的要求和期望也越来越高，出境目的地迅速增多，出境（国）旅游迅猛增长，政策越来越宽松，需求越来越多元化，出境市场发生深刻变化。为了进一步规范旅游市场的发展，使中国的出境旅游管理更加有序地进行，1997年7月1号，国务院批准了《中国公民自费出国旅游管理暂行办法》。同年，全国上百家具有出境旅游特许资格的旅行社中的一大批领队，经过严格的资格审查和业务培训，顺利通过领队证的资格考试后，获得了我国第一批出境旅游领队资格证。

自从1983年从广东省开始的港澳探亲游以来，我国的出境旅游市场的占有率一直以飞跃式的方式在增长，中国公民的出境旅游势头一直很强劲，中国人的旅游活动几乎遍及五大洲四大洋。对不少旅游目的地国家来说，中国已经成为他们的主要旅游客源国之一，对增加当地的经济收入，推动当地的经济的复苏和发展，带动当地的就业市场起着举足轻重的作用。截至2015年年底，国家旅游局公布的我国出境旅游目的地国家（地区）当地接待社的名单已经有几百家。

2000年以来，我国公民出国游主要目的地有了变化，开放最早的东南亚位次后移，近距离的日本和韩国，接壤的越南和俄罗斯位置前移。洲际的美国、澳大利亚、德国、法国、意大利和英国均榜上有名。从出境（国）旅游的市场规模来看，我国前往主要目的地的客流量逐年增加。

我国公民出境旅游目的地大大增加的同时，进一步激发了我国公民的出境旅游热情。目前，我国出境旅游的发展势头已经达到了锐不可当的地步，因而对出境旅游领队的需求量也不断增加。根据国家旅游局网站的统计，2015年我国具有出境旅游业务资质的旅行社3231家，2016年增加到了3876家，增长率为19.96%，其中北京、广东、浙江、山东、辽宁和上海共计1968家、占到总数的50.8%。出境领队人员的数量和质量都大幅度提高，一大批业务水平高，带团能力强的出境旅游领队脱颖而出，成为旅行社的主要骨干力量。随着我国公民物质文化水平的不断提高，出境旅游越来越成为每个家庭休闲度假的重要选项。作为世界上重要和主要旅游目的地国家的客源国，中国的出境旅游者受到了足够的重视和欢迎，世界很多国家和地区已经或正在简化对中国旅游者的签证政策。

截至 2016 年 12 月，我国正式开展组团业务的出境旅游目的地国家（地区）达到 123 个，其中 2016 年增加了马其顿、亚美尼亚、塞内加尔和哈萨克斯坦 4 处。根据中国外交部网站显示，截至 2017 年 1 月，有 174 个国家与我同建立了外交关系，已正式开展组团业务的中国出境旅游目的地国家（地区）占到了与我国建交国家的 70.69%。中国大陆旅游者越来越倾向于选择更便利、更安全稳定、更热情友好、自然与生活环境更好的目的地。出国的目的也从观光旅游转向享受海外优质生活环境和服务，包括气候、空气、物价、房价、商品、医疗、教育等。出境旅游环境日益优化，境外目的地也逐渐重视保障中国游客的公正、公平待遇。

出境旅游已成为衡量中国城乡家庭和年轻人幸福度的一大标准。

二、出境旅游领队

领队人员从事领队工作必须由具有出境旅游业务经营权的旅行社委派，不允许私自带团。领队人员从事的工作，就是为出境旅游团提供旅途全程陪同和有关服务；作为组团社的代表，协同境外接待旅行社完成旅游计划安排；以及协调处理旅游过程中相关事务等活动。

2015 版《中华人民共和国职业分类大典》将旅游团队领队、旅行社计调、旅游咨询员、休闲农业服务员等 4 个职业作为新职业纳入《大典》，这标志着出境旅游领队等职业身份在国家职业体系中首次得以确立。

三、出境旅游领队的工作特点

出境旅游发展的良好势头也给"领队"这一职业带来了新的发展机遇。领队是旅游业最具代表性的工作人员，其工作的角色与地位非常特殊。领队站在旅游接待工作的第一线，其接待效果的好坏直接决定旅游者的满意度。了解领队的工作特点具有重要意义。领队的工作特点归纳为以下几点：

（一）涉及产业面广

领队的工作涉及酒店业、餐饮业、交通运输业、旅游景区、购物等各方面的产业，领队重要的工作是负责各机构之间的沟通协调。例如：协调旅行社计调人员、航空公司、旅游汽车公司、旅游巴士司机、餐厅、酒店等各种从业人员。还要处理旅游者的各种个性化需求、问题及意外事件。领队工作的人际关系繁杂，每一项工作都不能有差错，否则将造成不良后果或旅游纠纷。

（二）工作压力大

领队的工作并非是朝九晚五，协调工作常因时空变化而改变服务的内容。且因人、因时、因地而异，随时处在待命中。在旅游旺季旅行社的领队人员几乎没有休息调整的可能，而在带团过程中领队常常是一天二十四小时都处于高度紧张状态中，对旅游期间发生的突发性事件的处理，也往往超过正常的工作量，故其所负的责任更大，挑战性更强。

（三）独立性强

旅行社的领队人员应该具备理解并且独立执行现行国家政策的能力。虽然今天领队的工作具有越来越强的经济性和民间交往性质，但是目前我国的领队工作仍然是一项政策性很强的工作。

领队是接受旅行社委托，带领团队在外接待旅游者的服务人员，往往要独当一面。在整个出境旅游过程中，时时刻刻必须照顾旅游者的衣、食、住、行、娱乐等各个方面的需求。作为领队要独立组织协调方方面面的关系，尤其是在国外，全由领队兼导游的角色去完成每一项任务。回答和解决旅游者提出的问题、处理突发事件，都需要当机立断，独自决策，事后才向公司报告。

领队人员的讲解也有相对的独立性。领队人员要根据旅游者的不同文化层次和审美情趣进行有针对性的讲解，这些工作都要由领队独立完成，其他人无法替代。

（四）重复度高

旅游者可能认为领队人员的工作就是游山玩水、吃喝玩乐，既轻松愉快又潇洒自如，大部分人不了解领队工作的艰苦性。实际上，除了上述特点以外，领队从事的还是一个重复度很高的工作。可能某个国家、某个景点作为领队人员已经光顾了无数次了；某个表演、某个博物馆、某个展览已经看过多少遍了；但是作为自己职业的一部分，领队人员必须时时刻刻进入角色，做好自己的本职工作，管好自己的"一亩三分地"。绝不能因为去过好几次就不想出行，看过好几次就不愿意与旅游者一起同行，这是领队工作的基本性质所决定的。

知识链接 🔍搜索

表1-3　中国开放出境旅游目的地国家（地区）启动时间表

启动时间	亚洲（31）	大洋洲（10）	欧洲（39）	非洲（19）	美洲（18）
1983—1992 年	中国香港、中国澳门、泰国、新加坡、马来西亚、菲律宾				
1998 年	韩国				
1999 年		澳大利亚、新西兰			
2000 年	日本、越南、柬埔寨、缅甸、文莱				
2002 年	尼泊尔、印度尼西亚、土耳其		马耳他	埃及	
2003 年	印度、马尔代夫、斯里兰卡、巴基斯坦		德国、克罗地亚、匈牙利	南非	古巴
2004 年	约旦		希腊、法国、荷兰、比利时、卢森堡、葡萄牙、西班牙、意大利、奥地利、芬兰、瑞典、捷克、爱沙尼亚、拉脱维亚、立陶宛、波兰、斯洛文尼亚、斯洛伐克、塞浦路斯、丹麦、冰岛、爱尔兰、挪威、罗马尼亚、瑞士、列支敦士登	埃塞俄比亚、津巴布韦、坦桑尼亚、毛里求斯、突尼斯、塞舌尔、肯尼亚、赞比亚	
2005 年	老挝	北马里亚纳群岛联邦、斐济、瓦努阿图	英国、俄罗斯		智利、牙买加、巴西、墨西哥、秘鲁、安提瓜和巴布达、巴巴多斯
2006 年	蒙古	汤加			格林纳达、巴哈马
2007 年	孟加拉国、叙利亚、阿曼		安道尔、保加利亚、摩纳哥	乌干达、摩洛哥、纳米比亚	阿根廷、委内瑞拉
2008 年	中国台湾、以色列	法国波利尼西亚			美国
2009 年	阿拉伯联合酋长国	巴布亚新几内亚	黑山共和国	佛得角共和国、加纳共和国、马里共和国	圭亚那、厄瓜多尔、多米尼克
2010 年	朝鲜、乌兹别克斯坦、黎巴嫩	密克罗尼西亚	塞尔维亚共和国		加拿大

续表

启动时间	亚洲（31）	大洋洲（10）	欧洲（39）	非洲（19）	美洲（18）
2011 年	伊朗伊斯兰共和国				
2012 年		萨摩亚独立国		马达加斯加共和国、喀麦隆共和国	哥伦比亚共和国
2013 年				卢旺达共和国	
2014 年		乌克兰			
2015 年	格鲁吉亚				哥斯达黎加共和国
2016 年	亚美尼亚、哈萨克斯坦		马其顿	塞内加尔	

资料来源：原国家旅游局网站。

第二节　国家对出境旅游领队的有关政策法规

自从我国旅游主管部门允许旅行社经营出境旅游业务以来，国家颁布了许多有关政策法规，对指导旅行社出境游领队队伍的健康发展起到了决定性的作用。

一、《旅行社条例》和《旅行社条例实施细则》中有关领队带团的规定

《旅行社管理条例实施细则》第五条"国际旅行社可以经营的业务"共列有四项内容，前两项是入境旅游业务，后两项为出境旅游业务。其中对出境旅游业务的规定当中，就明确了旅行社要为旅游团安排领队的要求，具体如下：

（1）经国家旅游局批准，招徕、组织中华人民共和国境内居民到外国和香港、澳门、台湾地区旅游，为其安排领队及委托服务；

（2）经国家旅游局批准，招徕、组织中华人民共和国境内居民到规定的与我国接壤国家的边境地区旅游，为其安排领队及委托接待服务。

纵观上述规定可以看出，20 世纪我国的出境旅游业务还没有大规模地展开，这里涉及的领队人员仅仅指当时我方的港澳旅游领队及前往我国周边国家的边境游的领队。

第三十条　旅行社组织中国内地居民出境旅游的，应当为旅游团队安排领队全程

陪同。

在新版的《旅行社条例》第三十九条、四十条中对出境旅游领队的部分责任和义务进行了说明，要求领队对确保旅游者在境外的人身、财物安全必须采取一定的措施。同时指出，领队如果发现旅游者在异国他乡滞留不归的现象必须及时向有关部门报告。

第三十九条　旅行社对可能危及旅游者人身、财产安全的事项，应当向旅游者做出真实的说明和明确的警示，并采取防止危害发生的必要措施。发生危及旅游者人身安全的情形的，旅行社及其委派的导游人员、领队人员应当采取必要的处置措施并及时报告旅游行政管理部门；在境外发生的，还应当及时报告中华人民共和国驻该国使领馆、相关驻外机构、当地警方。

第四十条　旅游者在境外滞留不归的，旅行社委派的领队人员应当及时向旅行社和中华人民共和国驻该国使领馆、相关驻外机构报告。旅行社接到报告后应当及时向旅游行政管理部门和公安机关报告，并协助提供非法滞留者的信息。

旅行社接待入境旅游发生旅游者非法滞留我国境内的，应当及时向旅游行政管理部门、公安机关和外事部门报告，并协助提供非法滞留者的信息。

2009年《旅行社条例实施细则》由国家旅游局局长办公会议审议通过，当年5月3日起施行。《旅行社条例实施细则》也对具有出境旅游资格的旅行社及出境旅游领队的服务、义务、责任、权利、行为准则、礼貌礼仪及违规责任进行了详细的说明和解释。其中第二条对旅行社的经营范围和服务范围做出了明确规定：

第二条　《条例》第二条所称招徕、组织、接待旅游者提供的相关旅游服务，主要包括：

（一）安排交通服务；

（二）安排住宿服务；

（三）安排餐饮服务；

（四）安排观光游览、休闲度假等服务；

（五）导游、领队服务；

（六）旅游咨询、旅游活动设计服务。

其中第三十一条为维护导游人员和领队人员的利益向旅行社提出了要求。

第三十一条　《条例》第三十四条所规定的旅行社不得要求导游人员和领队人员承担接待旅游团队的相关费用，主要包括：

（一）垫付旅游接待费用；

（二）为接待旅游团队向旅行社支付费用；

（三）其他不合理费用。

第三十六条再次说明何种行为属于擅自改变旅游合同安排行程。

第三十六条　旅行社及其委派的导游人员和领队人员的下列行为，属于擅自改变旅游合同安排行程：

（一）减少游览项目或者缩短游览时间的；

（二）增加或者变更旅游项目的；

（三）增加购物次数或者延长购物时间的；

（四）其他擅自改变旅游合同安排的行为。

其中第三十八条规定导游人员和领队人员不能因为旅游者拒绝进行购物和参加自费项目而拒绝对其继续服务甚至对其刁难。

第三十八条　在旅游行程中，旅游者有权拒绝参加旅行社在旅游合同之外安排的购物活动或者需要旅游者另行付费的旅游项目。

旅行社及其委派的导游人员和领队人员不得因旅游者拒绝参加旅行社安排的购物活动或者需要旅游者另行付费的旅游项目等情形，以任何借口、理由，拒绝继续履行合同、提供服务，或者以拒绝继续履行合同、提供服务相威胁。

其中第三十九条规定导游人员和领队人员要对旅游者的人身和财产安全负责。

第三十九条　旅行社及其委派的导游人员、领队人员，应当对其提供的服务可能危及旅游者人身、财物安全的事项，向旅游者做出真实的说明和明确的警示。

在旅游行程中的自由活动时间，旅游者应当选择自己能够控制风险的活动项目，并在自己能够控制风险的范围内活动。

其中第四十二条规定导游人员和领队人员有责任提醒旅游者在境外应该开展文明旅游活动。

第四十二条　在旅游行程中，旅行社及其委派的导游人员、领队人员应当提示旅游者遵守文明旅游公约和礼仪。

其中第四十三条规定了旅行社及其导游人员和领队人员在业务经营、对客服务中的权利。

第四十三条　旅行社及其委派的导游人员、领队人员在经营、服务中享有下列权利：

（一）要求旅游者如实提供旅游所必需的个人信息，按时提交相关证明文件；

（二）要求旅游者遵守旅游合同约定的旅游行程安排，妥善保管随身物品；

（三）出现突发公共事件或者其他危急情形，以及旅行社因违反旅游合同约定采取补救措施时，要求旅游者配合处理防止扩大损失，以将损失降低到最低程度；

（四）拒绝旅游者提出的超出旅游合同约定的不合理要求；

（五）制止旅游者违背旅游目的地的法律、风俗习惯的言行。

其中第五十七条规定了旅行社及其导游人员和领队人员违反实施本细则第三十八条

第二款的处罚力度。

第五十七条 违反本实施细则第三十八条第二款的规定，旅行社及其导游人员和领队人员拒绝继续履行合同、提供服务，或者以拒绝继续履行合同、提供服务相威胁的，由县级以上旅游行政管理部门依照《条例》第五十九条的规定处罚。

综上所述，《旅行社管理条例》要求每个具有出境旅游资格的组团社要认真负责地选择国外接待社，以"安全第一"的原则，选择使用安全、舒适的旅游交通工具；组团社必须为每个出国旅游团委派持有领队证的专业出境旅游领队，要求领队切实履行境外安全提醒责任，对可能影响游旅游者人身、财产安全的问题及时进行提示，严格执行境外旅游事故报告制度。旅行社和领队人员不得侵犯旅游者的合法权益。

二、《中国公民出国旅游管理办法》中要求旅行社安排领队的规定

我国公民出境旅游活动发展迅猛，出国旅游人数越来越多。在整体增长中，因私出境人数的增长幅度大大高于因公出境人数的增长幅度；旅游出境增长幅度大大高于其他目的的因私出境增长幅度。这说明，我国出境旅游发展速度很快，中国旅游业已经形成入境旅游、出境旅游、国内旅游三大市场格局，我国已成为举世瞩目的旅游大国。

为了促进旅游业的健康发展，国家旅游局、公安部于1997年7月1日发布了经国务院批准、国家旅游局制定的《中国公民自费出国旅游管理暂行办法》。这个法规的出台使各地具有出境旅游资格的旅行社在开展组织我国公民出境旅游业务时有了明确的法律依据，也为出境旅游领队的作用和职能提供了支持。

经过了5年左右的发展，特别是中国加入世贸组织后，新的形势对旅游业提出了许多新的要求，需要规范的问题逐渐增多。为保障出国旅游者和出国旅游经营者的合法权益，有关部门经过研究论证，在《中国公民自费出国旅游管理暂行办法》的基础上反复征求相关部门、有关企业和旅游消费者各方面意见，形成了《中国公民出国旅游管理办法》。2002年5月27日，当时的国务院总理朱镕基正式签署了第354号《中华人民共和国国务院令》，宣布《中国公民出国旅游管理办法》将于2002年7月1日起正式施行。原有的《中国公民自费出国旅游管理暂行办法》同时废止。

我国的旅行社在组织旅游团时，委派专职出境旅游领队率团出境，在以往的法律法规中都有明确表述，这是国家在允许经营出境旅游业务政策中的一贯指令。在国家旅游局、公安部1997年7月1日发布的《中国公民自费出国旅游管理暂行办法》中就有了"团队的旅游活动须在领队的带领下进行"的规定。

三、《旅行社出境旅游服务质量》对旅行社委派领队的具体规定

《中国公民出国旅游管理办法》出台后，国家旅游局又马上颁布了《旅行社出境旅游服务质量》（2002年7月27日发布），这样就把出境旅行团队必须随团委派领队人员作为一种行业标准。实际上就是进一步强化了出境旅游必须委派专业领队的指令，把是否委派专业领队随旅游团出境作为一个可以量化的指标来考虑。在"领队与接待服务"的总要求一节中明确规定：出境旅游团队应配备领队。

四、《中华人民共和国旅游法》对旅行社委派领队的具体规定

2013年10月施行的《中华人民共和国旅游法》第三十六条规定：旅行社组织团队出境旅游或者组织、接待团队入境旅游，应当按照规定安排领队或者导游全程陪同。此条款进一步强调了出境旅游必须派遣专业领队。

第三节　出境旅游领队从业资格和素质要求

一、国家法规对旅行社出境旅游领队从业资格的要求

出境旅游领队作为旅游业的一个重要工作岗位，已经越来越受到人们的关注和青睐。不同年龄、不同阶层、不同文化背景的群体都希望成为旅行社的专业出境旅游领队。在《出境旅游领队人员管理办法》中，国家对有志从事领队的人群规定了相应的条件，同时也可以被认为是我国旅游行政部门对出境旅游领队人员的认定标准。

（一）基本要求

出境游领队人员，应当符合下列四项条件：

1. 有完全民事行为能力的中华人民共和国公民；
2. 热爱祖国，遵纪守法；
3. 可切实负起领队责任的旅行社人员；
4. 掌握旅游目的地国家或地区的有关情况。

第一条规定"有完全民事行为能力的中华人民共和国公民"，要求旅行社的专业出境旅游领队人员必须身体健康，智力健全，既能进行复杂的脑力劳动，包括能进行有效的讲解、回答旅游者提出的问题、处理各种复杂的问题和应付突发性事件，也能应付高强度的体力劳动。除此以外，对旅行社的专业领队人员的国籍也进行了限制，即必须是中华人民共和国的正式公民才能担当旅行社的专业领队。尽管一些已入外国籍的华裔、港澳地区的年轻人和懂汉语的外国留学生希望在出境旅游业务中占有一席之地，但是根据此条规定，他们的愿望无法成为现实。

第二条要求出境旅游领队"热爱祖国，遵纪守法"。这一条对领队人员十分重要。热爱祖国是领队人员处理个人与企业、个人与社会、个人与国家关系的一个行为准则，也是各行各业从业人员的一项共同道德规范和基本要求。具有爱国主义意识是对领队人员从业的基本要求。领队人员在旅行社的窗口工作岗位，代表着国家旅游业的形象。领队人员在向旅游者提供服务时，要自觉维护祖国的利益和国家的尊严。领队人员应该有民族自尊心和民族自豪感。遵纪守法是每个公民的义务，领队人员作为旅行社行业的形象和代表，更加应该成为遵纪守法的典范。领队人员不仅要遵守国家的法律法规、遵守旅游业的法规、规章和制度，严格按照《旅行社出境旅游服务质量》、《出境旅游领队人员管理办法》、《中国公民出国旅游管理办法》等法规从事领队服务工作，而且还要在讲解中自觉宣传国家的大政方针、在履行领队义务中依法维护旅游者和自己的合法权益。

第三条的"可切实负起领队责任的旅行社人员"，要求领队人员有一定的工作能力，能完成《出境旅游领队人员管理办法》第八条规定的职责。同时这里也规定了作为旅行社的出境旅游领队人员必须是具备出境旅游资格旅行社的正式员工，社会力量中的其他人士不能担任这一职责。

第四条中要求领队人员"掌握旅游目的地国家或地区的有关情况。"这是对领队人员业务素质的基本要求。随着我国公民出境旅游的目的地不断增多，领队人员必须努力学习，善于学习，全面正确地掌握旅游目的地的情况，以满足旅游者各种不同的需求。

上述四个条件是成为一个旅行社的出境旅游领队人员最基本的条件。要成为一名优秀的、旅游者信赖的出境旅游领队人员必须经过严格的专业知识培训，具备良好的职业素养、服务意识、心理素质、高超的外语水平、熟悉旅游目的地国家和地区的法律法规及民风民俗、熟悉出境旅游的操作流程和销售技巧、具备一定的沟通能力、协调能力、掌握解决事故及处理突发性事件的技能。

（二）领队人员学历、语言能力、从业经历条件的认定

2017 年 8 月 15 日国家旅游局发文：2016 年 11 月 7 日，第十二届全国人民代表大会

常务委员会第二十四次会议通过《全国人民代表大会常务委员会关于修改〈中华人民共和国对外贸易法〉等十二部法律的决定》，就取消"领队证核发"许可对《旅游法》第三十九条、第四十一条、第九十六条和第九十八条至第一百零三条的相关规定作了修改。2017 年 3 月 1 日中华人民共和国国务院令第 676 号修改公布的《旅行社条例》，以及 2016年 12 月 12 日国家旅游局令第 42 号修改公布的《旅行社条例实施细则》，进一步明确领队管理由资格准入制改为备案管理制，旅游主管部门不再对领队从业进行行政审批。

1. 学历的认定

大专以上学历。包括普通高校、成考、自考及国家承认的其他形式的具有大专及以上的同等学历。

2. 语言能力的认定

符合下列情形之一：（1）通过外语语种导游资格考试；（2）取得国家级发证机构颁发的或国际认证的、出境旅游目的地国家（地区）对应语种语言水平测试的相应等级证书。

3. 从业经历条件的认定

符合下列情形之一：（1）两年以上旅行社业务经营经历；（2）两年以上旅行社管理经历；（3）两年以上导游从业经历。

（三）边境旅游领队、赴台旅游领队的条件

1. 边境旅游领队

从事边境旅游领队业务的人员，应取得导游证，并与委派其从事领队业务的、取得边境旅游业务经营许可的旅行社订立劳动合同，学历、语言、从业经历等条件由边境地区省、自治区结合本地实际另行规定。

2. 赴台旅游领队

从事大陆居民赴台湾地区旅游领队业务的人员，应符合《大陆居民赴台湾地区旅游管理办法》规定的要求，暂不实施在线备案。

（四）领队备案、取消备案流程

1. 与出境社、边境社签订劳动合同并通过"全国旅游监管服务平台"完成换发电

子导游证的导游，登录自己的平台账号上传本人的学历证书、语言等级证书及劳动合同的扫描件。

2. 出境社、边境社登录"全国旅游监管服务平台"使用"领队备案管理"功能，将符合条件的导游备案为领队。

3. 出境社、边境社取消领队备案的，可登录"全国旅游监管服务平台"使用"取消备案"功能取消领队备案。

领队应当对其填报、提供的学历、语言能力、从业经历等材料的真实性负责，旅行社应当严格审核领队填报、提供的有关材料。不具备领队条件的人员隐瞒有关情况或者提供虚假材料取得领队备案、从事领队业务的，由旅游主管部门对领队依照不具备领队条件从业、对旅行社依照委派不具备条件的领队的有关规定予以处理。

（五）关于原有领队备案事宜

根据《立法法》第九十三条和《行政许可法》第八条的规定，2013 年 10 月 1 日《旅游法》施行前已取得领队证（被依法吊销的除外）、且于 2017 年 10 月 1 日前持有导游证的人员，可按照《旅游法》施行前对领队学历、语言、从业经历等的有关规定，在"全国旅游监管服务平台"上备案后，继续从事领队业务。

知识链接 🔍搜索

表 1-4

一、领队人员大专及以上学历要求的细化标准

类 别	内 容	学习形式
普通高校	参与国家统一招生计划的全日制大学、学院、高等职业技术学院/职业学院、高等专科学校、研究院（所）等	全日制
成人高等学校招生统一考试（成人高考）	开放大学、广播电视大学、职工高等学校、职业技术学院、管理干部学院、教育学院和普通高校成（继）教院等	脱产、业余和函授
高等教育自学考试（自考）	开设自考专业的高校	个人自学、社会助学和国家考试相结合
其他形式	部队院校、党校、具有网络远程教育资格的高校、国（境）外等其他经教育部认证的高校	以上均有

二、领队人员语言能力等级认定最低要求的细化标准

语种	考试类型	等级
英语	全国大学英语四、六级考试（CET）	4级证书或6级证书
	全国英语等级考试（PETS）	3级
	高等学校英语应用能力考试（PRETCO）	A级考试合格
	托业考试（TOEIC）	获得"A类"证书且听力阅读成绩730，口语写作成绩270
	托福（TOEFL）	550分
	雅思（IELTS）	5分
	剑桥商务英语（BEC）	初级
	剑桥通用英语	中级英语水平认证
	美国研究生入学考试（GRE）	300+3.0
	经企管理研究生入学考试（GMAT）	550分
日语	大学日语四级（CJT4）	4级
	全国外语水平考试（WSK）NNS	成绩合格证书
	商务日语能力考试（BJT）	J3级
	日本语能力测试（JLPT）	N3级
韩语	韩国语能力考试（TOPIK）	中级
俄语	大学俄语四级考试	4级
	全国外语水平考试（WSK）ТПРЯ	成绩合格证书
	俄罗斯联邦对外俄语等级考试	1级
德语	大学德语四级考试	成绩合格
	全国外语水平考试（WSK）NTD	成绩合格证书
	德福（TestDaF）	3级
法语	大学法语四级考试	成绩合格
	全国外语水平考试（WSK）TNF	成绩合格
	法语考试DELF和DALF	DELF B2
葡萄牙语	巴西葡萄牙语考试（Celpe-Bras）	中级
	葡萄牙语等级考试（CAPLE测试）	中级（一）
	由米尼奥大学在爱语网设立的在线葡萄牙语等级考试	B2
阿拉伯语	专业四级	成绩合格
西班牙语	全国高校西班牙语专业等级考试（四级、八级）	专业四级成绩合格
	全国二级、三级翻译专业资格（水平）考试（西班牙语）	三级
	对外西班牙语水平证书考试（DELE）	中级
意大利语	意大利语水平测试（PLIDA）	B1
	CELI	3级
	CILS	2级
	IT	考试合格

续表

语种	考试类型	等级
越南语		本科毕业
泰语	泰语水平考试（CUTFL）"朱拉隆功大学泰语作为外语能力测试"	中级

三、领队人员从业经历要求的细化标准

类 别	内 容	岗位列举
业务经营经历	招徕、接待	招徕（咨询、销售）
	组织	产品（设计、创意、计调、外联）；业务支持（资源采购、领队管理）
管理经历	旅行社相关管理经历	人力、质检、服务等职能部门
导游经历	取得导游证，具有一定的导游经历	专职导游；兼职导游

二、出境旅游领队人员的职责

中华人民共和国旅游行业标准的《旅行社出境旅游服务质量》中的"领队素质要求"，也就是对于旅行社出境旅游领队人员的素质要求，被指定由《导游服务质量》的整章内容来替代。其中指出：

领队的基本素质应符合《导游服务质量》（GB/T15971）第 5 章的要求。

《旅行社出境旅游服务质量》中提及的《导游服务质量》第五章的内容，就是关于"导游人员的基本素质"的内容。《导游服务质量》第五章的具体规定如下：

5. 导游人员的基本素质

为保证导游服务质量，导游人员应具备以下素质。

5.1 爱国主义意识

导游人员应具有爱国主义意识，在为旅游者提供热情有效服务的同时，要维护国家的利益和民族的尊严。

5.2 法规意识和职业道德

5.2.1 遵纪守法

导游人员应认真学习并模范遵守有关法律及规章制度

5.2.2 遵守公德

导游人员应讲文明，模范遵守社会公德。

5.2.3 尽职敬业

导游人员应热爱本职工作，不断检查和改进自己的工作，努力提高服务水平。

5.2.4　维护旅游者的合法权益

导游人员应有较高职业道德，认真完成旅游接待计划所规定的各项任务，维护旅游者的合法权益。对旅游者所提出的计划外的合理要求，经主管部门同意，在条件允许的情况下应尽力予以满足。

5.3　业务水平

5.3.1　能力

导游人员应具备较强的组织、协调、应变能力。

无论是外语、普通话、地方语和少数民族语言，导游人员都应做到语言准确、生动、形象、富有表达力，同时注意使用礼貌语言。

5.3.2　知识

导游人员应有较广泛的基本知识，尤其是政治、经济、历史、地理及国情、风土习俗等方面的知识。

5.4　仪容仪表

导游人员应穿工作服或指定的服装，服装要整洁、得体。

导游人员应举止大方、端庄、稳重、表情自然、诚恳、和蔼，努力克服不合礼仪的生活习惯。

通过上述各项具体规定，可以归纳出国家要求每个导游人员和领队人员在爱国主义情怀、法律意识、职业道德、业务水平、知识范围、仪容仪表方面都能成为行业的表率、旅行社的先行者。

《旅行社出境旅游服务质量》除了明确阐述了导游人员和领队人员的基本素质要求，还专门为出境旅游领队人员量身定制了相应的岗位特色标准：

- 领队应具备一定的英语或目的地国家/地区语言的能力。
- 领队上岗前应具备一定的导游工作经验。
- 领队应切实履行领队职责，严格遵守外事纪律，并具有一定的应急处理能力。

上述岗位特色标准是一个旅行社的出境旅游领队通过严格培训应该达到的技能水平。其中"一定的英语或目的地国家/地区语言的能力。"表明作为领队人员必须掌握可以在境外利用外语与目的地国家的有关人员进行沟通的能力。"领队上岗前应具备一定的导游工作经验。"这一表述对领队人员的工作经验提出了要求，希望作为旅行社的出境领队应该有一定的国内带团的经验，或者说已经获得了导游证并有带团经历。"领队应切实履行领队职责，严格遵守外事纪律，并具有一定的应急处理能力。"进一步对领队人员的责任、纪律提出了要求，并且要求领队人员有一定的境外单独处理旅游事故和突发性事件的能力。

由此可见，作为一个旅行社的出境旅游领队人员在外语水平、工作经历和人际沟通方面应该比在国内从事导游工作的导游人员更有优势。

案 例

在新加坡樟宜总医院体验就医的过程

5月，资深领队老童带领杭州富阳的24位客人行走传统的"新马泰十日游"行程。

游客在泰国的5晚6天的日子里，兴致勃勃地参观了大皇宫、玉佛寺，畅游了泰国的母亲河——湄南河，又领略了著名的"东方夏威夷"芭堤雅灯红酒绿的夜生活，也购买了泰国的一些特产，拜了四面佛，感悟到了佛教国家的灵性。

6天后，旅游团了告别泰国，前往亚洲四小龙居首的国家——新加坡。参观完新加坡全部景点后，第七天乘大巴前往马来西亚。就在全团团员兴奋地抵达马来西亚关口准备入关时。意想不到的事发生了，团友中有位姓华的老人来到马来西亚时，身体不适，身体的左面手脚不能动。在领队的建议下，马来西亚导游立即送这位老人去了马六甲医院住院观察。第二天，老人执意要出院并与医院签了责任自负约定书，而后又回到团中继续在马来西亚游览。

快要结束整个行程了，团队准备第二次进入新加坡，再从新加坡来回杭州。在新加坡樟宜机场，领队带领客人已经办完了一切手续正准备登机，这时机场工作人员看着老人坐在轮椅上是因为得了"中风"，拒绝了让老人登机。根据航空公司规定，患者需要开具医院的证明才能够登机回国，以防机上发生意外。而这个证明只有在新加坡医院经过治疗后才可以从医院获得。于是领队老童立即请示公司领导及团内家属，同意老人滞留新加坡继续治疗。全团23人均登机回国，领队老童被滞留在新加坡照顾和代办老人的一切事宜。

老人被安排住进了新加坡樟宜总医院。接下来的日子里，领队遇到了以前从未碰到的问题。首先是语言的沟通问题，虽然在新加坡华人所占的比例为70%左右，但是，在官方和正式场合还是以英语交流为主，尤其是医学方面的英语，平时很少用。真是学到用时方恨少啊，但是没办法，咬咬牙。医生边写边说，听不懂的领队让医生全部写下来。其次是医疗费用问题，外国人在新加坡是不享受医保的，住一天医院要花将近人民币5000元左右。老人心疼钱，一再说不治了，坚决要回国。领队打电话请示国内领导及家属，回复是继续医院治疗，钱会从国内汇来。

老人在新加坡医院一天天待下去，费用一天天增加。领队希望医院能早日开出准许登机的证明。可是，医院规定中风客人必须在医院住院治疗和观察14天以后，才能获得允许登机证明。如果继续住院，老人精神彻底崩溃，因为那是一笔非常昂贵的医药费，估计人民币10万元左右，家属也承担不起。

无奈之下，领队想到了去中国驻新加坡大使馆求助，大使馆工作人员回复是：这种情况不属于帮助范围，只能和医院再商量。于是，领队请求医生是否能尽早让病人出院。负责医生请示院长后，决定冒险让他出院，但要让客人签订责任自负书。经家属同意后，领队马上给这位老人办理出院手续。同时，请求新加坡接待的旅行社帮忙买好当日回杭州的直航机票。

出院手续办好后的傍晚，领队带着老人到了机场。因为他自己无法走动，领队替老人找到轮椅，办好登记手续，登机回国，于晚上21：30回到杭州。他的家人开车在机场接他。

整整 6 天在新加坡樟宜总医院度过，作为领队深深感到焦虑、紧张、无奈、不安。

案　例　分　析

随着银发一族的大规模的出游，旅行社应尽可能地去规避团队中可能出现的问题。发达国家的看护费、医疗费都相当高，旅行社销售人员、领队人员除了强调客人购买意外险以外，应尽量让客人带好国际信用卡。尤其是一些没有子女陪同单独前往的老人，如果自己没有，请他们带上子女的信用卡，以备不时之需。新加坡、澳洲等发达国家的医院，都是要押信用卡后方能进行后续的住院或治疗。

大量的老人出游给旅行社出了难题，同时国外高额的医药费给旅行社造成了巨大的压力。旅行社网络及门市销售人员在收客时应及时提醒老人在出境游时可能会发生的情况；旅行社计调人员在出团前向领队交代注意事项时，也应着重对老人的不同情况加以提醒，以便在旅行中出现问题时能沉着处理。

从另外一个角度来讲，随着出境游市场人群的不断变化，领队所要面对的情况将会越来越复杂。领队所具备的不仅仅是带团的技能与技巧，还必须懂得许多涵盖医学、外语与金融等方面的综合知识，这样才能解决好各种突发事件。以上案例，就是一个典型的例子。

（资料来源：徐辉. 在新加坡樟宜总医院体验就医的过程［N］. 江南游报，2016-06-23.）

三、出境游领队引导旅游者在境外文明旅游

随着出境旅游市场的快速发展，一些旅游者在境外游览中表现出来的"不懂礼仪、不守秩序、喧哗吵闹"的不文明行为，引起了海内外舆论的关注和批评，严重影响了中国礼仪之邦的形象。在境外带团过程中，每当看到用中文书写的提示语，每当遇到对中国旅行团抱有偏见甚至蔑视的外国人，作为出境旅游领队都深感痛心。提升中国公民文明旅游的素质、规范文明旅游的行为已经到了刻不容缓的时候。每一个从事出境旅游的领队要率先遵守中央文明办、国家旅游局颁布的《中国公民出境旅游行为指南》，以自身文明言行示范带动游客；规范经营行为，恪守职业道德，遵纪守法，信守合同；切实履行引导游客文明旅游的职责，及时劝阻游客不文明行为。

国家旅游局于 2015 年 4 月 2 日正式发布《导游领队引导文明旅游规范》（LB/T 039-

2014）和《旅行社行前说明服务规范》（LB/T 040-2014）2 项旅游业行业标准。这是国家旅游局首次对旅行社服务全过程中的某一环节提出专门的行业服务标准，对落实《旅游法》相关精神、倡导游客"文明旅游"、促进旅行社服务向精细化方向发展具有深远意义。总而言之，出境旅游领队人员要在提升游客文明旅游素质方面发挥重要的引导作用。

知识链接 🔍搜索

中国公民出境旅游文明行为指南

中国公民，出境旅游，注重礼仪，保持尊严。

讲究卫生，爱护环境；衣着得体，请勿喧哗。

尊老爱幼，助人为乐；女士优先，礼貌谦让。

出行办事，遵守时间；排队有序，不越黄线。

文明住宿，不损用品；安静用餐，请勿浪费。

健康娱乐，有益身心；赌博色情，坚决拒绝。

参观游览，遵守规定；习俗禁忌，切勿冒犯。

遇有疑难，咨询领馆；文明出行，一路平安。

（资料来源：中央文明办，国家旅游局． 2006 年 10 月 2 日 颁布）

（一）出境旅游领队人员要做文明旅游的模范表率

旅行社要将文明旅游学习纳入全员培训体系中，特别要对出境旅游领队人员加强这方面的教育。结合出境旅游的热点问题，每个出境旅游领队人员主动承担起对游客的文明旅游宣传、服务和引导责任。国家旅游局已经将《中国公民出境旅游文明行为指南》纳入旅游合同。

领队的道德行为不仅作为个人修养，也涉及法律层面，不仅是道德更是法律问题。作为出境旅游领队人员要率先实行中央文明办、国家旅游局颁布的《中国公民国内旅游文明公约》、《中国公民出国（境）文明旅游行为指南》。尤其是领队人员在境外带团过程中，应将文明旅游宣传引导纳入讲解之中，做好榜样，以自身行为示范带动游客。领队人员一定要严于律己，必须要以身作则，成为游客文明出游的标杆和表率。

作为出境旅游领队，衣着要大方得体、平整干净；谈吐要文明；举止要恰当。在用餐、交通、环境保护等方面要给游客起示范引导作用。只有这样，才能真正引领游客，共同提升出境旅游文明素质。提高自身素质，应该是一个出境旅游领队人员的不断修行之一。

领队人员以自身的文明言行带动和影响着旅游者，不仅能使大家共同享受文明旅游的乐趣，还为文明言行的旅游者赢得了他人尊重，最终领队也赢得了旅游者对自己的尊重。

（二）严格贯彻执行行前说明会制度

旅行社与旅游者签订包价旅游合同、约定的旅游活动成行前，就约定的服务内容，向旅游者告知重要信息、有助顺利完成旅游的活动，是旅行社提供的包价旅游产品中不可缺少的服务环节之一。为了让旅行社在"行前告知、事先防范"方面的工作做得更务实有效，国家旅游局在 2015 年 4 月 2 日发布了《旅行社行前说明服务规范》（LB/T 040-2014）旅游行业标准（2015 年 5 月 1 日实施），《规范》旨在引导旅游行业遵照"以人为本"的原则，以"问题导向"思维，从"事前沟通、安全防范、应急避险、文明旅游"入手，对旅游者与旅行社签约后、行程前旅行社提供的说明服务流程加以识别和规范，引导旅行社企业逐步向着避免事后纠纷、减少安全隐患、提升服务品质、提倡文明旅游、提高旅游幸福指数的目标迈进。

经过多年的实践探索，大多数旅行社已建立起相对比较健全的出游前说明会制度。旅行社通过行前说明会对游客进行文明旅游教育引导，提醒游客知礼守礼、文明游览。经验丰富的领队在说明会向游客介绍旅游目的地的风俗习惯、文化传统和宗教信仰；向旅游者说明哪些行为在当地是不受欢迎的，要求每位旅游者都遵守法律，恪守公德，讲究礼仪，爱护环境，尊重旅游目的地文化习俗，以文明言行举止为自己加分，为中国添彩。

领队人员要在说明会上用视频、幻灯片等方式举例反面教材，列举出境游中常见的不文明行为，讲述这些行为的危害，让旅游者出行前心中有数，心中有礼。其实很多旅游者的不文明行为不是故意为之，只是对当地的文化风俗了解得不够详细。所以这时领队的责任就显得至关重要了。

出团前，领队必须向旅游者普及旅游目的地民俗风情等知识。例如，泰国等一些信奉佛教的东南亚国家除了僧侣以外，普通人是不能摸别人头的；在温暖的天气去意大利的教堂，旅游者穿着必须谨慎，无论男士还是女士，都不允许穿短裤和无袖上衣。在当地的教堂门口会有警卫或教民检查，因此在出发的时候记得带上一件长袖衫或其他套头衫等。还有，进入歌剧院、大教堂等景点参观时不能拍照、禁止大声喧哗、禁止录像等。作为在一线直接面对旅游者的领队人员，务必要高度重视"行前说明会"，这也是贯彻文明旅游的最佳途径。

（三）以督促引导为具体抓手，落实过程管控

作为出境旅游领队人员要重视旅游过程中的文明旅游督促和引导，在重要环节做好

对旅游者的及时提醒。领队人员肩负着文明旅游宣传员、监督员的责任。因此，要强化领队在出境旅游过程中对旅游者文明行为的提示和提醒责任。在带团过程中，要发挥好组织、协调、引导旅游者的作用，全程做好文明引导和文明礼仪宣传工作，积极宣传文明旅游理念及文明用语，引导旅游者自觉遵守旅游目的地法律法规及社会公德，及时提醒游客、劝阻游客的不文明行为。

　　出境旅游领队人员要将文明旅游作为基本讲解词，用娱乐的方式提醒旅游者，将文明旅游、安全旅游等注意事项向旅游者予以告知和提示。在游览过程中，当不文明情况发生时，领队应及时委婉地对旅游者予以提醒和警示，引导其遵守秩序、爱护环境、使用文明用语、注意自身言行等。同时用行动提醒旅游者牢记自己是国家"形象大使"，不给中国人丢脸。从某种角度讲，能否帮助自己团队的旅游者在境外文明旅游，体现了领队人员的软实力。

　　出境游中的一些不文明行为的出现，也可能跟旅游者出境后的不安全感和紧张心理有关。因此，作为领队人员应当注重培养大家的团队意识，增强旅游者之间，旅游者和领队之间的信任感、依赖感，让大家时时感受到大家庭的温暖，从而有效降低不文明行为的发生概率。

知识链接　🔍搜索

文明旅游十大提醒语

一、提醒树立文明旅游意识的普遍性提示

1. 文明是最美的风景

2. 旅途漫漫　文明相伴

3. 旅游美时美刻　文明随时随地

4. 文明游天下　快乐你我他

5. 一花一木皆是景，一言一行要文明

二、针对具体不文明旅游行为的提示：

1. 游遍天下山川　只留脚印一串（用于提醒保护生态环境）

2. 出游讲礼仪　入乡要随俗（用于提醒尊重别人权利）

3. 垃圾不乱扔　举止显文明（用于提醒维护环境卫生）

4. 多看美景，不刻美名（用于提醒保护生态环境和文物古迹）

5. 平安是福　文明是金（用于提醒出游安全）

（资料来源：原国家旅游局官网。）

（四）出境旅游领队行为禁忌

领队行为禁忌也就是领队在工作中不应该实施的行为。这些行为或者有损出境旅游领队形象，或者违反旅游政策法规。出境游领队个人的一些不良习气和不文明行为也有可能严重影响旅游计划的实施。所以，出境领队的一言一行还应当符合国家的法律法规、企业的规范。国家法规中明令禁止的各种行为，领队都应当设定为自己的工作禁忌而不越雷池半步。

1. 形象邋遢

领队的衣着打扮代表着个人的形象，也代表着旅行社的形象。但是就是有一些领队，在日常带团时，衣着不修边幅。多日不换衣服，衣装的领口、袖口看上去十分肮脏。一些不卫生或不雅观的行为，如挖眼屎、擤鼻涕、抠鼻孔、剔牙齿等也无所顾忌地在公共场合下展示。另外也有的领队，不光是个人卫生不佳，还将随地吐痰、乱弹烟灰、乱丢果皮纸屑的坏习惯也随旅游团带到了国外。

2. 言语龌龊、举止轻浮

在团中讲黄色笑话、下流话，并以此为荣且美其名曰"调节团队气氛"。调节团队的气氛有很多种方法，讲色情语言只是很恶俗的一种手法，它可能会有很小一部分的受众，但更多情况下，只会引起旅行者的反感，特别是团组中有儿童的，此为大忌。

有些女领队穿着暴露，在男性旅行者面前，搔首弄姿，举止轻浮，女领队的此类举动，特别容易引起团组里中年女性的反感。一方面，女领队不妥当的举止破坏其应有的端庄职业形象；另一方面，如招致其他女性旅行者的反感，最终也会给领队带团带来更多的不便和阻碍。

3. 不尊重旅行者

有的领队与旅游者打招呼时，无所顾忌地直呼其名，包括对团队中年龄较大、身份较高的旅游者，也不懂得以礼貌称呼。一些领队和旅行者讲话的时候，语气硬冲。对于旅行者提出的建议，强硬打断，并且训斥旅行者"我带团不用你来教我"等进行反驳。

4. 唯利是图

一些领队出来带团，一心是想到赚钱。个别领队完全抛弃了应有的职业道德，在走购物店或推荐自费的时候，比导游还积极，如果旅行者在购物店内没有购物，或者在参加另行付费项目时不踊跃，领队就直接把情绪挂在脸上，对这些旅行者爱理不理。旅游者一般对领队与导游串通一气，把主要精力放在如何动员自费节目、购物促销、私拿回扣等行为非常反感。

5. 工作马虎、疏于职守

（1）不认真仔细核对团队资料。

领队在交接资料后，没有及时进行护照、机票、酒店等相关信息的核对，导致出入境时旅行者被阻。

（2）面对导游对旅行者的欺凌，领队软弱无能不作为。

基于自己业务能力或资历的原因，碰到强势的导游，领队就不敢声响，任由导游蹂躏旅行者。此类状况，等旅行者发生投诉时，一般都以"领队不作为"进行投诉。

（3）不熟悉业务，旅行者一问三不知。

对于目的地知识掌握不够，出发前也没有及早做好准备，以至于旅行者询问时，领队都无法给予及时的应答，结果被旅行者鄙视。

（4）丢三落四是领队的大忌。

忘记导游规定的出发时间、团组出发前处理事情拖泥带水、旅游者等待领队、丢失团队的证件、机票及其他重要文件、应该做的事情让游客提醒、丢失自己的物品……以上一切都是领队带团中应尽力避免的行为。

（5）认不清游客。

领队带团多天，还记不清团中游客的面孔，或把旅游者的姓名叫错，一定不是智商的问题，而是领队的责任心不强、对待工作敷衍了事方面的原因。

（6）对行程计划不熟悉。

有的领队对待工作马马虎虎，下一站到哪儿还需要旅游者提醒，计划中在一地有什么样的游览全然不晓，维护旅游者的权益的重任也全然抛于脑后。

（7）只顾自我享乐，忘记领队任务。

有的领队把带团当成了参团，把自己当成了旅游者。领队应该做的工作，全部被置之脑后，几乎不记得领队的任务究竟是什么。

6. 心中不快，浮于脸面

领队在带团时，会受到来自各方面情绪的干扰，如家庭原因，工作原因。有的领队就会把不快的情绪放在脸上。领队应该尽量避免因个人情绪影响团队的计划实施，不能因为自己的情绪低落而影响全体旅游者的情绪。旅行者花钱购买的旅行产品中，不包含看领队脸色的内容。领队也没有资格因自己家里的私事，把不愉快的心情分担给客人。

四、出境旅游领队必须重视境外安全旅游

出境旅游安全是指出境旅游活动可以容忍的风险程度，是对出境旅游活动处于平衡、稳定、正常状态的一种统称 。主要表现为：旅游者、旅游企业和旅游资源等主体不受外界因素干扰而免于承受身心压力、伤害或财物损失的自然状态，使旅游者在整个旅游过程中始终处于轻松愉悦之中，不受到外来的骚扰和威胁，也没有发生任何有惊无险的情况。旅游安全是旅游活动中各相关主体的一切安全现象的总称。

旅游安全是旅游业的生命线，是旅游业发展的基础和保障。作为旅行社的代表，出境旅游领队必须非常清楚旅游救援工作的目的和意义，掌握境外安全事故善后处理的基本原则，掌握境外旅游安全事故发生后的救援程序。领队要熟悉与境外国际救援组织的联系方法和工作程序。

面对旅游者，领队首先要做到的是在行前说明会中，尽量向旅游者宣传旅游安全的重要性；遇到紧急情况时的应急联络方式；向旅游者告知我国驻外使、领馆应急联络方式；领队还应该或能够在行程中为旅游者提供安全保障的其他机构或人员信息。

如何做好出境游安全工作，如何成为一个合格的领队，是我国出境游市场和各出境游旅行社面临的一个紧迫的课题。出境领队应该认真学习《旅游法》，特别要细心领会有关旅游安全的条款：

《旅游法》第十二条：旅游者在人身、财产安全遇有危险时，有请求救助和保护的权利。

《旅游法》第八十一条：突发事件或者旅游安全事故发生后，旅游经营者应当立即采取必要的救助和处置措施，依法履行报告义务，并对旅游者做出妥善安排。

《旅游法》第八十二条：旅游者在人身、财产安全遇有危险时，有权请求旅游经营者、当地政府和相关机构进行及时救助。中国出境旅游者在境外陷于困境时，有权请求我国驻当地机构在其职责范围内给予协助和保护。

在出境旅游游览过程中，常常会碰到很多始料不及的天灾人祸，这些因素有可能影响旅游团计划的实施，给旅行者带来无法回避的损失。一般旅行者没有应对安全事故的经验，则可能引起恐慌，甚至导致某些损失的到来。旅行社的领队如果有强烈的安全意识，经过专业的培训，同时拥有良好的心理素质和专业技能，完全有可能将旅行者和旅行社的损失降到最低。领队在专业培训中学习到的紧急救护知识，可以在突发事件来临之时，及时进行抢救，最大限度地挽救旅游者的人身和财物损失。

如果在境外旅游中出现了安全问题，领队要第一时间了解情况，主动提供服务，帮助、救助。要注意收集证据，主动与旅游者沟通，征求旅游者对处理问题的看法，整个

处理过程要有详细的书面记录，还要有旅游者的认可签名。

在出境旅游活动过程中，领队对安全的重视和预防尤为重要，要牢记安全事故预防在先。领队应该非常明确自己在出境旅游中对旅游安全负有的责任，领队要不断提高自己在出境旅游中处理安全事故的能力。

案例

巴厘岛阿勇河漂流惊险一幕

许多到过印尼巴厘岛的游客感慨，参加过阿勇河漂流，才真正了解巴厘岛。阿勇河全长 11 公里，流经 22 处急流点，两岸均是原始森林的变换景象。由专门水上教练陪同。一艘橡皮艇上乘坐 4-6 人。河流在深窄的峡谷中急进，两旁是赤道风格的热带雨林，藤蔓密布，椰树成林。整个线路上，迎面而来的景观，忽而是茂盛的树林、忽而是辽阔的田野；忽而是阴森的蝙蝠洞；忽而是美丽的瀑布，变幻无穷，令人赞叹不已。

领队小宣所带的旅行团参加巴厘岛阿勇河漂流活动。领队和其中一组游客乘坐一台皮筏艇，皮筏艇上坐 4 位客人、领队及教练共 6 人。

当漂流开始大约不到十分钟，就来到第一个转弯处，领队看到前方有台皮筏艇在转弯处搁浅，他们正努力使皮筏艇下水。就这样领队一行向他们撞了过去，但不幸的是领队一行的皮筏艇一边冲到了他们的上面，从而使得领队一行的艇侧翻并最后 180 度翻转。此时领队船上 5 人全部落水。其中 2 个人在落水瞬间被大水冲走，皮筏艇教练就本能地去追那 2 个被冲走的游客。而剩下 2 名女游客和领队被压在了皮筏艇下面，皮筏艇就像一个大锅盖重重地把 3 个人扣在了水下。

此时，女游客惊慌失措地不停打转和大叫。领队不断撞击皮筏艇，试图将其顶开，但是根本没有任何作用。领队意识到想要活命就必须要从皮筏艇下面出来。于是领队使劲往水底游，并且刚好抓住皮筏艇一边的绳子，从另一边钻了出来。此时，领队看见两名女游客还在水下被皮筏艇压着，并且还在被大水冲得打滚。领队就立刻又回去拉皮筏艇，领队沿着绳子钻到皮筏艇下面，想把其翻开，但是人在水下没有着力点，加上大水不断地冲击，领队根本站不住脚。后来领队就直接跪在水底一块大石头上面，然后使劲往水流前进的方向推皮筏艇。终于皮筏艇被推掉了，2 名游客当时就浮起来而后被冲了下去，此时领队也瞬间失去可以支撑的物体，被水冲了下去。那时候领队只觉得他的脚被无数块大石头划过，最后右脚背重重地撞在了一块大石头上，刚好这时教练用船桨把领队拉了上去。领队刚坐上皮筏艇就看到那 2 名游客就漂在旁边，于是就把她们也拉上来了。

到达终点后，医疗队伍马上过来，为团员们消毒上药。巴厘岛地接社经理和漂流公司经理把他们送到医院进行检查和治疗。诊断结果是 4 位客人都只是皮外伤，配了一点止疼药和消炎药。领队右脚背骨轻微骨裂，需要好好休养，不能频繁走动。所幸的是 5 人都没有出现更大的危险。

？ 案 例 分 析

《中华人民共和国旅游法》第六章旅游安全的第八十条规定：旅游经营者应当就旅游活动中的下列事项，以明示的方式事先向旅游者做出说明或者警示：(一)必要的安全防范和应急措施；(二)可能危及旅游者人身、财产安全的其他情形。

该案例为我们留下了深刻的经验教训。首先作为领队在遇到危急事情的时候一定要保持冷静，绝对不能慌张。假如领队不能游泳，或者没有想到从船底游出来，那么领队和另外两名游客有可能遇到更大危险。第二，在玩漂流等有风险的娱乐项目时，一定要严格要求自己以及客人，按规定穿戴救生衣和安全帽，以至万一落水时候能多两重保障。案例中，领队和四名客人都被大水冲出去有五六米远才被救起，但是头部和上身都没有受伤，这就是安全帽和救生衣起的作用。第三，在出发前必须认真学习活动规则并且在活动过程中听从教练指挥。此次落水也有一部分原因是因为听错了教练的命令，教练说让大家往右边划，他大声喊："这边这边"；而大家却听成了"左边左边"，所以大家都往左边划了，结果船就翻了。第四，在发生意外事故的时候，一定不能慌不择路，而要自己冷静寻求庇护，抓住救命稻草，并且积极配合营救工作。

(资料来源：徐辉.中国公民出境旅游服务质量解析［M］.
杭州：浙江工商大学出版社，2017.)

第四节　出境旅游领队在旅游业中的地位

近年来，我国公民出境旅游人数规模和旅游花费的高增长，不仅令世界注目，同时也成为旅游理论界关注的焦点。在日益增长的出境旅游大潮中，中国的出境旅游领队功不可没，起着举足轻重的作用。随着中国国民出境旅游目的地的不断增加，我国的出境旅游的发展已经进入了一个不可逆转的发展阶段，出境旅游领队的数量大大增加，已经成为旅行社行业中一支不可缺少的骨干力量。

在旅行社的出境旅游业务中，接待工作的主体理所当然是具有专业素质的出境旅游领队人员。他们是出境旅游接待工作第一线的关键人物，在境外的参观旅游活动中，出境旅游领队始终处于中心地位、扮演着重要的角色。优秀的出境旅游领队会有助于旅游者完成一次难忘的出境旅游，而不合格的出境旅游领队肯定会给旅游者带来令人不满的经历。为了强调出境旅游领队的重要性，旅游业内通常把出境旅游领队比作"出国旅游的灵魂"、"境外旅游活动的导演"。

一、出境旅游领队的服务是出境旅游活动中最为根本的服务

在境外观光游览活动中，食、住、行、游、购、娱等活动构成了出境旅游活动的六大要素，其中最重要的是"游"，而境外旅游观光游览中的"导演"就是旅行社的出境旅游领队人员。

由于我国的出境旅游业务起步相对较晚，大部分中国旅游者对国外的了解还不够深入。对于出境旅游者来讲，大多数都有语言障碍问题，而且必须办理各种旅游手续、出入境证件、海关的报关与验关、卫生检疫、货币兑换等等手续。而旅行社委派的出境旅游领队人员可以帮助出境旅游者解决此类问题。按照规定，出境旅游领队应该具备丰富的政治、经济、历史、地理及国情、风土习俗等方面的知识。旅行社委派的出境旅游领队大都受过全面的专业性培训，储备着相当丰富的信息，又具备充分的出境旅游的经验，对异国他乡的社会环境、风土人情、法律法规有一定程度的了解，所以出境旅游领队人员完全可以为旅游者提供语言服务，沟通不同的文化，促进不同国家和地区人民和民族之间的交流。出境领队提供的讲解服务帮助旅游者增长知识，加深阅历，开阔眼界，了解异国他乡的风土人情，获得美的享受。出境旅游领队提供的生活服务有利于旅游者身心愉快地投入参观旅游活动，去求知、求新、求齐、求异、求乐。总而言之，出境旅游领队人员在出境旅游者实现其旅游目的的方面起着不可或缺的作用，从而也说明出境旅游领队服务是出境旅游服务中最为根本的服务。

二、出境旅游领队提供的服务是出境旅游服务质量高低的标志

一个优秀的不负众望的出境旅游领队人员可以让旅游者称心如意，满意而归。相反，如果领队人员服务热情不足、经验缺乏、责任心不强，旅游者的抱怨也会此起彼伏，旅游行程也会处处受阻。所以、即使旅游者住上一流的饭店、吃上美味佳肴、乘坐飞机头等舱或者豪华观光旅游车，缺乏优秀领队的旅游就是不完美的旅游，可以说是没有灵魂和内涵的旅游。

出境旅游领队工作质量对出境旅游服务质量的高低起着标志性的作用。出境领队工作质量包括领队的讲解质量、为出境旅游者提供生活服务的质量、各项参观旅游活动安

排落实的质量等。出境旅游的服务与消费同步进行，领队与出境旅游者朝夕相处，所以出境旅游者对领队的服务往往感受最深切，对其服务质量反应最敏感。在出境旅游活动中，领队已经成为整个服务工作运转的中心，领队提供的服务已经成为出境旅游服务的关键环节。这与其他旅游部门的工作人员提供的服务有着本质上的区别，可以说领队服务质量的高低直接关系着整个出境旅游服务质量的优劣。专家们指出，如果领队提供的服务质量高，可以弥补出境旅游中其他旅游服务质量的某些缺陷，而领队提供的服务质量低劣则是其他项目的服务无法弥补的。

因此，出境旅游者在境外旅游活动的成败基本上取决于领队工作的态度和质量。领队工作质量的好坏不仅关系到旅游者的满意程度和整个出境旅游服务质量的高低，还关系到某些旅游服务部门和单位提供的产品和服务的价值的顺利实现，从而关系到我国旅游业的健康发展，同时也关系到旅游目的地国家和地区旅游业的健康发展。

三、出境旅游领队服务是出境旅游中各项服务的桥梁和纽带

从领队服务过程说来，在沟通境内外各种关系方面，在出境旅游服务各环节之间相互协作、顾全大局方面，出境旅游领队人员的作用举足轻重。可以说出境旅游领队是旅行社与旅游者之间、旅行社与其他旅游服务部门之间、旅游者与其他旅游企业之间的桥梁和纽带。作为领队他们既要维护旅游者的利益，也要维护旅游经营者的利益，同时也要维护旅游目的地旅游服务部门的利益。其作用主要表现在以下五个方面：

（一）承上启下

我国的出境旅游领队人员是国家方针政策的宣传者和具体执行者，领队人员代表具有出境旅游资格的旅行社执行旅游计划，为出境旅游者落实食、住、行、游、购、娱等各项安排，同时还要处理旅游者在出境旅游期间出现的各种问题。出境旅游者的意见、要求、建议乃至投诉，境外其他旅游服务部门在接待工作中出现的问题及他们的建议和要求，一般也通过领队人员向境内外旅行社和旅游管理部门传递。

（二）连接内外

出境旅游领队人员既代表具有出境旅游资格的旅行社的利益，履行合同，落实出境旅游计划，同时又要维护好出境旅游者的利益。如有必要，则代表出境旅游者与境外旅游服务部门或者相关部门进行交涉，对境外旅游服务部门违反合同的行为进行干预，为出境旅游者争取合同上规定的利益和应该享受的权利；作为旅行社委派的出境旅游领队有责任向出境旅游者介绍旅游目的地国家的有关政策、法律、法令等。

（三）协调关系

在旅行社的出境旅游接待工作中，领队人员要协调旅游相关产业、旅行社内外部的方方面面，其工作范围广泛、工作对象众多。领队还要加强与境内外旅游服务部门在向旅游者提供旅游产品的过程中相互联系、相互合作。而且，在旅行社与旅游饭店、旅游餐厅、景区景点、旅游交通部门、娱乐场所等旅游服务单位之间的相互联系，领队同样起着重要的协调作用。因为出境旅游者在境外游览中获得满足和成功是通过领队的联系和努力而实现的，又因为出境旅游服务中任何一个环节出了问题，都会影响到整个出境旅游服务质量，所以，作为领队既有义务协助有关旅游服务生产部门搞好接待工作，同时也有责任对这些部门的服务提出意见和建议，以便使出境旅游者与旅行社签订的出境旅游合同得到全面的落实。因此，领队联系协调的作用是领队服务中的生活服务得以顺利进行的重要条件；而高质量的生活服务又为领队讲解服务和其他服务的成功提供了有利条件。

（四）反馈信息

在出境旅游过程中，出境旅游者会根据自己的需要对出境旅游产品提出一些具有建设性的建议和意见，甚至会针对某些服务缺陷进行投诉。作为领队应及时注意收集出境旅游者的意见和建议，并根据自己的接待实践和对出境旅游者的了解，综合他们的意见，及时反馈到旅行社以及相关服务部门，促使其旅游产品的设计、包装和质量得到不断改进、完善，更好地满足出境旅游者的需要。

此外，旅行社的出境旅游产品设计是否符合市场的需求，通过领队的带团日志和总结报告可以掌握市场满意度的第一手资料。

（五）促销产品

每个参加出境旅游的旅游者都是旅行社以后的潜在客户，都有可能参加旅行社其他旅游线路的出游，都有可能继续购买旅行社的其他产品。旅行社可以通过出境旅游领队把更多的线路产品直接向旅游者继续推销，这样可以取得较好的销售效果。出境旅游领队与旅游者朝夕相伴，他们有充分的时间和机会向旅游者及他们的亲朋好友介绍旅行社的新线路、新产品、新举措，可以不失时机地实施旅行社的促销战略。

如果旅游者对领队的服务比较满意，因而与领队建立了一定的联系，也影响了其今后出游时对旅行社的选择。旅游者通过出行而形成的感觉也会影响其亲朋好友，在一定的范围内进行传播，也会给旅行社带来一定的客源。

综上所述，出境旅游领队处于出境旅游服务的中心地位，起着关键作用。实际上，出境旅游服务是一项综合性服务，领队工作只是出境旅游服务链条中的一个环节，没有其他各项旅游服务的配合，领队工作也无法做好，出境旅游产品的价值也就不可能实现。

四、出境旅游领队与其他旅游产业

作为出境旅游的领队其工作任务之繁杂、职业合作之广泛，非一般行业参与者可以胜任。领队在工作上接触最直接的相关产业主要是境外的住宿接待部门、交通运输部门、游览场所经营部门、餐饮部门、境外的景区景点等。

（一）旅行社行业

无论是我国的旅行社，还是世界上其他国家的旅行社，在旅游业中都是旅游活动的组织者，也是旅游产品的销售者，旅行社在了解旅游者的需求及指导旅游部门的供给方面起着主要作用。作为出境旅游领队人员应该与境外旅行社保持密切联系，这也是完成在境外的旅游计划的保证之一。

在境外，人们根据旅行社所经营的业务类型，即批发业务还是零售业务，将旅行社企业分为两大类。领队作为具有出境资质旅行社的代表要了解其规模大小，经营范围、具体业务、操作流程及与我方旅行社的合作时间和沟通方式。

1. 旅游批发经营商

旅游批发经营商就是主要经营批发业务的旅行社或者旅游公司。这里所谓的批发业务是指旅行社根据自己对市场需求的了解和预测，大批量地订购交通运输部门、旅游饭店、旅游目的地接待社、旅游景区景点等有关旅游企业的产品和服务，然后将这些产品组合成不同的旅游线路产品，通过一定的销售渠道向旅游者或者客源国旅行社进行销售。我国旅行社在旅游目的地国家和地区的合作者大多是都是旅游批发商。

2. 旅游零售商

旅游零售商就是主要经营零售业务的旅行社。旅游零售商主要以旅游代理商为典型代表。一般说来，旅游代理商的角色是代表旅游者向旅游批发商及相关旅游企业购买其产品，当然也可以说是旅游代理商代表其他旅游企业向旅游者出售各自的旅游产品。

（二）餐饮业

在境外，餐饮的安排是旅游者出境旅游的基本条件和基本保证。旅游者在境外只有充分享受到合理的餐饮安排，才能保证其参观游览的顺利进行。随着时代的进步、旅游者生活水平的提高、旅游者旅游需求的多元化，旅游者在境外的用餐不仅仅是为了填饱肚子，而是需要多样化、地区性、民族性诸如此类的餐饮服务。所以，作为出境旅游领队也不再是提供如协助境外导游订餐、安排座位这样简单的服务。领队人员有必要研究一下如何订餐、点菜，用餐场地的安排及如何给旅游者介绍在境外用餐礼仪方面的知识。

1. 早餐

出境旅游团的早餐一般都在所下榻的酒店享用，因为通常酒店的房费里都含有早餐。大部分酒店会在旅游者入住时办理手续的时候就把早餐券连同房卡一起分发给旅游者，有些酒店则要求住店旅游者在用早餐时报出其房号就可以享用早餐。

一般饭店的早餐时间从上午 6 点或 7 点开始至 9 点。有些国家和地区也有从 8 点开始至 10 点（如英国的部分乡村旅游区）。当然也有略微提前和推迟的可能。在旅游旺季的时候领队人员要注意让旅游者错时用餐。通常在酒店使用的早餐分为

（1）美式早餐（American breakfast）：美式早餐一般包括果汁、土司、火腿、麦片粥、蛋、水果、咖啡、红茶等，内容比较丰富。

（2）大陆式早餐（Continental breakfast）：前往欧洲地区观光旅游的团队一般会享用到大陆式早餐。其中包括牛角面包、奶油、果酱、咖啡、红茶、麦片粥、煎鸡蛋等。大陆式早餐一般不含热食，所以作为领队要事先向旅游者进行说明。

（3）英式早餐（English breakfast）：英式早餐比大陆式早餐丰富，但是比美式早餐略微逊色。通常包括饮料、面包、主菜一份，就是水果或者果汁、各种蛋类、熏肉或者香肠、麦片、红茶、咖啡、土司等。

（4）其他早餐。有时候为了让旅游者体会当地餐饮的多样性，领队人员也会带领旅游者外出使用早餐，如港式早茶、肉骨茶等。在日本、韩国及东南亚国家早餐都含有浓郁的本国特色。

在境外酒店享用的早餐一般以自助餐（Buffet）为主。领队要提醒旅游者注意用餐礼仪，讲究文明用餐不能打包外带。

2. 午餐

旅游团的午餐一般在旅途中使用比较多，所以都比较简单，大多数都是自助餐。在欧美地区也会安排在当地的华人开设的中餐馆用餐，一般情况下都是每桌安排五菜一汤至七菜一汤，包括水果和茶，不含饮料和酒水。使用自助餐时领队要提醒旅游者注意用餐礼仪，不得浪费，以免给人留下不好的印象。

3. 晚餐

晚餐通常是旅游团每天安排的最为丰富的一顿，一般情况下当地的导游都会带旅游者品尝当地的风味餐，有时候晚餐也安排在有演出的场合下进行（Dinner Show），比如新西兰的毛利餐和毛利舞、西班牙弗拉明戈舞与餐会、澳洲农庄的烧烤等。如果晚餐以中式为主，可能会比午餐时多一至二道菜。西餐的话则通常包括前菜、主食和甜点。

（三）酒店业

旅游者无论在境外还是在境内进行观光旅游，其住宿条件的优劣对其顺利完成旅游计划有举足轻重的作用。领队在旅游者入住之前应该详细介绍其下榻酒店的情况，诸如酒店名称、星级、位置、周围交通设施、内部结构、用餐地点、康乐设施、付费方式、国际长途电话收费标准、周边治安情况等等。

从领队本身的工作实际考虑，领队与酒店中经常接触的部门有总台（front desk）、餐厅（restaurant）、房务中心（housekeeping）、服务中心（service center）、商务中心（business service）、作为领队应该明白各个相关部门的职责和功能，掌握与其进行沟通的技巧和联系方式。

酒店类型很多，但是对酒店的类型基本上没有统一的划分标准。根据业内对酒店类型的称谓，目前可以见到的酒店划分标准如下：

（1）根据饭店的坐落位置划分：如城市饭店、度假地饭店、海滨饭店、民宿等。

（2）根据交通工具或者交通实施的关系划分：如汽车旅馆、铁路饭店、机场饭店、港口饭店等。

（3）针对饭店的目标市场划分：如商务饭店、度假饭店、会议饭店、旅游饭店等。

（4）根据实施及服务范围划分：如综合饭店、公寓旅馆等。

（5）根据饭店的规模划分：如大型、中型、小型饭店。

（6）根据饭店的等级划分：如高档、中档、低档饭店，豪华饭店，星级饭店。

1. 酒店星级

世界各国对酒店等级的划分不一，有的划分为四个等级、有的划分为五个等级。在酒店等级的表示方法方面，有的以星号的多少表示，有的则以数字等级表示或者以其他符号表示。但是，目前较为流行的划分和标定方式是以星号（☆）表示。有些不采用星号标定酒店等级的国家在将本国的酒店同国际上酒店进行对比时，也往往说明其大致相当于几星级酒店。按星级划分酒店等级的标准是：

一星：设备简单，提供食、宿两项最基本的酒店产品，能满足旅游者基本的旅行需要。设备和服务符合国际流行的基本水平。

二星：设备一般，除食宿基本设施外，还设有简单的小卖部、邮电、理发等便利设施。服务质量较好。

三星：设备齐全，有多重综合服务设备。服务质量较高。

四星：设备豪华，服务设备完善，服务项目健全。服务质量优秀。

五星：这是酒店的最高等级，其设备、设施、服务项目设置和服务质量均为世界酒店业的最高水平。

考核一个饭店的等级水平主要从其"硬件"和"软件"两个方面，也就是其服务、管理、服务项目的数量、提供服务的质量和设施设备方面进行评定。当然还要考虑旅游者的满意程度和外界的印象。

2. 房间类型

境外酒店的房间类型一般分为总统套房、豪华套房、单人房、双人间、家庭房、三人房。一般情况下，旅游者都被安排住宿在单人房、双人房或者三人房（加床房）。有时候由于房价或者旅游旺季的关系领队人员会不被安排在与旅游者同一个酒店住宿。

（四）旅游交通运输业

在出境旅游活动中，交通运输扮演了重要的角色。旅游交通运输是指旅游者利用某种交通手段从一个地点到另一个地点的空间转移过程，是旅游者完成旅游活动的先决条件，当然也是发展旅游业的关键之一。目前，出境旅游者外出旅行的主要方式是乘坐汽车、飞机、火车和轮船。

1. 航空旅游交通

飞机是出境旅游活动中最主要的交通工具，它具有快速省时、安全舒适的优点。旅行社推出的中长途旅游产品中，基本上都采用飞机作为旅游出发地和目的地国家或地区之间及目的地国家或地区各个城市之间的主要交通工具。

航空交通服务的形式主要有定期航班服务、加班飞行服务和包机航班服务三种形式。定期航班服务是指航空公司在既定的航线上按照对外公布的航班时刻表提供的航空服务。目前我国许多旅游团前往旅游目的地（特别是旅途比较远的国家和地区）旅行的主要交通工具就是定期航班服务。加班飞行服务是国内外航空公司根据临时需要在定期航班以外的飞行服务，主要是为了缓解在特定时期航空运输中的供求矛盾。比如我国每年的黄金周时期航空公司都推出了加班飞行服务。包机飞行服务是航空公司按照包机单位，也就是旅行社的要求，在现有的航线上或者在现有的航线以外的专用飞行。在旅游旺季来到之前，旅行社看好某些旅游线路，但是因为前往某个旅游目的地的机位紧张，或者是为了减少转机环节，而向航空公司包下某些航班而推出的服务。比如说从浙江杭州前往日本的北海道、美属关岛等航班服务。

作为出境领队要非常认真地阅读出行计划，掌握团队乘机旅行流程，了解民航国际航班的行李托运携带规定，了解各个航空公司对乘机出行的要求，告知旅游者航空公司的有关规定，提醒旅游者拿好随身物品，并带领旅游者集体办理登机手续。作为领队的一项重要工作任务是保管好电子机票确认单。领队还要对旅游者要求调换座位等问题进行处理。

2. 铁路旅游交通

铁路交通服务是旅行社在其出境旅游产品中向出境旅游者提供的一种重要的交通服务方式。铁路交通服务的特点是相对于其他交通工具运载能力强，相对于航空飞行票价低、在旅游者心目中安全性好。而且在旅行途中乘坐平稳，同时也可以观赏沿途风光。今天，从世界范围说来，铁路运输作为交通工具的作用已经大大减少，在某些地方铁路客运主要作为观光旅游项目向旅游者开放。比如有些铁路公司在沿途景观优美的线路上重新采用蒸汽机，有的是利用铁路组织专项旅游，都说明这类列车已经主要不是作为交通运输手段而运行，而是已经成为特定的旅游项目或者旅游内容。如：赴挪威旅游除了坐邮轮游峡湾，一定会乘坐佛拉姆铁路（Flam Railway）观光小火车欣赏美丽的原野风光。从佛拉姆到米达尔（Mydral）的火车是世界上最陡峭的高山铁路旅程，也是挪威著名的第一号旅游名胜。

3. 公路旅游交通

公路交通服务是指旅行社为旅游者提供的以汽车为交通工具的旅游交通服务方式，主要包括客运汽车和旅游汽车。它非常适合于市内游览和近距离旅游目的地之间的旅行。在许多旅游目的地国家，大多数都把汽车作为主要交通工具。

公路交通的缺点比较明显，第一，其旅行速度和活动范围受到一定限制，不适宜长时间、远距离的旅行。许多国家对旅游车驾驶员行车时间都有限制，规定必须在驾车数小时后休息调整。第二，汽车的安全性能相对其他交通工具最差。第三，汽车旅行可能会产生空气污染和噪声污染。

在许多国家汽车都是靠左行驶，领队人员要提醒旅游者注意遵守当地的交通法规，上下车和过马路应该首先观察周围路况。在某些国家的旅游车第一排座位是不允许旅游者乘坐的，因为没有购买旅游保险。这一点领队必须向旅游者事先说明。

4. 水上旅游交通

水运交通服务是指旅行社为了满足旅游者在各种水域中旅行游览的需求而提供的交通服务。水运交通服务所提供的交通工具包括普通客轮、豪华邮轮、气垫船等。各种轮船分别设有不同的舱位，供不同类型的旅游者选择。如：从芬兰的图尔库乘上夜游轮SILJA LINE 号即可抵达瑞典的斯德哥尔摩。近年来，旅游者利用豪华邮轮作为交通工具进行出境旅游方兴未艾，势头不减，人们通常称豪华邮轮为"漂浮的度假胜地"，领队人员应该多加强这方面的服务技能和讲解技能的培养。

5. 特殊旅游交通

特殊旅游交通指为了满足某些旅游者的特殊需求的交通运输方法，也是旅游吸引物的一种。这种交通服务方式不仅为旅游者提供了位置的转移，同时也为旅游者提供了新奇、惊险、独特的旅游感觉。比如在某些景区建有观光缆车、观光电梯、观光索道等。

领队在带领旅游者使用类似交通工具时，要时刻把安全放在第一位。领队应该事先告知旅游者各种特殊交通工具的使用方法和注意事项，尽可能检查一下各种安全措施是否落实到位。总之，领队要非常熟悉各种特殊交通工具的特性和相关的安全规则，确保在旅游安全的前提条件下，制造出不同的旅游高潮和惊喜。

五、旅游景点

所谓旅游景点就是面向所有旅游者开放的游览景点或者游人参观点。而作为旅游业部门的组成部分，这里所指的旅游景点就是那些由某一组织或者企业对其行使管理的旅游景点，它有明确的界线与外界隔离并有固定的出入口，对游人的出入进行有效的控制的游览点或者参观点。

旅游景点的类别很多，一般而言，旅游景点的类别划分有以下几种情况：

1. 按照其设立的性质，可以划分为纯商业性的旅游景点和公益性旅游景点。前者是指投资者完全出于营利目的而建造的，后者是指政府部门和社会团体出于社会公益目的而建造的旅游景点。

2. 按照景点所依赖的吸引因素而形成的原因，可以划分为自然旅游景点或者人文旅游景点。前者的吸引因素属于大自然的赋予，后者的吸引因素或者是人类历史遗产，也可能是现代人为的产物。

3. 按照景点的内容和表现形式进行划分主要有以下几种类型：

- 古代遗址（Ancinet Monument）指挖掘出土而加以保护的古迹，例如古城区建筑、古墓葬等。

● 历史建筑（Historic Building）指以历史上遗留下来的各种建筑物为主要游览内容而设立的旅游景点，包括城堡、宫殿、名人故居、历史民居、庙宇寺院等。

● 博物馆（Museum）博物馆可以分为两大类，一类是以特定收藏品为展示内容的博物馆，比如说历史博物馆、军事博物馆、各种科学博物馆等；另一类是一特定的场址为展示内容的博物馆，例如美国的殖民地时期威廉斯堡博物馆、英国的铁桥堡博物馆等属于此类。

● 美术馆（Art Galleries）美术馆多以收藏和展示历史或者传统美术作品为主。

● 公园和花园（Park and Gardens）指以具有特色的自然环境和植物景观为主要内容的旅游景点，例如国家公园、自然保护区等。

● 野生动物园（Wildlife Attractions）指以观赏野生动物为主要活动的旅游景点，例如动物园、水族馆、天然动物园等。

● 主题公园（Theme Park）这类旅游景点多为某一主题为基调而兴建的大型人造游览娱乐区，以美国的迪士尼世界最为著名。

对景区景点的参观游览活动是旅行社产品的核心内容，也是出境旅游导游工作的中心环节。领队人员必须按照规范要求提供优质服务。作为领队要认真准备、精心安排、主动讲解，使旅游者详细了解观光游览地的历史背景、景观特色、艺术价值、形成原因。领队还要认真回答旅游者提出的问题。领队在讲解中要讲究方法和技巧，并且要观察旅游者的反应灵活调整讲解内容。

领队在进入游览景点前应该向旅游者说明在该景点的停留时间以及参观游览结束后的集合时间及地点；要向旅游者讲清楚游览的线路，提醒注意事项。

？ 复习与思考

一、问答题

1. 国家是如何逐步开放出境旅游业务的？

2. 通常境外有几种对"领队"的称谓？

3. 出境旅游领队在旅游业中有什么作用和地位？

4. 《旅行社出境旅游服务质量》为出境旅游领队定制了哪些相应的岗位特色标准？为什么？

5. 在境外旅游，常见的早餐可分哪几种？

6. 旅游景点的类型如何进行划分？

7. 作为一个旅行社的出境旅游领队需要哪些基本素质？

二、案例讨论题

迟飞的包机

2006 年春节，受赴欧洲旅游签证拒签率高的影响，中国公民赴普吉岛旅游的热潮依然高涨。浙江中青旅以包机的方式来满足中国公民出境游的需求。大年初二包下了能容纳154 人的飞机，整架飞机由 4 个旅行团及一些自助行的散客组成。公司特别委派 4 位资深领队带领游客们赴普吉岛旅游。

由于春节从全国各地赴普吉岛的包机多，抵达普吉岛国际机场时已是当地的凌晨 2 点，过泰国移民局的速度一下子变得很慢。4 位领队中的黄领队是一位有着多年经验的资深领队，马上在机场与其他 3 位领队碰面，要求他们在离开普吉岛时，一定要在离飞机出发时间提前 2 小时以上抵达机场办理手续，以免再碰上类似情况，影响包机的正常起飞。

4 天后的晚上，客人们结束了普吉岛的旅行，在领队们的带领下，兴高采烈地回到了普吉岛国际机场。领队们为所有的团员办理登机手续后，就分发了登机牌，等候出关登机。离起飞时间还有 10 分钟，机舱内还有 1 位领队及 3 位客人仍未就座。离起飞时间过了 10 分钟，迟到的客人才姗姗来迟。黄领队问这位迟到领队迟到的原因，原来是客人购买的退税物品放入了行李箱内，而过关后在办理退税手续时，工作人员要求出示购买的退税物品。客人在领队的帮助下，再从已经托运的行李箱中拿出商品，因此耽误了登机时间。深夜里，飞机迟迟未起飞，使得其他客人非常的不愉快。于是，黄领队灵机一动，马上与乘务员商量在广播中再一次向客人道歉，并讲述了事情经过的缘由，终于客人们的神情中露出了理解的表情。

（资料来源：徐辉 . 国际旅游业对客服务艺术案例 ［M］.
杭州：浙江科学技术出版社，2008.）

根据上述案例，请回答以下问题：

1. 三位旅游者迟到的原因是什么？

2. 作为领队黄先生是如何化解矛盾的？

三、实训题

请学生走访几位出境旅游领队，了解作为出境旅游领队的基本要求。

出境旅游领队必须储备的相关知识

出境旅游领队在带领游客赴境外旅游时，需要帮助游客办理一些必要的手续、解答游客有关出境旅游的咨询。领队掌握必要的出境旅游基本常识，是提高工作效率及服务质量的必要条件。

本章介绍了出境旅游必备的护照和签证的基本知识；欧盟国、申根国、欧元国的基本概念、出境旅游主要的交通工具——航空方面的各项知识以及出境旅游保险的主要知识。

学 习 目 标

知识目标

1 了解护照及签证的基本知识。

2 熟悉欧盟国、申根国、欧元国的基本概念。

3 掌握国际航空方面的主要知识。

4 熟悉保险的相关知识。

能力目标

1 能够辨认各类护照和签证。

2 具备区别欧盟国、申根国、欧元国等概念的能力。

3 具有辨别全球三大航空联盟的能力。

4 领队具有让游客购买出境旅游保险的意识。

案例

"湿"而复得的护照

美国是令人向往的国家，大家平常所熟悉的大多是纽约、华盛顿等非常具有代表性的城市。2014 年 4 月，小伊有幸担任了"美国西海岸八天团"的领队。团体的特色是深度游览美国西海岸最负盛名三大城市：洛杉矶、拉斯维加斯、圣地亚哥，自由选择游览"世界七大奇景"的西大峡谷、胡佛水坝等著名景点，欣赏圣地亚哥老城风光，畅游圣地亚哥中途岛号航母。

行程从杭州飞往广州转飞机到洛杉矶，团体将在洛杉矶住 3 个晚上。其中，第二天从洛杉矶到圣地亚哥进行一日游，第四天再从洛杉矶坐车赴美国赌城——拉斯维加斯，这是一座建立在沙漠上的繁华城市。同时，又是美国的会展中心之一，世界级拳击比赛首选地和世界著名的婚礼之都。游客将在拉斯维加斯入住 2 晚。在赌城游览期间，大家会坐汽车前往科罗拉多大峡谷参观。行程的第六天游客将从拉斯维加斯坐车回到洛杉矶。最后，从洛杉矶出发乘坐"南航"的飞机返回中国广州。

出发的那一天，团体乘坐的是中国南方航空的 CZ 327 航班。从广州白云机场起飞，经过 13 小时左右的飞行，于同一天的 18：00 抵达美国西海岸最大的城市——"天使之城"洛杉矶。一落地，迎接大家的就是一场大雨。虽然团员都带了雨伞，但无奈雨势太大，领队身上的双肩包还是被雨淋湿了。当时领队小伊也没太在意，回到酒店后发现放在双肩包最外层的护照被雨水打湿了，水已经渗开，护照里面部分地方颜色已经染开，拿在手里已经呈现水肿状态。小伊当时第一反应就是庆幸客人的护照没有放在他这里，在确认旅游团中成员的护照没有像他一样弄湿之后，领队便松了一口气，还好只是一本护照有问题。于是，小伊立刻打电话给中国驻洛杉矶领事馆询问该护照是否可以继续使用，领馆工作人员告诉他，打湿的护照不可以继续使用。考虑到这几天在美国境内旅游都是坐大巴的，暂时用不到护照。于是，第二天下午领队将护照的复印件留下，原件送到了洛杉矶领事馆以补办一个旅行证明，方便从美国洛杉矶回中国办理出国手续。就这样，领队又继续开始带领客人游览，第六天从拉斯维加斯返回到洛杉矶时，领队从领事馆获取了补办的旅行证明，顺利地离开了美国，结束了美国西部之旅。

案例分析

按照《中华人民共和国护照法》中的有关规定，有下列情形之一的，护照持有人可以按照规定申请换发或者补发护照：

（一）护照有效期即将届满的；

（二）护照签证页即将使用完毕的；

（三）护照损毁不能使用的；

（四）护照遗失或者被盗的；

（五）有正当理由需要换发或者补发护照的其他情形。

案例中，领队由于对护照保管不当，致使护照被雨水淋湿，无法正常使用。为了不影响接下来的行程以及能顺利返回国，就需要领队尽快采取弥补措施。幸好只是领队一个人的护照出了问题，而团队内其他客人的护照完好无损，而且由于团队在美国境内的行程无须坐飞机，就不一定需要使用护照。所以，领队有充足的时间前往中华人民共和国驻洛杉矶领事馆，补办一个旅行证。不然，领队也许就不能随团一起活动了。

一名出境游领队，在带团过程中，不仅需要服务意识、安全意识，还必须具备很强的证件意识。出境旅游没有护照、签证，旅途简直是举步维艰，所以领队在保管好自己证件的同时，也要竭力提醒团内的每一个客人，一定要保管好各类证件，熟悉证件的使用方法和保管方法。如：专门用一个防水性极好、较轻便且较牢固的袋子来保存护照之类的重要证件，放置在身上或背包里也要时刻检查一下是否安全无误。如此谨慎，就会大大减少证件丢失，损毁，被盗的可能性。

（资料来源：徐辉. 中国公民出境旅游服务质量解析［M］. 杭州：浙江工商大学出版社，2017.）

第一节　护照与签证的基本知识

一、护照的基本知识

（一）护照的定义

护照是一个主权国家发给本国公民出入国（境）在国外旅行、居住时使用的证件，它是证明持证人（拥有护照者）的国籍、身份的法律依据。

2006 年 4 月 29 日第十届全国人民代表大会常务委员会第二十一次会议通过的《中华人民共和国护照法》（以下简称《护照法》）规定："中华人民共和国护照是中华人民共和国公民出入国境和在国外证明国籍和身份的证件。"

（二）护照的分类

中华人民共和国护照分普通护照、外交护照和公务护照几种。普通护照由公安部出入境管理机构或者公安部委托的县级以上地方人民政府公安机关出入境管理机构以及中华人民共和国驻外使馆、领馆和外交部委托的其他驻外机构签发；外交护照由外交部签发；公务护照由外交部、中华人民共和国驻外使馆、领馆或者外交部委托的其他驻外机构以及外交部委托的省、自治区、直辖市和设区的市人民政府外事部签发。

（三）护照颁发的对象

公民因前往外国定居、探亲、学习、就业、旅行、从事商务活动等非公务原因出国的，由本人向户籍所在地的县级以上地方人民政府公安机关出入境管理机构申请普通护照。公民申请普通护照时，应当提交本人的居民身份证、户口薄、近期免冠照片以及申请事由的相关材料。国家工作人员因《护照法》第五条规定的原因（办理普通护照的原因）出境申请普通护照的，还应当按照国家有关规定提交相关证明文件。

普通护照的登记项目包括：护照持有人的姓名、性别、出生日期、出生地，护照的签发日期、有效期、签发地点和签发机关。普通护照的有效期为：护照持有者未满 16 周岁的 5 年，16 周岁以上的 10 年。

二、签证的基本知识

（一）签证的定义

签证是一个主权国家发给申请出入该国的外国公民或本国公民的出入境许可证明，即在申请出入境人员持有的护照或其他有效的旅行证件上签注盖印，以示准许其出入境或经过该国国境。签证是申请人要去的国家允许其进入的证明，由该国驻外领事馆签发，使申请人便于入境的许可证。

持有有效护照的我国公民，不论因公或因私出国，除了前往同我国签订有互免签证协议的国家外，事先均需获得前往国家的签证。签证一般做在护照上，和护照同时使用。未建交国，通常将签证做在另纸上，称为另纸签证，与护照同时使用。一些国家对中国的旅游团队，也给予整团一张的另纸签证。

（二）签证的申请

包含中国在内的发展中国家的公民申请签证，大多都有阻力。因公出国由政府外事部门通过外交部领事司统一申办签证。目前中国与 81 个国家签署了互免签证协议（只限因公护照或其中的外交、公务护照）。

目前中国公民持因私护照前往除圣马力诺、塞舌尔、毛里求斯、巴哈马、斐济、格林纳达、汤加、塞尔维亚和厄瓜多尔以外的任何国家（入境）均需申请签证。即使国际通行的转机免签（Transit Without Visa），在美国、加拿大、澳大利亚、英国等国对中国因私护照也不适用，必须另行办理过境签证。

目前，美国、加拿大、新加坡、韩国、日本、以色列和澳大利亚正式加入对华"十年签证"队伍，受益人群覆盖面达 80% 左右；日本放宽了三年多次签证的发放条件；英法德意等国也纷纷缩短审批签证的时间。目前，我国正在和哈萨克斯坦、白俄罗斯等国家磋商关于互免团队的签证协定，有望在近期取得成果。

（三）签证的种类

1. 根据护照的种类划分

外交签证、公务签证和普通签证三种。与护照对应，即持有外交护照的发给外交签证；持有公务护照的发给公务签证；持有普通护照的发给普通签证。

2. 根据出入境情况划分

出境签证、入境签证、出入境签证（含一次，多次）三种。出境签证：只允许持证人出境，如需入境，须再办入境签证。入境签证：只允许持证人入境，如需出境，须再申办出境签证。出入境签证：持证人可出境，也可以再入境。多次入出境签证：持证人在签证有效期内可允许多次出入境。

3. 根据出入境目的划分

移民签证、非移民签证。获得移民签证即取得该国永久居留权，居住一定期限后可归化为该国公民；非移民签证又有旅游签证、留学签证、工作签证、商务签证和家属签证等种类。

4. 根据逗留的时间划分

长期签证和短期签证。在前往国停留三个月以上的成为长期签证，申请长期签证，不论其访问目的如何，一般需要较长的申请时间。在前往国停留三个月以内的签证称为短期签证，申请短期签证所需时间较短。

图 2-1　柬埔寨王国的旅游签证

（四）特殊的签证

1. 反签证或倒签证

是指由邀请方在本国出入境管理部（如日本的法务省入国管理局、韩国法务部、印尼移民局）为来访人员办好签证批准证明，再连同护照等材料呈递该国驻华使馆。使领馆凭上述批函即可发签，无须再请示国内相关部门。

获得反签证就意味着入境获得批准，护照交领馆后也不会等候太长时间。目前实行反签证的国家大多在亚洲，如日本、韩国、印度尼西亚、新加坡、马来西亚等。

2. 另纸签证

是指各国所发签证多为在护照内页上加盖签章或粘贴标签形式，但有时也可以另纸发予签章，对护照不作任何改观。这类情形大多由于两国尚无邦交时表示暂不承认对方护照，或持异见人士访问敌国后避免回国受到本国迫害。另外一种另纸签证是团体签证，团体旅游时验明护照后即时出签以减少手续，或时间紧迫不及逐本护照制作签证等原因。

3. 口岸签证

是指在前往国的入境口岸办理签证。这是仅次于免签证的优惠待遇。有时亦需邀请人预先在本国提出申请，并将批准证明副本寄给出访人员。

4. 落地签证

落地签证，是指申请人不能直接从所在国家取得前往国家的签证，而是持护照和该国有关机关发给的入境许可证明等抵达该国口岸后，再签发签证。落地签证通常是单边的。往往是需要两国间的海关协商、双方同意以后，中国海关才能让自由行（散客）的客人从中国出境。

如果游客是经过具有出境资质的旅行社来办理机票购买、境外酒店预订等事宜，仍需要办理落地签证。旅行社会为这些散客制作经各省、直辖市旅游行政部门（旅游局）盖章的"中国公民出国旅游团队名单表"出境，以方便各省市旅游局统计通过旅行社口径参加出境游的旅客人数。另外，旅行社有了客人的个人档案，万一游客在境外发生了突发事件，旅行社就可以提供详细的资料给省市旅游局，以方便联系中华人民共和国驻目的地国家的大使（领事）馆。

知识链接 🔍搜索

办理落地签证的注意事项

一、最好提前与前往国使馆联系

申请人一定要注意，办理这种落地签证的国家的政策随时都可能变化，申请人行前最好与前往国使馆联系，在出发前搞清楚后方能启程，千万不能盲目行动，以免抵达后得不到签证。

二、赴"落地签证"国家旅游需要什么材料

一般来说，办理个人落地签证需要提供比较完整的个人资料、指定相片、身份证、护照、签证费、往返该国或第三国的机票、下榻酒店的订单、足够资金及财产证明等。每个国家所需材料会略有不同，需要提前向领事馆或有关部门确认，但有备无患，准备充分总是好的。

三、"落地签证"在什么情况下会被拒签

（1）许多国家对入境旅客携带物品都有相关的规定，水果、部分药品、动植物等都在严格管制的范围之列。

（2）必须准备好预订的住宿酒店订单和一定数额的资金，作为到该国旅游的证明。任何国家的入境移民局都有权检查入境外国客人携带的资金数额，没有携带该国认可范围内的旅游备用资金的游客，该国有权拒绝其入境。

（3）办理"落地签证"所需提供的材料不完整，例如往返机票、规定数量的证件照等。

——资料来源：百度百科。

5. ADS 签证

ADS（Approved Destination Status）签证的中文解释是"被批准的旅游目的地国家"。加注 ADS 签证后仅限于在被批准的旅游目的地国家一地旅游。ADS 协议是中国在特定时期内在公民出境旅游政策方面的一个创造，在国际上没有先例。ADS 签证是旅游签证的一种，只颁发给 5 人以上的旅游团队的成员，签证最长有效期为 30 天。此签证在目的地国家境内不可签转，不可延期。持有这种签证的人必须团进团出。

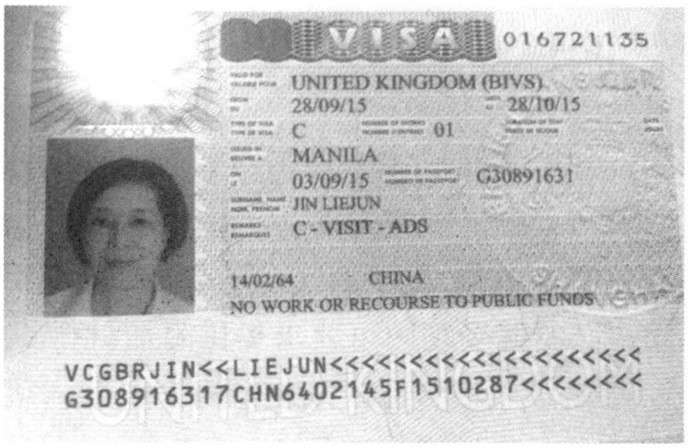

图 2-2 英国 ADS 签证

6. 欧洲申根签证

欧洲申根签证（European Schengen Visa）源于 1985 年 6 月 14 日在卢森堡的一座名叫申根的小城签署的一份国际条约。该条约由德国、法国、荷兰、比利时和卢森堡 5 国最先签署。条约规定了单一的签证政策，即凡外国人持有任何一个申根会员国核发的有效入境签证后，可以多次进出其会员国，而不需另外申请签证。目前申根协议国的范围，覆盖了西欧、中欧、北欧和南欧等一共 26 个国家，他们是：德国、法国、意大利、奥地利、希腊、西班牙、葡萄牙、荷兰、比利时、卢森堡、瑞典、挪威、芬兰、丹麦、冰岛、爱沙尼亚、匈牙利、立陶宛、拉脱维亚、马耳他、波兰、斯洛文尼亚、斯洛伐克、捷克、瑞士、列支敦士登。

以上 26 个申根国家根据申根公约，可以为短期往返访问的外国人签发"申根国统一签证"，得到其中一国的申根签证，可前往其他申根国家访问，无须其他签证。这在很大程度上方便了学生的日常生活，既可在业余时间自由旅游、打工，也可在将来转入其他国家就业，创造了广阔的发展前景。

"申根签证"的具体申请规定如下：

（1）只前往某一申根国家，应申办该国的签证。

（2）过境一申根国或几个申根国前往另一申根国，应申办另一申根国（入境国）的签证。

（3）前往几个申根国，应申办主要访问申根国（主访国）或停留时间最长的申根国的签证，必须提供申根国（主访国）带名单的邀请信，在签证申请表停留期限一项中必须将在各申根国停留的时间累加填写。

（4）无法确定主访国时，应申办前往的第一个申根国的签证。

（5）各国颁发签证所需的材料要求不同，必要时受理国可要求提供附加材料。

图 2-3　申根签证（意大利领馆签发）

（6）申根签证不能逐个国家申办，须统一在某一申根国办理。

（7）根据《申根协定》，办妥一国签证可进入其他申根国，被一国拒签意味着被其他申根国拒签。

7. 过境签证

当一国公民在国际间旅行，除直接到达目的地外，往往要途经一二个国家才能最终进入目的地国境（多见于使用联程机票，搭乘国际航班转机的情况）。这时不仅需要取得前往国家的入境许可，而且还必须取得途径国家的过境许可，这就称之为过境签证。

关于过境签证的规定，各国不尽相同。有的国家规定，旅客搭乘交通工具通过其国境时，停留不超过 24 小时或一定期限的，均免办过境签证（一般都不允许出国际机场），如俄罗斯、申根公约国、东南亚地区等国家；也有的国家规定，不论停留时间长短或是否出机场，一律须办过境签证，如英国、美国、加拿大等国家。过境签证同入出境签证一样，都有有效期和停留期限的规定。按照国际惯例。如无特殊限制，一国公民只要持有有效护照、前往国入境签证或联程机票，途径国家均应发给过境签证。

8. 互免签证

互免签证是随着国际关系和各国旅游事业的不断发展，为便利各国公民之间的友好往来而发展起来的，是根据两国间外交部签署的协议，双方公民持有效的本国护照可自由出入对方的国境，而不必办理签证。互免签证有全部互免和部分互免之分。

目前，我国与朝鲜、蒙古、伊朗、土耳其、孟加拉、越南、老挝、巴基斯坦、俄罗斯、独联体国家、捷克、阿尔巴尼亚、斯洛文尼亚、罗马尼亚、保加利亚、南斯拉夫、波兰、匈牙利、秘鲁、阿根廷、智利、厄瓜多尔、哥伦比亚、玻利维亚、委内瑞拉、古巴、贝宁等81个国家签署了有关互免签证的协定。各协议签字国只是对我国因公务出国的人员，提供 3 个月以内的免办入境签证的优惠待遇，其中圣马力诺、塞舌尔、毛里求斯、巴哈马、斐济、格林纳达、汤加、塞尔维亚和厄瓜多尔等 9 个国家（地区）的互免协定适用于持普通护照的中国公民。截至 2017 年 1 月，持中国普通护照可以有条件免签或落地签前往的国家和地区已达 61 个。其中包括马尔代夫、塞舌尔、塞班岛、马达加斯加、济州岛等多个热门旅游目的地，边检机关查验有效护照和订妥座位的联程客票无误后即放行。

知识链接 🔍搜索

中国公民出境旅游目的地国家免签或落地签一览表
(61个国家和地区)

	互免签证	单方免签	落地签证
亚洲		• 韩国济州道地区（30天） • 印度尼西亚（持往返机票或前往第三国机票；30天，可延期一次） • 马来西亚（跟团）	• 阿联酋（凭邀请单位或个人在阿国内申办获取的移民局入境许可，或由第三国经迪拜转机） • 巴林（往返机票、在巴联系人和明确住所、个人经济能力证明等材料；14天，可延期一次） • 东帝汶（网上申请移民局签发的入境许可；酒店订单、返程或前往第三国机票；90天） • 格鲁吉亚 • 土库曼斯坦 • 老挝（签证申请表、申请人照片1张；30天） • 黎巴嫩（在黎期住址信息，如酒店订单等；有效期1个月，入境后可延长至3个月） • 马尔代夫（入境登记卡、返程或前往第三国机票、酒店订单或旅费证明；30天） • 缅甸（申请过境签证需提供签证申请表、彩色近照2张、联程机票，停留时间最长为24小时；想无条件落地签，只有乘坐缅甸航空712航班从广州直达仰光无须邀请函） • 尼泊尔（提交护照照片并申请携带的外国货币数量；停留期限可为15天、30天、90天） • 斯里兰卡（往返机票或联程机票、旅馆订单或旅费证明等；30天，可延期） • 泰国（签证申请表、照片、返程机票、财产证明；15天） • 土库曼斯坦（须事先由邀请人在土首都或各州移民局办理落地签手续） • 文莱（事先获得文莱移民局批准的由当地旅行社经办的签证批文；14天） • 伊朗（护照复印件、往返机票、照片一张〈女士须戴头巾〉；15天） • 约旦（需提供护照原件及在约旦详细住址；30天） • 越南（入境参加由越南国际旅行社组织的旅游；停留期限1个月或1年以内） • 柬埔寨 • 孟加拉

续表

	互免签证	单方免签	落地签证
非洲	• 塞舌尔（停留期限30天） • 毛里求斯（30天）		• 埃及（出发前有埃及邀请方式或旅行社办妥并向埃及移民局备案；30天） • 多哥（7天） • 佛得角（30天） • 几内亚比绍（凭几比〈涉台用语〉移民局出具的批准书；30天） • 加纳 • 科摩罗（45天） • 科特迪瓦（须通过邀请方式先到国家警察总局签证处办妥申请；入境签证停留期限最长为90天） • 马达加斯加（持往返机票且出发地为中国大陆以外其他地方可办理；最长不超过3个月） • 马拉维（须提前向马拉维移民局申请，并在入境口岸提交签证申请表及移民局复函；30天） • 塞拉利昂（需提交护照复印件、邀请函等） • 坦桑尼亚（须提供签证申请表、5张护照照片、护照复印件、邀请人护照或其他身份证件复印件；3个月） • 乌干达（持有效期1年以上各类护照和往返机票；14天 • 肯尼亚 • 毛里塔尼亚
美洲	• 巴哈马（30天） • 格林纳达 • 厄瓜多尔	• 海地（3个月） • 英属南乔治亚和南桑威奇群岛 • 英属特克斯和凯科斯群岛（须持赴第三国或回程机票；90天） • 多米尼克 • 牙买加 • 安提瓜和巴布达	• 圭亚那（护照片2张；邀请函、邀请人电话或邮件；申请人在圭期间住址；能支付在圭期间费用的财产证明；旅游落地签证停留期为30天，可延期两次） • 英属圣赫勒拿（6个月）
欧洲	• 圣马力诺 • 塞尔维亚	• 俄罗斯（跟团）	• 乌克兰 注：圣马力诺没有机场、港口，须由意大利入境，因此赴圣马力诺需办妥申根签证
大洋洲	• 斐济 • 汤加	• 美属北马里亚纳群岛（塞班岛等）（已定妥座位的联程往返机票；45天） • 萨摩亚（凭返程机票免签入境；60天） • 法属波利尼西亚/大溪地（跟团）	• 帕劳（持返程机票或赴下一个目的地机票；30天） • 图瓦卢（1个月，可申请延期） • 瓦努阿图（持返程机票；30天）

资料来源：根据公安部出入境管理局信息等整理，截止到2017年1月。

第二节　欧洲旅游的基本知识

旅游团出境出国旅游时，需要掌握的知识是多种多样的，出境旅游领队带领客人赴欧洲旅游时，需要掌握一些欧洲特有的知识。下面就欧盟、申根国、欧元区的相关知识作一个全面的介绍。

一、欧盟的基本知识

（一）欧洲联盟的诞生

欧洲联盟，简称欧盟（EU），总部设在比利时首都布鲁塞尔（Brussel），是由欧洲共同体发展而来的，创始成员国有 6 个，分别为德国、法国、意大利、荷兰、比利时和卢森堡。该联盟现拥有 28 个会员国，余下的成员国分别是英国、丹麦、爱尔兰、希腊、西班牙、葡萄牙、奥地利、瑞典、芬兰、马耳他、塞浦路斯、波兰、匈牙利、捷克、斯洛伐克、斯洛文尼亚、爱沙尼亚、拉脱维亚、立陶宛、保加利亚、罗马尼亚、克罗地亚。正式官方语言有 24 种。

1991 年 12 月，欧洲共同体马斯特里赫特首脑会议通过《欧洲联盟条约》，通称《马斯特里赫特条约》。1993 年 11 月 1 日，《马斯特里赫特条约》正式生效，欧盟正式诞生。2012 年，欧盟获得诺贝尔和平奖。

欧盟的条约经过多次修订，运作方式依照《里斯本条约》。政治上所有成员国均为民主国家（2008 年《经济学人》民主状态调查），经济上为世界上第一大经济实体（其中德国、法国、意大利为八国集团成员），军事上绝大多数欧盟成员国为北大西洋公约组织成员。

根据英国广播公司网站最新消息称，当地时间 2016 年 6 月 23 日，英国就是否留在欧盟举行全民公投。投票结果显示支持"脱欧"的票数以微弱优势战胜"留欧"票数，英国将脱离欧盟。

（二）欧洲联盟的主要机构

1. 理事会（The Council of the European Union）

包括欧洲联盟理事会和欧洲理事会。欧洲联盟理事会原称部长理事会，是欧盟的决策机构，拥有欧盟的绝大部分立法权。由于马约赋予了部长理事会以欧洲联盟范围内的政府间合作的职责，因此部长理事会自 1993 年 11 月 8 日起改称作欧洲联盟理事会。欧洲联盟理事会分为总务理事会和专门理事会，前者由各国外长参加，后者由各国其他部长参加。欧洲理事会即欧共体成员国首脑会议，为欧共体内部建设和对外关系制定大政方针。欧洲理事会主席为图斯克，欧洲议会议长为马丁·舒尔茨。卢森堡前首相容克为欧盟委员会轮值主席。

2. 欧盟委员会（European Commission）

常设执行机构。负责实施欧共体条约和欧洲联盟理事会做出的决定，向理事会和欧洲议会提出报告和建议，处理欧盟日常事务，代表欧共体进行对外联系和贸易等方面的谈判。委员会由 28 人组成，每个成员国各 1 人。主席由首脑会议任命，任期 2 年；委员由部长理事会任命，任期 4 年。

3. 欧洲中央银行

总部设在德国金融中心法兰克福，是根据 1992 年《马斯特里赫特条约》规定而设立的欧元区中央银行，是共同货币政策的制定者、实施者、监督者。

欧央行是欧洲经济一体化的产物，是世界上第一个管理超国家货币的中央银行，也是为了适应欧元发行和流动而设立的金融机构。欧央行的职责和结构以德国联邦银行为模式，独立于欧盟机构和各国政府之外。欧央行主要任务是维持欧元购买力，保持欧元区物价稳定。欧央行管理主导利率、货币储备与发行，以及制定欧洲货币政策。欧元区货币政策的权力虽然集中了，但是具体执行仍由欧元区成员国央行负责。欧元区各国央行仍保留自己的外汇储备，欧央行的储备由各成员国央行根据本国在欧元区内的人口比例和国内生产总值的比例来提供。

欧央行管理委员会是最高决策机构，负责制定利率和执行货币政策，由 6 名执行董事会成员和欧元区成员国央行行长组成，每月定期召开会议。

随着欧洲银行联盟的建立，欧央行被赋予了监管欧盟内主要银行的职能，并从 2014 年 11 月起，和成员国主管机构共同履行该职能。

欧洲联盟的主要机构还包括欧洲议会、欧洲法院、地中海联盟、欧洲经济区、欧洲统计局、欧洲审计院和欧洲投资银行等。

（三）欧盟的官方语言

欧盟共有 24 种官方语言，分别为：英语、德语、法语、意大利语、西班牙语、葡萄牙语、荷兰语、丹麦语、瑞典语、芬兰语、希腊语、波兰语、斯洛伐克语、马耳他语、匈牙利语、立陶宛语、拉脱维亚语、斯洛文尼亚语、捷克语、爱沙尼亚语、爱尔兰语、保加利亚语、罗马尼亚语、克罗地亚语。上述语言均享有同等权利，欧盟所有官方文件、出版物、重要会议以及官方网站，均须同时使用这些语言。

（四）欧盟的标志——会旗

1986 年 5 月 29 日正式悬挂，会旗为天蓝色底，上面有 12 颗金黄色的星，是圣母玛利亚的象征。制作会旗的目的是表示要建立一个统一的欧洲，增强人们对欧洲联盟和欧洲统一性的印象。欧盟的会徽：1988 年 1 月开始使用，会徽的底呈蓝色，上面 12 颗星围成一个圆圈，代表欧盟的 12 个国家。

图 2-4　欧洲联盟的会旗

二、欧元区的基本知识

欧元区是指欧洲联盟成员中使用欧盟的统一货币——欧元的国家区域。1999 年 1 月 1 日，欧盟国家开始实行单一货币欧元和在实行欧元的国家实施统一货币政策。

（一）欧元区的成员

2002 年 7 月，欧元成为欧元区唯一的合法货币。欧元区共有 19 个成员国，包括德国、法国、意大利、荷兰、比利时、卢森堡、爱尔兰、西班牙、葡萄牙、奥地利、芬兰、立陶宛、拉脱维亚、爱沙尼亚、斯洛伐克、斯洛文尼亚、希腊、马耳他、塞浦路斯，人口超过 3.3 亿。受欧债危机影响，欧元区自 2008 年以来经济陷入持续衰退。2012 年 10 月 8 日，欧洲稳定机制（ESM）启动，向债务缠身的欧元区主权国家提供贷款。英国、瑞典和丹麦决定暂不加入欧元区。

欧元区共有 19 个成员，另有 9 个国家和地区采用欧元作为当地的单一货币。但是作为美元的世界储备货币的竞争者，欧元的流通已经不限于上述地区。

（二）非欧元区的欧盟国家

非欧元区的欧盟国家共有 9 个。

1. 英国

英国未加入欧元区。

2. 丹麦

丹麦在 2002 年举行了关于是否加入欧元区的全民公决，丹麦人选择了不加入欧元区。与瑞典不同的是，丹麦克朗的汇率是盯住欧元的。

3. 瑞典

尽管瑞典没有像英国和丹麦那样正式选择退出经济和货币同盟（EMU Ⅲ），因此理论上必须在某个时间转换为欧元。但是在 2003 年 9 月 14 日瑞典举行的就是否同意瑞典加入欧元区的全民公决中，大多数瑞典公民投了反对票。这样，瑞典成为继丹麦后，第二个决定不加入欧元区国家。

4. 其他国家

波兰、匈牙利、捷克、罗马尼亚、保加利亚、克罗地亚也是非欧元区欧盟国家。

三、申根国的基本知识

申根公约的成员国亦称"申根国家"或者"申根公约国"，成员国的整体又称"申根区"。申根公约目的是取消相互之间的边境检查点，并协调对申根区之外边境控制。持有任意成员国有效身份证或签证人可以在所有成员国境内自由流动。根据该协定，旅游者如果持有其中一国的有效签证即可合法地到所有其他申根国家参观。目前申根的成员国增加到 26 个。分别是德国、法国、意大利、奥地利、希腊、西班牙、葡萄牙、荷兰、比利时、卢森堡、瑞典、挪威、芬兰、丹麦、冰岛、爱沙尼亚、匈牙利、立陶宛、拉脱维亚、马耳他、波兰、斯洛文尼亚、斯洛伐克、捷克、瑞士、列支敦士登。

申根国家与欧盟国家不同。申根国家并非均为欧盟国家，如：申根国家中除挪威、瑞士、冰岛和列支敦士登之外均为欧盟国家。欧盟国家也并非均为申根国家，如：爱尔兰，罗马尼亚和保加利亚是欧盟国家，但不是申根协定的成员国。

另外，挪威是非欧盟国和非欧元国，但却是申根国。瑞典，挪威，丹麦虽为申根国，但非欧元国。瑞典，丹麦虽为欧盟国，但非欧元国。

知识链接 🔍搜索

欧盟国、申根国、欧元国一览表

序号	英文名	中文名	欧盟国	申根国	欧元国
1	Austria	奥地利	◎	◎	◎
2	Belgium	比利时	◎	◎	◎
3	Bulgaria	保加利亚	◎	X	保加利亚列弗
4	Cyprus	塞浦路斯	◎	X	
5	Croatia	克罗地亚	◎	X	库那
6	Czech	捷克	◎	◎	捷克克朗
7	Denmark	丹麦	◎	◎	丹麦克朗
8	Estonia	爱沙尼亚	◎	◎	◎
9	Finland	芬兰	◎	◎	◎
10	France	法国	◎	◎	◎
11	Germany	德国	◎	◎	◎
12	Greece	希腊	◎	◎	◎
13	Hungary	匈牙利	◎	◎	匈牙利福林
14	Ireland	爱尔兰	◎	X	◎
15	Italy	意大利	◎	◎	◎
16	Latvia	拉脱维亚	◎	◎	◎
17	Lithuania	立陶宛	◎	◎	◎
18	Luxembourg	卢森堡	◎	◎	◎
19	Malta	马耳他	◎	◎	◎
20	Netherlands	荷兰	◎	◎	◎
21	Poland	波兰	◎	◎	兹罗提
22	Portugal	葡萄牙	◎	◎	◎
23	Romania	罗马尼亚	◎	X	列伊
24	Slovakia	斯洛伐克	◎	◎	◎
25	Slovenia	斯洛文尼亚	◎	◎	◎
26	Spain	西班牙	◎	◎	◎
27	Sweden	瑞典	◎	◎	瑞典克朗
28	United Kingdom	英国	◎	X	英镑
29	Norway	挪威	X	◎	挪威克朗
30	Iceland	冰岛	X	◎	冰岛克朗
31	Liechtenstein	列支敦士登	X	◎	瑞士法郎
32	Switzerland	瑞士	X	◎	瑞士法郎

——资料来源：百度百科

案 例

欧盟国 ≠ 申根国 ≠ 欧元国

北欧是一段神话。一段尘封的记忆被人唤醒，那回忆被遗落在北方的海滨，我们下船寻找逐渐靠近，时间在嘲笑着我们是如此的年轻。

杭州是一切记忆开始的地方。从人间天堂飞往千湖之国的首都——赫尔辛基，在 10 多小时的飞行时光中，游客们都体会到了航空公司的"电影小剧场"的乐趣。

寻找记忆的第一站，便是赫尔辛基的西贝柳斯公园以及世界上独一无二的岩石教堂。傍晚，登上甲板，乘上夜游轮 SILJA LINE 号带我们驶向斯德哥尔摩。第二站，参观我国作家莫言、科学家屠呦呦曾经参加过的诺贝尔奖晚宴的举办地——斯德哥尔摩市政厅；参观为沉于海底 300 年的瓦萨战船而建造的博物馆。第三站，经由奥斯陆游览松恩峡湾、哈当厄尔峡湾以及挪威小镇。第四站，从瑞典的赫尔辛堡市乘坐渡船，经过厄勒海峡最窄处抵达丹麦的赫尔辛格市，最后，抵达北欧最大的城市——哥本哈根，大家都兴奋不已。在斯堪的纳维亚半岛，大巴全程行驶了 2200 多公里，客人们无不被来自爱沙尼亚的司机的敬业精神所折服。

然而，在北欧游的四国中，芬兰，瑞典，挪威，丹麦，使用四种不同的货币，给客人带来不少的麻烦，各个国家购物退税也是同样。当行程进行到第 7 天时，从挪威小镇经过欧洲第三大湖——维纳恩湖，抵达瑞典的卡尔斯塔德前，导游帮助将客人在挪威所买的商品全部退了税，游客觉得在方便的同时，也很纳闷：不是所有的商品要在离开欧盟国之前才退税的吗？怎么在离开挪威之前就退了一部分呢？出境游领队告诉游客：在北欧四国中，虽然都是申根国，但是挪威不属于欧盟国家，所以，在挪威买的商品就可以在离开挪威前直接退税。

游客退税后感到一身轻松。在接下来的行程中，经过哥德堡，哥本哈根，客人们又买了一些他们各自所喜爱的商品，比如说鞋，化妆品，休闲包等。客人们在游览之余，享受到了购物的欢乐。在行程的最后一站哥本哈根，导游将大家在芬兰、瑞典以及丹麦买的商品退了税。并且，退回的税款被直接打入各退税者的支付宝账户，十分方便。

? 案 例 分 析

1993 年 11 月 1 日欧洲共同体正式易名为欧洲联盟，简称欧盟（EU），它是欧洲地区规模较大的区域性经济合作的国际组织。总部设在比利时首都布鲁塞尔，创始成员国有 6 个，分别为德国、法国、意大利、荷兰、比利时和卢森堡。该联盟现拥有 28 个会员国，正式官方语言有 24 种。

2002 年 7 月，欧元成为欧元区唯一的合法货币。欧元区共有 19 个成员国，包括德国、法国、意大利、荷兰、比利时、卢森堡、爱尔兰、西班牙、葡萄牙、奥地利、芬兰、立陶宛、拉脱维亚、爱沙尼亚、斯洛伐克、斯洛文尼亚、希腊、马耳他、塞浦路斯，使用欧元人口超过 3.3 亿。

欧洲申根签证（European Schengen Visa）源于 1985 年 6 月 14 日在卢森堡边境小镇申根签署的一份国际条约。外国人一旦获准进入"申根领土"内，即可在协定签字国领土上自由通行。该公约于 1995 年 7 月正式全面生效。申根公约签订以后不断有新的国家加入进来，目前申根的成员国增加到 26 个。

欧盟、申根国、欧元国是去欧洲旅行必须搞清楚的三个不同的概念。欧盟国≠申根国≠欧元国。申根国家中除瑞士，挪威和冰岛之外均为欧盟国家，挪威是非欧盟国和非欧元国，但却是申根国。瑞典、丹麦虽为申根国，但非欧元国。瑞典，丹麦虽为欧盟国，但非欧元国。而客人在购买商品时填写的退税单必须是购物当月加上 1 到 3 个月之内离开欧盟最后一站时，由海关盖章后即可退税。上述案例，就是一个例子。作为领队，应该要掌握这些退税规则，方便客人进行商品购买及退税。

（资料来源：徐辉. 欧盟国≠申根国≠欧元国［N］. 江南游报，2017-08-17.）

第三节　出境旅游交通的相关知识

团体出境旅游的交通工具主要使用的是飞机。因此，出境旅游领队对航空知识的掌握显得尤其重要，以下就航空业的相关知识做一个全面的介绍。

一、机票的相关知识

（一）航空公司的不同种类机票

航空公司为适应不同地区的航线经营，会将机票分为很多种类。各种机票又各有不同的用途、票价和限制条件，以便与旅客的需求及消费能力相对应。

1. 普通一年期机票（Normal Fare）

这种机票有效期为一年，购买时不需指定航班，持票人如持有护照及签证，只需启程前订位，经确认机位后，便可按时登机出发。这种按票价购入的普通一年期机票，也允许换乘其他航空公司的航班。一般来说，普通一年期机票票价较高但灵活方便，没有太多限制，时间上较易掌控。若预计途中可能随时改变旅行的线路、时间的话，以购买普通一年期机票较好。虽然票价较高，但物有所值。所节省的时间及其灵活性可能比购买特价票更划算，且退票时较为有利。

2. 旅游机票（Excursion Fare）

旅游机票的票价一般要比普通一年期机票更便宜，但同时限制也会很多。例如只能购买往返票而不能购买单程票、不能更改目的地等。旅游机票又分为中途停站及中途不停站两种。中途容许停站的票价较贵，持票人一定要在目的地停留一段时间，还要在规定机票有效期内回程。例如我国香港到伦敦的旅游机票，规定为 90 天内有效，即持票人必须在此限期内回程，否则机票失效。旅游机票的限制视每一条航线而有不同。有些旅游票也有最少停留目的地若干天的机票的限制。例如有限期为 7－30 天内有效，即表示持票人在目的地最少必须停留 7 天，而必须在 30 天内回程；21 或 60 天内有效的以此类推。购买此种机票时，应该详细了解有效期，以免机票因过期失效而招致损失。

3. 团体机票（Group Fare/Group Inclusive Tour/GV Fare）

团体机票是旅行社特有的一种廉价机票。按照规定，旅行社作为航空公司的指定代理向航空公司订下的这些优惠机票，只能作为旅行社组织团体旅行之用，不能出售给散客游客。但实际上，在一些旅行社也能买到。购买这类机票时，应该注意机票的有效期以及是否允许退票。多数团体票会有不能退票的限制并在机票上注明。购买了此类机票后，如因签证或其他原因延误，导致不能按期出发，则一定会有损失。

4. 包机机票（Chartered Flight Fare）

包机公司或旅行社向航空公司包下整架或部分飞机座位，以供旅客乘坐。这类机票的票价及营运限制，均是由包机公司或旅行社自行确定。在购买此类机票时，需要事先向售票部门了解清楚。

（二）机票的舱位

航空公司票价一般分为头等舱、公务舱和经济舱三种等级。每种等级又按照正常票价和多种不同特殊优惠票价划分为不同的舱位代号。头等舱代号一般为 F，A；公务舱代号一般为 C，D 等。经济舱的代号，如：有的航线经济舱划分为 Y、M、L、K、T 五种代号，代表不同的票价，分别拥有不同的座位数量。世界上各个航空公司一般均自行定义使用哪些字母作为舱位代号，在舱位代号上无统一的规定。

开出的国际机票，上面可能还会有一些标记。比如："NON-RTE"代表不能更改路线。"NON-REF"表示不能退票。不能忽视这些标记，因为也许就因为我们没有看见或没有读懂，便会影响我们的行程和计划。

（三）OK 机票与 OPEN 机票

OK 机票指的是去程和回程都确定了座位的机票，去程日期时间和回程日期时间都会在机票上清楚地标明。当我们此次旅行的行程非常的明确，回程时间不会有提早或推后，到航空公司出票的时候，就可以出 OK 票。因为去与回的时间、航班都已经定了下来，所以，它很适合我们的旅行计划的严格执行。旅游团队的机票通常都会是 OK 机票，团队因而会按照计划往返。

OPEN 机票就在于回程日期和航班没有确定，在机票上不标明回程的日期和航班，而标注有 OPEN 的字样。持 OPEN 机票的游客如果确定下来回程时间和航班后，必须要到航空公司在境外的办事处去再进行登记与确认。

OPEN 机票的好处是回程时间暂时未定。游客如果在某个国家（地区）某个城市愿意多停留几天，那出票时要求航空公司出 OPEN 机票是十分合适的。自助游的游客到了某个地方，如果被当地美景所吸引，难免会希望改变原来的旅行计划，延长在当地的停留时间。出发前预订好这样的 OPEN 机票，自由行的灵活度就更大了。

究竟是要出 OK 机票还是 OPEN 机票，最好在出发前就想好。因为如果出了 OK 机票，则航空公司肯定不会给你临时进行更改。OPEN 机票虽然较为灵活，但也需要认真计算，因为有时会有航班密度或机位紧张的问题也需要放在里面进行考虑。你取消了在原定的日期乘机返回，可能就要三天以后才有航班。你原本想的是延后一天，但却可能不得不延后三天。有时候，特别是旅游旺季，整月订不到机位的事情也时常会发生。订 OPEN 机票的旅客则往往会被迫或补差价购买高舱位机票或另购其他航空公司的机票返回，经济上损失较大。

（四）机票的再确认手续（Reconfirmation）

按照国际航空惯例，对于往返和联程机票，如果在某地停留时间超过 72 小时，无论是否已订妥后续航班机位，客人均需要提前至少 72 小时在该地办理后续航班的机位再确认手续。一般方法是打电话给航空公司告知是否按时乘坐后面航班继续旅行。否则，航空公司有权取消机位。

目前，航空公司对回程机位进行再确认的要求已经不是那么严格了。不过领队能致电航空公司确认下最好，核对航班时间是否有变化，航班是否取消等事宜。

知识链接 | 🔍 搜索

世界各大主要航空公司二字代码

序号	中文名称	英文名称	代码
中国航空公司			
1.	中国国际航空股份有限公司	Air China	CA
2.	中国东方航空股份有限公司	China Eastern Airlines	MU
3.	中国南方航空股份有限公司	China Southern Airlines	CZ
4.	海南航空股份有限公司	Hainan Airlines	HU
5.	厦门航空有限公司	Xiamen Airlines	MF
6.	中国香港国泰航空公司	Cathay Pacific Airways	CX
7.	中国香港港龙航空公司	Dragonair	KA
8.	中国香港快运航空有限公司	Hong Kong Express Airways	UO
9.	中国香港航空有限公司	Hongkong Airlines	HX
10.	中国澳门航空公司	Air Macau	NX
11.	中国台湾中华航空公司	China Airlines	CI
12.	中国台湾长荣航空公司	Eva Airways	BR
13.	中国台湾立荣航空公司	Uni Airways	B7
14.	中国台湾复兴航空公司	Transasia Airways	GE
15.	中国台湾华信航空公司	Mandarin Airlines	AE
16.	上海吉祥航空有限公司	Juneyao Airlines	HO
17.	山东航空股份有限公司	Shandong Airlines	SC
18.	深圳航空有限责任公司	Shenzhen Airlines	ZH
19.	四川航空股份有限公司	Sichuan Airlines	3U
国际航空公司			
20.	英国维珍航空公司	Virgin Atlantic Airways	VS
21.	德国柏林航空公司	Air Berlin	AB
22.	美国航空公司	American Airlines	AA
23.	法国航空公司	Air France	AF
24.	加拿大航空公司	Air Canada	AC
25.	印度航空公司	Air India	AI
26.	墨西哥航空公司	Aeromexico	AM
27.	芬兰航空公司	Finnair	AY
28.	意大利航空公司	Alitalia	AZ
29.	英国航空公司	British Airways	BA
30.	越南航空公司	Vietnam Airlines	VN
31.	文莱皇家航空公司	Royal Brunei Airlines	BI
32.	津巴布韦航空公司	Air Zimbabwe	UM

续表

序号	中文名称	英文名称	代码
33.	美国达美航空公司	Delta Airlines	DL
34.	斯里兰卡航空公司	Air Lanka	UL
35.	阿联酋航空公司	Emirates	EK
36.	埃塞俄比亚航空公司	Ethiopian Airlines	ET
37.	美国联合航空公司	United Airlines	UA
38.	阿联酋阿提哈德航空公司	Etihad Airways	EY
39.	印度尼西亚鹰航空公司	Garuda Indonesia Airlines	GA
40.	土耳其航空公司	Turkish Airlines	TK
41.	阿塞拜疆航空公司	Azerbaijan Hava Yollary	J2
42.	泰国国际航空公司	Thai Airways International	TG
43.	日本航空公司	Japan Airlines	JL
44.	新加坡航空公司	Singapore Airlines	SQ
45.	大韩航空公司	Korean Air	KE
46.	荷兰皇家航空公司	Klm-Royal Dutch Airlines	KL
47.	肯尼亚航空公司	Kenya Airways	KQ
48.	德国汉莎航空公司	Lufthansa	LH
49.	波兰航空公司	Lot-Polish Airlines	LO
50.	瑞士国际航空公司	Swiss International Airlines	LX
51.	以色列航空公司	Ei Ai Israel Airlines	LY
52.	马达加斯加航空公司	Air Madagascar	MD
53.	马来西亚航空公司	Malaysia Airlines	MH
54.	埃及航空公司	Egypt Air	MS
55.	全日空航空公司	All Nippon Airways	NH
56.	新西兰航空公司	Air Newzealand	NZ
57.	蒙古航空公司	Miat-Mongolian Airlines	OM
58.	奥地利航空公司	Austrian Airlines	OS
59.	韩亚航空公司	Asiana Airlines	OZ
60.	曼谷航空公司	Bangkok Airways	PG
61.	菲律宾航空公司	Philippine Airlines	PR
62.	澳洲航空公司	Qantas Airways	QF
63.	卡塔尔航空公司	Qatar Airways	QR
64.	西伯利亚航空公司	Siberia Airlines	S7
65.	北欧航空公司	Scandinavian Airlines	SK
66.	捷星航空有限公司	Jetstar Airways	JQ

——资料来源：百度文库

（五）电子机票

电子客票是普通纸质机票的一种电子替代品，将普通纸质机票的票面信息以电子票联的方式存储在订座系统的电子客票数据库中，是纸质机票的电子形式。电子客票将票面信息存储在订座系统中，可以像纸票一样执行出票、作废、退票、换票、改装签等操作。目前，它作为世界上最先进的客票形式，依托现代信息技术，实现无纸化、电子化的订票、结账和办理乘机手续等全过程，给游客带来诸多便利以及为航空公司降低成本。查询、预订、支付、取票、携带票实现了全程电子化，足以应对任何突发事件，保证第一时间的登机。无论何时何地，都可以在线管理自己的旅程和查看历史信息，并可轻松实现在线退改票操作。在线购买成功后，会得到一个电子票号或者出票记录传真，在机场凭该电子票号或传真以及有效证件到值机柜台换取乘机凭证。

知识链接　🔍搜索

电子机票行程单信息解释

字段英文名称	中文翻译	字段说明
ISSUED BY	由 XX 航空公司开票	如：AIR CHINA 即指"中国国际航空公司"
PASSENGER NAME	乘客姓名栏	如 HU/SHUMING，需与证件（护照、港澳通行证姓名完全一致）
DATE OF ISSUE	开票日期	如：15 FEB 2013 即 2013 年 2 月 15 日
ORIGIN/DESTINA- TION	起点/终点	如 HGH HGH，则是代表由杭州出发，回程终点亦是杭州的机票
BOOKING REF	订位代码	是由 6 位（少数航空公司为 5 位）字母和数字组成的编码，如：2MW6UE
AIRLINE PNR	航空公司代码（大编号）	
DATE AND PLACE OF ISSUE	开票代理、开票地	如 CYTS ZJ 即指机票由浙江中青旅开出
ETKT NBR	电子机票票号	如：014-4793766617（由 13 位构成：前 3 位为航空公司的号码，后 10 位机票票号）
FROM AND TO	行程栏	出发地及抵达地
CARRIER	乘坐的航空公司	如：'CZ' 代表中国南方航空公司
FLIGHT	班机代号	若回程未定时此处打出 OPEN 的字样。VOID 是指此栏空白作废，以防他人篡改
CLASS	飞机的舱位	如：Y=经济舱，C=商务舱，F=头等舱
DATE/TIME	起飞日期及时间	由两位数与三个英文字母的月份代号组成，EX：08APR，即 4 月 8 日；TIME 则为飞机起飞地的当地时间

续表

字段英文名称	中文翻译	字段说明
STATUS	订位状况	OK＝已确定，EQ＝候补，NS＝婴儿不占座
NOT VALID BEFORE/AFTER	在 XX 之前/之后无效	通常越是便宜的特殊票，此栏表明的限制就越多
ALLOW	免费托运行李的限制	有两种表达方式：①计件式（PC）：美国、加拿大、中南美地区。②重制（K）：上述以外的地区采用，通常因舱等不同限制会不同，ex：F（40公斤）、C（30公斤）、Y（20公斤）
CONJ NBR	连续客票号码	
TAX	税	有时经过某些国家或城市时，需加付当地政府规定的某些税，此字段即表示所代收的税款金额及种类
TOTAL	票面总价栏	即 FARE 栏及 TAX 栏的金额总额
ISSUING AIRLINE	开票的航空公司	如：AIR CANADA（加拿大航空）
FORM OF PAYMENT	付款方式栏	标示旅客购买机票时的付款方式，ex：现金（cash）、信用卡（credit card）
ISSUING AGENT	开票的代理	如：ZHEJIANG CYTS INTERNATIONAL TRAVEL CO., LTD.（浙江省中青国际旅游有限公司）

二、国际航空联盟

随着世界多极化和经济全球化的深入，天空开放和全球性的航空公司战略联盟在国际民航界渐成趋势，这成为近年来发展最为迅速、成效最为显著的一种合作方式。航空公司间结盟的出发点首先是经济利益。在联盟内，加盟公司可通过代码共享扩大其运营范围，而不必因此扩大机群，同时可以更充分地利用其运力，从而降低代价高昂的空座率。在此形式下，联盟伙伴相互协调航班时间，进行航线联营，共同使用飞机、售票处、候机楼及其他地面设施。通过组成航空联盟，航空公司的客源和运力优势就能得到互补。出境旅游领队在带团期间乘坐世界各地的航班，会涉及各种联盟的知识。下面介绍世界三大航空联盟：

（一）星空联盟

成立于 1997 年的星空联盟（Star Alliance）是全球最大的航空公司联盟，也是首个国际性航空联盟。总部位于德国法兰克福，是世界上第一家全球性航空公司联盟。星空联盟英语名称和标志代表了最初成立时的五个成员：北欧航空（Scandinavian Airlines）、泰国国际航空（Thai Airways International）、加拿大航空（Air Canada）、汉莎航空（Lufthansa）以及联合航空（United Airlines）。这个前所未有的航空联盟，将航

图 2-4 星空联盟的标志

线网络、贵宾候机室、值机服务、票务及其他服务熔为一炉。无论客户位于世界何处，都可以提高其旅游体验。

1. 星空联盟标语

星空联盟的识别标志是一个由 5 个三角形图样组合而成的五角星，象征创立联盟的 5 个初始会员，它自成立以来发展迅速，已经拥有 28 家正式成员，航线涵盖了 192 个国家以及 1330 个机场。星空联盟的标语是"地球连结的方式"（The way the Earth connects）。

2. 合作方式

通过星空联盟成员的共同协调与安排，将提供旅客更多的班机选择、更理想的接转机时间、更简单化的门票手续及更妥善的地勤服务，符合资格的旅客可享用全球超过 990 个机场贵宾室及相互通用的特权和礼遇。会员搭乘任一星空联盟成员的航班，皆可将累计里程数转换至任一成员航空的里程酬宾计划的账户内，进而成为该计划的尊贵级会员。金钻级会员可享受订位及机场后补机位优先确认权，优先办理机场报到、登机、通关及行李托运等手续。不仅如此，任一星空联盟的乘客只要是持全额、无限制条件的机票，如果在机场临时更改航班，不需要至原开票航空公司要求背书，便可直接改搭联盟其他成员的航班。

星空联盟主要的合作方式包括了扩大代码共享（Code-Sharing）规模，常旅客计划（Frequent Flyer Program，FFP）的点数分享，航线分布网的串连与飞行时间表的协调，在各地机场的服务柜台与贵宾室共享，与共同执行形象提升活动。相对于航空公司之间的复杂合作方式，对于一般的搭机旅客来说，要使用星空联盟的服务则比较简单，只需申办成员航空公司提供的独立常客计划中的任何一个（重复申办不同公司的常客计划并没有累加作用），就可以将搭乘不同航空公司班机的里程累积在同一个常客计划里。除此之外，原本是跨公司的转机延远航段也被视为是同一家公司内部航线的衔接，因此在票价上较有机会享有更多优惠。

星空联盟已于德国法兰克福机场设置共同票务柜台，于伦敦成立星空联盟市区票务中心，香港国际机场的星空联盟专用贵宾室及各成员尽可能将机场柜台安排在同一栋航站大楼。这些皆显示星空联盟尽心尽力提供旅客于购票、机场报到及登机时更多的便利，同时可减少成本，提高效率，以合作代替竞争。

3. 星空联盟成员

以下为星空联盟的 28 家成员：亚德里亚航空（Adria Airways）、加拿大航空公司（Air Canada）、中国国际航空公司（Air China）、新西兰航空公司（Air New Zealand）、全日空（All Nippon Airways）、韩亚航空公司（Asiana Airlines）、奥地利航空公司（Austrian）、布鲁塞尔航空公司（Brussels Airlines）、克罗地亚航空（Croatia Airlines）、埃及航空公司（Egypt Air）、波兰航空公司（LOT Polish Airlines）、德国汉莎航空（Lufthansa）、北欧航空（Scandinavian Airlines）、新加坡航空公司（Singapore Airlines）、南非航空公司（South African Airways）、瑞士国际航空公司（Swiss International Air Lines）、葡萄牙航空公司（TAP Air Portugal）、泰国国际航空公司（Thai Airways）、土耳其航空公司（TURKISH AIRLINES）、美国联合航空（United Airlines）、爱琴海航空（Aegean Airlines）、中国深圳航空（China Shenzhen Airlines）、长荣航空（EVA Airways）、印度航空（Air India）、巴西阿维安卡航空（Avianca Brazil）埃塞俄比亚航空（Ethiopian Airlines）、巴拿马航空（Copa Airlines）、阿维安卡航空（Avianca Airline Brazil）。

（二）天合联盟

天合联盟（SkyTeam Alliance）是由 20 家国际航空公司所形成的航空联盟。初期是由 4 家分属不同国家的大型国际航空公司结盟，借以共用其成员航空公司航班时间、票务、代码共享、乘客转机、飞行常客计划、机场贵宾室、降低支出及软硬件资源与航线网等多方面进行合作，强化联盟各成员竞争力。2000 年 6 月 22 日由法国航空、达美航空、墨西哥国际航空和大韩航空联合成立。2004 年 9 月与拥有 4 名成员的航翼联盟合并后，荷兰皇家航空亦成为其会员，成为全球第二大航空联盟。今日的天合联盟成员数已发展到 20 个之多，除了是迄今为止最年轻、规模第二的航空联盟，天合联盟依然积极招募新会员当中。

1. 天合联盟的口号

天合联盟不存在如下词汇："It's not my problem"（这不是我的问题），天合联盟最爱说的是："No problem"（没问题），天合联盟的口号：Caring more about you！（我们更关注您!）。

2. 合作方式

通过联盟内所有航空公司的航班信息、座位信息和价格信

图 2-4　天合联盟的标志

息，帮旅客预订机票和座位，把中转旅客通过联盟航空公司的国内航线送到对方国家的各个城市。

联盟的发展得益于其给旅客及联盟成员带来的日益明显的利益。联盟通过其伙伴关系向旅客提供了更多的实惠，包括各成员间常旅客计划合作，共享机场贵宾室，提供更多的目的点、更便捷的航班安排、联程订座和登记手续，更顺利的中转连接，实现全球旅客服务支援和"无缝隙"服务。对于其成员来讲，全球联盟则以低成本扩展航线网络、扩大市场份额、增加客源和收入而带来了更多的商机，并且可以在法律允许的条件下实行联合销售、联合采购、降低成本，充分利用信息技术协调发展。天合联盟的"环游世界"套票、"畅游欧洲"套票、"畅游美洲"套票、"畅游亚洲"套票等优惠机票可为旅客节省更多购票支出。目前，天合联盟航线网络航班通往共约 179 个国家的 1057 个目的地。

3. 天合联盟成员

天合联盟是全球三大航空联盟之一，成员公司包括：中国东方航空股份有限公司（China Eastern）、中国南方航空股份有限公司（China Southern）、厦门航空有限公司（Xiamen Airlines）、中华航空股份有限公司（China Airlines）、大韩航空（Korean Air）、越南航空公司（Vietnam Airlines）、黎巴嫩中东航空公司（MEA Middle East Airlines）、沙特阿拉伯航空（SAUDI ARABIAN AIRLINES）、法国航空公司（Air France）、荷兰皇家航空公司（KLM Royal Dutch Airlines）、意大利航空公司（Alitalia-Linee Aerea Italiane）、捷克航空公司（Czech Airlines）、俄罗斯航空公司（Aeroflot-Russian Airlines）、罗马尼亚航空公司（TAROM）、美国达美航空（Delta Airlines）、墨西哥国际航空公司（Aeromexico）、阿根廷航空（AEROLINES AEGENTINAS）、肯亚航空公司（Kenya Airways）、西班牙欧罗巴航空公司（Air Europa）印尼加鲁达航空（Garuda Indonesia Airlines）。

（三）寰宇一家联盟

1998 年 9 月，美国航空公司、英国航空公司、原加拿大航空公司（Canadian Airlines，现已被 Air Canada 收购）、国泰航空公司及澳洲航空公司（澳大利亚康达斯）宣布有意合组航空联盟。寰宇一家（Oneworld Alliance）航空联盟于 1999 年 2 月 1 日起正式运作，各成员开始提供一系列的优惠措施。结盟使五家航空公司获益明显，尤其是香港国泰航空公司在很大程度上补足了其他盟友在远东市场的份额。

图 2-5　寰宇一家的标志

1. 合作方式

寰宇一家联盟合作伙伴为旅客提供超过任何独立航空公司网络的优惠。寰宇一家联盟航空公司的会员，其奖励及特权均可在寰宇一家联盟航空公司中享用。当旅客以有效票价乘坐任何寰宇一家联盟航空公司的有效航班时，将为自己的积分计划赢取里程奖励计划。旅客可以在全球联盟成员目的地实施兑换里程。会员航空公司的常旅客计划各自不同的名称，寰宇一家相应创造不同级别——翡翠级、蓝宝石级和红宝石级，确保旅客获得与其会员级别相应的特权。

寰宇一家联盟航空公司旅客乘坐任何寰宇一家航空公司的航班可提供任意一间会员航空公司的贵宾候机厅。提供旅客在寰宇一家会员航空公司之间顺利转机的服务。寰宇一家成员航空公司航班将迁往同一航站楼或就近航站楼，以配合基地的运作，方便转机联系。为旅客提供所有会员航空公司之间国际联运电子客票服务，有助于旅客通过航线网络采取任何承运航空公司的组合形式。

寰宇一家各成员航空公司已于 2005 年 4 月完成电子机票互通安排的程序，亦是全球首个在成员航空公司之间实现电子机票互通安排的航空联盟。在三大航空联盟中，寰宇一家提供了覆盖最全面，选择最广泛的环球机票。寰宇一家的目的地扩展到约 170 个国家 750 个目的地。

2. 寰宇一家联盟成员

寰宇一家联盟 18 家成员包括：美国航空（American Airlines）、英国航空（British Airways）、国泰航空（Cathay Pacific Airways）、芬兰航空（Finn air）、西班牙国家航空（Iberia Airlines of Spain）、日本航空（Japan Airlines）、智利 LAN 航空（LAN Airlines）、澳洲航空（Qantas）、皇家约旦航空（Royal Jordanian Airlines）、柏林航空（Air Berlin）、马来西亚航空（Malaysia Airlines）、卡塔尔航空（Qatar Airways）、匈牙利航空（Malév Airline）、西伯利亚航空公司（Siberia Airlines）、墨西哥航空（Siberia Airlines）、全美航空（US Airways）、巴西天马航空（TAM Airline）和斯里兰卡航空（SriLankan Airlines）。

三、其他航空知识

（一）代码共享

代码共享（Code-Share）是指一家航空公司的航班号（即代码）可以用在另一家航

空公司的航班上。这对航空公司而言，不仅可以在不投入成本的情况下完善航线网络、扩大市场份额，而且越过了某些相对封闭的航空市场的壁垒。对于旅客而言，则可以享受到更加便捷、丰富的服务，比如众多的航班和时刻选择，一体化的转机服务，优惠的环球票价，共享的休息厅以及旅客计划等。

正因为代码共享优化了航空公司的资源，并使旅客受益匪浅，所以于 20 世纪 70 年代在美国国内市场诞生后，短短 30 年便已成为全球航空运输业内最流行的合作方式。目前开通中国航线的外国航空公司有 50 余家，这些外航与我国主要几大航空公司都分别签署有相互的代码共享协议。代码共享这种方式使中国的航空公司得以直接吸取国外先进航空公司在经营和管理上的经验，尽快融入日益全球化、自由化的航空运输业。

（二）国际航空运输协会

国际航空运输协会（International Air Transport Association，简称 IATA）是一个由世界各国航空公司所组成的大型国际组织，其前身是 1919 年在海牙成立并在二战时解体的国际航空业务协会，总部设在加拿大的蒙特利尔，执行机构设在日内瓦。它是世界航空运输企业自愿联合组织的非政府性的国际组织，其宗旨是"为了世界人民的利益，促进安全、正常而经济的航空运输"，"对于直接或间接从事国际航空运输工作的各空运企业提供合作的途径"，"与国际民航组织以及其他国际组织通力合作"。

国际航协 7 个地区办事处为：北美地区办事处（美国华盛顿），南美地区办事处（智利圣地亚哥），欧洲地区办事处（比利时布鲁塞尔），非洲地区办事处（瑞士日内瓦），中东地区办事处（约旦安曼）、亚太地区办事处（新加坡）和北亚地区办事处（北京）。

国际航协从组织形式上是一个航空企业的行业联盟，属非官方性质组织，但是由于世界上的大多数国家的航空公司是国家所有，即使非国有的航空公司也受到所属国政府的强力参与或控制，因此航协实际上是一个半官方组织。它制定运价的活动，必须在各国政府授权下进行；它的清算所对全世界联运票价的结算是一项有助于世界空运发展的公益事业，因而国际航协发挥着通过航空运输企业来协调和沟通政府间政策，解决实际运作困难的重要作用。

第四节　保险的相关知识

出境旅游领队带团过程中，与旅行社保险的关系十分密切。领队应该认真对各种保险的内容、范围进行学习，以便在实际问题发生时进行清楚解释和有效处理。领队带团中针对游客所提的涉及保险的各类提问，也应该在对各险种充分了解的基础上进行解释。

一、旅行社责任险

旅行社责任险，是目前国家规定的旅行社企业需要投保的唯一强制险种。按照《旅行社投保旅行社责任险规定》所作定义，旅行社责任险是指旅行社根据保险合同的约定，向保险公司支付保险费，保险公司对旅行社在从事旅游业务经营活动中，致使旅游者人身、财产遭受损害应由旅行社承担的责任，赔偿保险金责任的行为。

2001 年 4 月 25 日经国家旅游局局长办公会议审议通过、2001 年 9 月 1 日起实行的《旅行社投保旅行社责任保险规定》，是旅行社责任险的操作指南，包含了对旅行社责任险险种的细致解答。

（一）旅行社责任险的投保范围

旅行社投保的旅行社责任险是一种有限责任，而不是无限责任。《旅行社投保旅行社责任保险规定》的第二章第五条，对旅行社责任保险的投保范围进行了详细阐释。

旅行社应当对旅行社依法承担的下列责任投保旅行社责任保险：

1）旅游者人身伤亡赔偿责任；

2）旅游者因治疗支出的交通、医疗费赔偿责任；

3）旅游者死亡处理和遗体遣返费用赔偿责任；

4）对旅游者必要的施救费用，包括必要时近亲属探望等支出的合理交通、食宿费用，随行未成年人的送返费用，旅行社人员和医护人员前往处理的交通、住宿费用，行程延迟需支出的合理费用等赔偿责任；

5）旅游者行李物品的丢失、损坏或被盗所引起的赔偿责任；

6）由于旅行社责任引起的诉讼费用；

7）旅行社与保险公司约定的其他赔偿责任。

《旅行社投保旅行社责任保险规定》列出了旅行社责任险的六项赔偿责任及一项承担的费用。由此我们可以看出，旅行社责任险负责的，只是旅行社正常的行程表中写明的各项活动中由于旅行社的责任造成游客损失的赔偿。游客在行程表之外的活动中的损失，不在此保险的范围之内；游客虽然参加的是行程表之内的旅游活动，但如果是因游客自身的原因（比如自身疾病）造成损失，也不在此保险的范围之内。

（二）正确认识"旅行社责任险"

1. 旅行社责任险与旅游意外险的差异

从旅行社责任险险种的内容中可以看出，此险种是旅行社作为经营主体为自身所应当负担的责任所进行的投保，完全区别于以往旅行社代游客投保的旅游意外险。旅游意外险所包括的旅游活动中出现的各种意外的内容，并没有被包含在旅行社责任险之中。也就是说，这二种险种所投保的内容是全然不一样的。

许多游客认为旅行社投保了"旅行社责任险"，就已经是为自己购买了全程旅游的保险。这是一种错误的认识。一些旅行社在线路产品的媒体宣传中，将"已投保旅行社责任险"作为吸引游客的一种手段，也存在误导游客的嫌疑。

2. 旅行社责任险规定的旅行社不承担赔偿的范围

《旅行社投保旅行社责任险规定》第二章"旅行社投保旅行社责任险的投保范围"当中，规定了旅行社所应当承担赔偿责任的责任外，对旅行社不承担赔偿责任的几种情况也明确地呈现出来：

第六条　旅游者参加旅行社组织的旅游活动，应保证自身身体条件能够完成旅游活动。旅游者在旅游行程中，由自身疾病引起的各种损失或损害，旅行社不承担赔偿责任。

第七条　旅游者参加旅行社组织的旅游活动，应当服从导游或领队的安排，在行程中注意保护自身和随行未成年人的安全，妥善保管所携带的行李、物品。由于旅游者个人过错导致的人身伤亡和财产损失，及由此导致需支出的各种费用，旅行社不承担赔偿责任。

第八条　旅游者在自行终止旅行社安排的旅游行程后，或在不参加双方约定的活动而自行活动的时间内，发生的人身、财产损害，旅行社不承担赔偿责任。

从以上三条中可以看出，旅行社没有对游客由于自身疾病、个人过错或者是自由活动期间造成的人身伤亡及财产损失这类问题有赔偿的义务和责任。

许多旅行社在常规的行程之外，会安排自由活动时间给游客，出境旅游领队应该特别叮嘱游客在自由活动期间的逛街、购物、拍照等活动的安全。按照旅行社责任险的规定，游客在自己活动期间受到的损失将无法落实到旅行社责任险这项险种的赔偿。

3. 高风险旅游项目需要另行保险约定

旅行社责任险所保的是旅行社常规旅游线路，含有高风险旅游项目的特殊线路，还需要另外投保或附加旅行社特殊旅游项目责任保险。旅行社组织的赛车、赛马、攀崖、滑翔、探险性漂流、潜水、滑雪、滑板、跳伞、热气球、蹦极、冲浪等高风险旅游活动，均属于是常规线路以外的内容，因而需要另行投保。《旅行社投保旅行社责任险规定》第十一条对此有所规定：

旅行社组织高风险旅游项目可另行与保险公司协商投保附加保险事宜。

在东南亚、澳洲等一些国家，中国游客常常在导游的带领下参加深潜、冲浪、跳伞等有一定危险性的水上活动。在新西兰等国家旅游，还会参加蹦极等较危险的活动。按照《旅行社投保旅行社责任险规定》，这些活动均需要旅行社与保险公司在通用的旅行社责任险之外再签署特殊旅游项目附加险。否则，游客在参加这类活动时发生意外，保险公司有理由不负责理赔。对于这一点，领队在带团过程需要事先向游客做出解释说明，以免出现问题之后，游客对领队及旅行社产生抱怨。

二、建议游客主动购买旅游者个人保险

（一）主动向游客推荐保险是旅行社从业人员的责任

旅行社从业人员向游客推荐保险的做法，在《旅行社投保旅行社责任险规定》第二十四条有规定：

旅行社在与旅游者订立旅游合同时，应当推荐旅游者购买相关的旅游者个人险。

目前许多具有出境资质的旅行社或代理销售点的门市销售柜台，游客都可以购买一些保险产品，门市销售人员也会向游客推荐多种保险产品。为了强调保险的重要性，行前说明会时，领队还应当就旅行者个人保险问题再作介绍，力求游客能为自己的旅游安全多作考虑。

出境旅游者在外出旅行时，投保一份人身意外险，就是为自己系上了一条"安全带"。通常情况下，人身意外险的保障范围都会涵盖自然灾害等不可抗力造成的损失。部分保险公司推出的人身意外险还涵盖了旅行期间的行李损失、行程延误以及旅行外出期间家庭财产盗抢损失等，如中国人民保险总公司的"神州游"、"四海游"险种等。以下是一家保险公司的境外旅行综合保险的介绍。

> 相关链接｜　🔍搜索
>
> **关爱境外旅行（综合）保险计划**
>
> 适用人群：出境旅游者，尤其适合申根签证申请要求的保险
> 投保年龄：年龄范围在 0-75 周岁。

> 保障范围：保险期间发生的意外身故、残疾，意外医疗费用；境外紧急救援等。
> 保险金额：每一被保险人可获得超过 80 万元的保险保障。
> 产品特色：专业服务，全面保障。

境外险会根据不同国家对前往的国外游客签证有不同要求，有的国家对险种有明确要求，有的国家对保障额度有明确要求，而有的国家对投保的保险公司有明确要求。一些国家要求签证申请者必须购买保险，比如去法国、德国、希腊等欧盟国家，办理申请国家签证需要购买额度不低于 3 万欧元（约 30 万元人民币）且具有境外救援功能的意外医疗保险。但若是去泰国、马来西亚或非洲等国家或地区，旅游保险并不是签证的必需条件，是否购买保险就看游客自己的选择了。

（二）推荐游客购买的几类保险

目前国内各大保险公司推出的专门针对出国游客的旅游保险种类相对较多，一般游客出游可以从以下 3 种类型的保险中选择购买。

1. 旅游人身意外伤害保险

属于外出旅游人身最基本保障。对于参加探险游和惊险游的游客，最好应该购买这类保险。这类保险每份保险费为 1 元，保险金额最高可达 1 万元，每位游客最多可买 10 份保险。保险期限从游客购买保险进入旅游景点和景区时起，直至游客离开景点和景区。

2. 旅游救助保险

购买意外伤害保险后的增值服务，该保险是国内各保险公司普遍开办的险种，是保险公司与国际救援中心联合推出的，游客无论在国内外任何地方遭遇险情，都可拨打电话获得无偿的救助。

3. 财物损失保险

如钱包、行李遗失，证件遗失等，视个人需求购买。

其中旅游人身意外伤害保险是购买人群最多的。在旅游过程中遭受意外事故，并因该事故所导致的意外身故、残疾、医疗等都属于保障范围内。被保险人在签署旅游意外伤害保险合同情况下，还可附加旅游遗体遣返保险、旅游误工保险、旅游护理保险、旅游疾病身故保险、旅游突发急性病保险、境外紧急救援医疗保险等相关的附加合同，能够为被保险人提供全面有效的意外保障。

投保境外旅行人身意外险时，要注意选择投保具有全球紧急救援服务的产品。这样，一旦发生意外事故，投保人可通过保险公司的紧急救援系统展开"自救"。目前中国的一些保险公司，如平安保险、人保财险、友邦保险、美亚保险等，都已经推出境外旅游意外险，并且已开通了境外紧急救援服务。

案　例

一份高额的境外旅游意外保险

某国际旅行社领队部安排了小许担任"100%纯净新西兰南北岛8日游"的领队。出发前，小许来到旅行社与出境旅游中心澳新部计调人员陈小姐进行交接工作。当陈小姐将带团的资料交给小许时，小许一眼发现"中国公民出国旅游团队名单表"中的某一位客人的年龄已经81岁。小许立刻问陈小姐客人是否购买了旅行社意外保险。经陈小姐与收客的门市销售员核实，该客人只购买了一份几十元的意外保险。小许凭他多年的带团经历，又向门市销售人员询问了该客人的身体状况，销售人员告诉小许："老人的报名是由他的儿女来办理的，共有六名亲属一同前往，老人具有国际旅行健康证明书。"接着，小许又问："你与老人见过面吗？"销售人员告诉他："几次到旅行社来送报名及签证的材料均是由他的儿女来办理的，所以一直没有见到过老人。"小许心想，虽然老人有国际旅行健康证明书，但销售人员没有见过面，总是觉得心里不踏实，万一老人在新西兰旅游时有意外事情发生，没有购买高额保险理赔起来就比较吃亏。于是，小许将自己的想法与陈小姐进行了交流，陈小姐将该事情向澳新部经理汇报。经商量决定，考虑到老人是该旅游公司的常客，且年龄超过80岁，旅游公司出钱给老人购买价值300元的境外旅游意外保险。险种包括：1. 境外旅游意外伤害保险，涵盖意外身故、残疾及烧烫伤；2. 境外旅行附加医疗费用补偿保险，涵盖意外和急性病医疗补偿；3. 境外旅行附加紧急医疗救援，涵盖医疗运送和送返、亲属慰问探访补偿等五大险种与服务。

旅行开始的那一天，小许比预订集合时间提前半小时抵达集合点。抵达后首先主动打电话给与老人一同前往旅行的六人中的负责人，询问老人是否已经安全抵达集合点。与老人见面后，老人对小许的特别关注感觉非常安慰，因为毕竟是老人，他非常需要有人来关心。

旅行最后的一天，从奥克兰飞往上海登机前，小许将旅行社特地给他购买境外意外保险的事情告诉老人。老人兴奋地告诉小许："此次新西兰之旅要比欧洲旅行更惬意。下次旅行一定来找你们旅行社，如有可能也希望你能再次陪我们一同前往世界各地。"

案 例 分 析

该案例中，旅行社门市销售人员没有及时告知客人购买高额境外意外保险，而老人的团费已经支付，合同已经签订，签证也即将获得，一切都准备就绪。在这种情况下，旅游公司考虑到老人是回头客，权衡了该事件的利弊关系，毅然决定由旅行社出钱为老人购买一份高额境外保险，以应付突发事情发生后的理赔。

领队在接受计调人员工作交接时，应该根据客人的年龄结构进行分析，重点把握团体中那些特殊客人，比如年长者、婴儿、媒体工作者等，对他们的特殊要求以及特殊性倍加关注，尽量争取在出发前将准备工作做到位，以防止突发事件发生。

另外，旅行社在经营管理中不能仅看到当前的利益，而应该从全局考虑。案例中，虽然旅行社在客人全然不知的情况下，为他购买了高额境外意外保险，但是，却获得了客人的一份全方位安全，赢得了回头客。

（资料来源：徐辉. 中国公民出境旅游服务质量解析［M］.

杭州：浙江工商大学出版社，2017.）

❓ 复习与思考

一、问答题

1. 护照可以分成哪几种？

2. 请解释申根签证的概念？申根协议国的范围覆盖了那 26 个国家？

3. 什么是另纸签证？落地签章？过境签证？互免签证？

4. 请解释欧盟、申根国、欧元国三者的差别

5. 何谓电子机票？何谓代码共享？

6. 请分别解释什么是星空联盟？天合联盟？寰宇一家？

二、案例讨论题

护照有效期引发的思考

某公司组织美国、加拿大考察，委托某国际旅游公司操作，并要求委派职业领队一名。因为考虑到时间的紧迫和获得美国签证的难度，旅游公司决定委派一名已经获得美国一年多次往返有效签证的领队，并通知该领队马上准备材料做加拿大签证。当旅游公司操作人员拿到领队护照时，发现该领队护照有效期已不到半年，需要马上重新去公安局办理护照延期。但该团组团出发日期已定，机票、地接等已全部落实，改变出发日期的可能性不大。

　　旅游公司马上咨询加拿大驻沪领馆，护照有效期不到180天是否可以办理签证？领馆给予了肯定的答复。于是旅游公司按照程序将材料递进领馆，在预计时间内领队拿到了加拿大签证。

　　当团体所有人员的美国、加拿大签证办理完毕后，踏上了旅游考察之路，顺利进入了加拿大，结束了加拿大的行程后按照行程准备进入美国。

　　但在加拿大多伦多机场出关时，领队遇到了问题。美国拒绝其进入美国境内，原因是从即日进入美国开始，护照有效期不到半年！领队只能暂时离开，只身留在了加拿大。

　　该国际旅游公司得知此事后，马上向中国驻多伦多领事馆发去传真，说明情况，恳求尽快给予领队办理护照延期。中国驻多伦多领事馆得知此事后，非常配合，并在第一时间帮助领队办理护照延期。时隔两天，领队才能得以出关进入美国，与团体会合，继续他的领队工作。

　　　　　　　　　　　　　资料来源：徐辉．国际旅游业对客服务艺术案例［M］．

　　　　　　　　　　　　　　　　　　杭州：浙江科学技术出版社，2008.

　　根据上述案例，请回答以下问题：

　　1. 该旅游公司的在做签证的过程中是否有不妥的操作环节？

　　2. 旅行社在出境旅游领队的证照管理上应该采取何种管理模式？

三、实训题

　　请同学走访一家航空公司的票务代理点，了解国际机票的运作及航空联盟等知识。

第三章

了解出境旅游者心理

旅游业是一个具有综合性、服务性、所提供产品就地消费性的行业。所以，提供个性化、情感化的旅游产品更需要以心理学的理论和原则为指导。无论实践还是理论界都急需旅游业和心理学的结合，两者走到一起是必然的选择（薛群慧，2011）。

本章第一节介绍了旅游体验与旅游者类型；第二节介绍了出境旅游服务的心理过程，其中包括旅游从业人员的服务心理准备和旅游者在不同旅游阶段的心理；第三节介绍了如何在旅游活动中妥善管理旅游者的心理。

学 习 目 标　　　　　　　　　　　　　　　　　　　　　　　　　　>>

知识目标

1 了解旅游者的类型。

2 掌握旅游从业人员服务心理过程。

能力目标

1 能区分不同的旅游者类型。

2 能根据旅游者类型恰当地满足旅游者的心理预期。

案 例

旅游还是购物

陈先生一家参加了出境旅行社组织的香港旅游。虽然香港是购物天堂，但陈先生一家却是冲着香港的美食、海洋公园和大都会的风情去的。在旅游行程安排中，有这样一段介绍："早餐后，游览香火最旺的庙宇——黄大仙祠，后前往尖沙咀新落成在海滨长廊上的'星光大道'。此长廊展现了香港电影百年发展历史，除有高约两层楼的金像奖铜像表扬对香港电影业做出贡献的巨星名人及幕后电影工作者的成就之外，也有电影里程碑、舞台和屏幕，还有沿途设置的香港电影名人手印和牌匾。在 DFS 国际免税店自由购物。午餐后，前往香港会展中心新翼、金紫荆广场，这里为香港回归祖国的见证。团友可于'永远盛开的紫荆花'及回归的纪念碑旁拍照留念。之后前往闻名世界的海洋公园。这里有世界最大的水族馆、鲨鱼馆及海洋剧场，有海豚、海狮、杀人鲸等精彩特技表演；还有各式各样惊险刺激的机动游乐设施，如过山车、摩天轮、海盗船等。游毕，乘亚洲最长的户外登山电梯下行参观集古村。置身其中，仿佛走进时光隧道，重温中国过去 13 个朝代历史，场内有艺术品及工艺品制作示范、街头表演等。晚餐后，在码头乘观光船游览维多利亚港，沿着九龙半岛及港岛北面海岸畅游维多利亚港夜景，之后前往洲际国际免税店自由购物，入住酒店。"

但在整个行程中，境外地陪工作极不负责。不仅景点讲解乏味，甚至胡编乱造，而且一直热衷于介绍购物商场的商品质量好，价格适中。事实上，同类商品的价格比百货商场贵好几倍。在推荐自费项目时，虽然没有强迫，但给人的感觉是不得不参加。最让人难以忍受的是，住宿的饭店极差，地理位置偏远，也没有星级，与合同约定不符。不过，领队的服务还算不错。总之，陈先生认为，这次旅游跟合同约定有差距，要求旅行社承担赔偿责任。领队承认陈先生投诉的部分内容属实，但同时强调，这一切都是境外地接社和地陪造成的。组团社和领队都在尽职服务，因此组团社和领队都不应承担责任。

案 例 分 析

1. 你认为领队的理由是否成立？为什么？
2. 在境外旅游期间，领队应该如何应对客人的心理预期？

第一节　出境旅游体验与旅游者类型

自从 19 世纪 70 年代早期开始，旅游心理学被各个学科，包括社会学、地理学、交通学、市场营销学、心理学、社交心理学等领域的研究者承认并慢慢占有一席之地，形成一个独特的研究领域（A. G. Woodside，et al. 1999）。各学科研究人员的共同目标就是创建出对旅游者心理有用的理论和实践知识。

一、旅游体验

旅游体验是一系列特定体验活动的产物。这种特定的体验活动是旅游者在一个特定旅游地花费时间来游览、参观、学习、感受所形成的，是由众多复杂因素构成的综合体。这些因素包括个人感知、地方印象以及所消费的产品等。

谢彦君（2006）曾根据"格式塔心理学"中的"心理场"的概念引出了"旅游场"的概念，并将旅游体验的过程描述为"旅游场刺激—旅游者行为反应"，进一步将"旅游场"解释为"地理环境刺激—旅游者心理组织"的过程。

知识链接｜ 🔍搜索

格式塔心理学

格式塔心理学是西方现代心理学的主要流派之一，根据其原意也称为完形心理学，完形即整体的意思。"格式塔"（Gestalt）是德文"整体"的译音。"格式塔"一词具有两种含义。一种含义是指形状或形式，亦即物体的性质，例如，用"有角的"或"对称的"这类术语来表示物体的一般性质，以示三角形（在几何图形中）或时间序列（在曲调中）的一些特性。从这个意义上说，格式塔即"形式"。另一种含义是指一个具体的实体及其所具有的一种特殊形状或形式的特征。

——资料来源：http：//baike. baidu. com/view/73571. htm？fr＝aladdin.

根据克劳森及尼奇于 1966 年提出的观点，任何旅游体验都包括以下四个阶段：

（1）期望阶段。这是人们预想和期待进行一次旅行或活动时机的阶段。此阶段伴随着旅游的梦想和热情，旅行行为还没有实行，但通过期待也能得到某种层次的满足。

（2）计划阶段。在这一阶段，人们会收集旅游资料，或是咨询相关旅游机构或者从业人员。

（3）参加阶段。在这个阶段，会产生从出发到返国期间内的各种活动及附带行为，而本阶段是旅游体验的核心。

（4）回忆阶段。参加旅游活动之后，体验过程并非完全结束。游客返回原居住地后通过照片、录影带、文字记录、购买的纪念品回忆旅游过程，得到另一种层次的满足。

二、旅游者类型

根据不同的标准，旅游者类型有多种划分方式。例如依据旅游目的不同，旅游者可以划分为观光型、医疗型、冒险型、采购型、求知型。依据旅游距离的远近，可分为近距离旅游型、国内旅游型、跨国旅游型。根据旅游方式，则可分为跟团型、自组团型、自助旅游型、半自助旅游型以及互助旅游型。

（一）根据旅游目的划分

（1）观光型。这类旅游者的主要目的在于参加各种娱乐性活动，例如参加巴西嘉年华会。

（2）医疗型。这类旅游者对住宿、饮食条件要求较高，且有明确的医疗目的，大多选择具有保健医疗功用的旅游活动及旅游景点。例如至韩国或者瑞士接受美容医疗、到日本泡温泉消除风湿与关节疼痛等。

（3）冒险型。这类旅游者热衷于登山、探险、滑雪等体育活动，或奇怪的旅游地，以及人迹罕至的世界奇景。例如西藏喜马拉雅山之旅等。

（4）采购型。这类旅游者不以风景游览为主要目的，而以购买当地特殊商品，或某特定打折日期采购打折商品作为旅游目的。例如香港采购团等。

（5）求知型。这类旅游者多为理智型，求知欲强的旅客。这类旅游者对各种新鲜奇异的自然现象，不同民族文化、历史、美食都感兴趣。社会越发达，教育水平越高，此类旅游者数目就越多。例如法国深度游等。

（二）根据旅游距离划分

（1）近距离旅游型。这类旅游者的个性一般较为保守，对陌生环境较易产生疏离感，旅游范围大都是在所居住地周边或环境文化、生活习惯相近的地区。

（2）国内旅游型。这类旅游者对于环境有较佳的适应能力，且喜欢接触新事物，对未曾去过的地方，都有想去尝试的心理。例如青岛、大连游等。

（3）跨国旅游型。这类旅游者具有强烈的好奇心理，向往新的国度，适应力强，对自然风光、历史古迹、世界奇景、文化艺术、风俗习惯都有广泛的兴趣。并且他们认为出国旅游可以使自己在亲友心目中具有不同的地位与形象，例如欧洲游等。

（三）根据旅游方式划分

（1）跟团型。这类旅游者的个人时间有限，认为自己去搜寻旅游信息的成本太高，无法搜集太多的信息，对繁复的手续有排斥感。他们倾向于选择参加自己平时来往的团体组织集体出游，或者参加旅行社准备的出游团。这类旅游者通常对领队及导游的依赖程度较高，个性较内向，适应新事物的能力较差。跟团旅游对他们来说可以降低不安全感，减少麻烦。

（2）自组团型。此类旅游者大多是属于精打细算型。他们希望旅行社安排飞机航班、交通工具、住宿等以获得团体优惠价格，至于到每个旅游景点的活动内容和时间长短，全由自己控制。此类旅游者大多具有独立思考的能力与适应能力，以及主动积极的个性特征，并具有一定程度的旅游常识与知识，以及与旅游业者谈判和议价的能力。

（3）自助旅游型。此类型的旅游者喜欢不受拘束地支配自己的旅游时间、内容，根据自己的兴趣安排旅游活动。因此，通常与少数朋友结伴共同旅游，彼此间的爱好习惯相近，个性相投，以友谊作为基础。旅游者独立安排旅游活动，根据旅游活动中所碰到的人、事、时、地、物等不同的每日感受，而决定停留时间的长短。事先无明显的旅游目的及固定的行程，通常只有大致的旅游线路，常常有边玩边走的打算。有时会利用本身技能或打工赚取部分旅费。此类旅游者富有冒险精神，勇于追求新事物，独立性和适应能力较强，有一定的外语能力。

（4）半自助旅游型。由于初次出国或旅游经验不足，这类旅游者尝试着去冒险，寻找自我，但又怕一时适应不了环境或语言能力较差。他们会委托旅行社代办代订部分旅游活动内容，包括交通、食宿或参加航空公司推出的套装产品，如机票+酒店+来回机场接送。这样既保有部分自助旅游的弹性和自主性，又可消除部分不安全感、不可预期性的旅游风险。等积累了旅游经验后，此类旅游者可能会投入自助游的行列中，或也可能为了避免麻烦成为跟团游的顾客。

（5）互助旅游型。一群人各取所需，或志同道合，凑至15人左右与旅游从业者争取最大的议价空间，如参团或只买机票，或参团至某一阶段离团旅游。此类旅游者旅游经验丰富且熟悉旅游行业及航空公司的销售方式，用精明的头脑为自己争取最有利的旅游价格。但通常旺季时，此类行程不容易成团。

总之，根据不同的角度，旅游者可分为各种不同的类型。图3-1所示为世界旅游组织对旅游者的分类图，供参考。但是无论如何分类旅游者，细致准确的旅游者背景、资料分析，都有助于领队做好带团前的准备，也有助于旅行商品销售人员预先认知购买者心理，并根据旅游者的不同类型及特征需求，提供恰当的旅游商品和服务，使交易顺利达成。

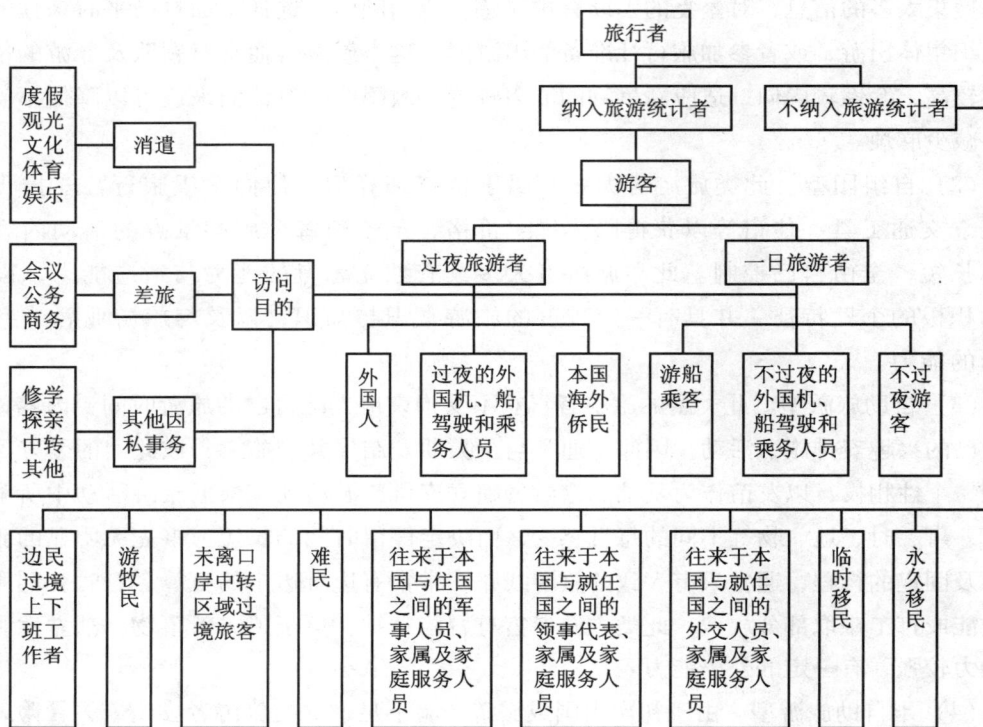

图 3-1　世界旅游组织（WTO）对旅游者的分类

注：本图来自百度文库

第二节　出境旅游服务的心理过程

一、旅游从业者服务的心理准备

旅游者对服务质量的心理预期可以分解为服务态度、服务技术、服务语言、服务时机和服务方法五个方面。只有这些方面都达到或超过了预期，人们才会对服务质量做出正面的评价。因此本节根据旅游者对服务质量的预期，讨论如何做好旅游从业者服务的心理准备。

（一）旅游服务态度

旅游服务态度是出境游领队针对旅游者和服务工作状况产生认识评价、情感体验和行为倾向的心理过程。它会对旅游者的心理和行为产生重要影响。领队如何才能让旅游者感受到良好的服务态度呢？这既涉及领队自身意识，也涉及社会和周围的环境条件。因此，必须综合考虑以下因素：

（1）建立良好的第一印象。良好的第一印象是服务初始阶段的主要工作目标。领队和旅游者的交往一般都是"短"而"浅"的，所以领队在服务一开始就给旅游者留下良好的第一印象至关重要，这样可以为以后各个阶段的服务打下坚实的基础。建立良好第一印象的心理素质包括：①明确的角色意识。领队必须摆正自己在服务活动中的位置，要使旅游者感受到充分的尊重。②敏锐的观察力和准确的辨别力。旅游者的职业、身份、动机、目的的不同，导致他们想要得到的具体服务存在细微的差别。领队应运用敏锐的观察力和准确的辨别能力，在与旅游者接触的较短时间内从旅游者的着装、表情、物品、语气、词汇、气质等方面做出准确的判断，从而决定具体技巧。③出色的表现能力。领队与旅游者的交往是短暂的，领队要在第一时间，通过语言、表情和动作，把自己的专业能力和对旅游者的关心、体贴表达出来，建立良好的第一印象。④较强的感染力。领队要想在服务初始阶段给旅游者留下良好的第一印象，必须情绪稳定、精神饱满、乐观开朗、表情可亲、语言精练、动作轻盈，要有端庄的仪表、优雅的姿态、诚挚的笑容、热情的语言、熟练主动的操作技能。

（2）自我提高。出境游领队要提高自己的文化修养、职业修养和心理素质。因为一个人的文化知识与职业知识能使其眼界开阔，理智果断，从而影响其职业观念和处事态度。

（3）完善服务行为。出境游领队的服务行为常表现在服务形象、服务举止和服务语言三方面，即形象美、举止美、语言美。所谓形象美，指领队必须穿着得体适宜，让人感觉舒服，小至对妆容的掌握，大至整体气质；举止美是指领队待人接物有礼有节，对待旅游者耐心细致；语言美则是指领队使用大方文雅的语言，可以清晰地表达自己的思想，不爆粗口等。

（4）改善服务环境。环境影响情绪，情绪影响态度。良好的环境会使旅游工作者产生愉快的情绪，愉快的情绪会使旅游工作者表现出良好的服务态度。服务环境的改善需要旅游服务企业的大力支持和服务人员的共同努力。

（二）旅游服务技术

旅游服务技术是领队对服务知识和操作技能掌握的熟练程度。从心理层面来说，服务技术可以影响旅游者的心理预期和信任感。它包括：

（1）对旅游者心理预期的影响。旅游者在接受服务前有预期，会把实际的服务技术和预期进行比较。如果实际的服务技术达到或者超过预期，会使旅游者在心理上产生满足感，反之则不满。

（2）对旅游者信任感的影响。服务技术的高低，也直接影响旅游者对领队和旅游企业的信任，丰富的服务知识和熟练的操作技能会使旅游者对服务结果和企业的管理水平产生信任。

（三）旅游服务语言

旅游服务语言影响旅游者的心理和行为，也影响旅游者对服务工作的评价。在旅游服务中，服务语言适当得体、清晰、纯正、悦耳，就会使旅游者有愉快、亲切之感；反之，服务语言不中听，生硬、唐突、刺耳，旅游者就会难以接受。强烈的语言刺激，很可能会引起旅游者强烈的不满和对抗，严重影响企业的信誉和旅游者对服务质量的评价。

（四）旅游服务时机

旅游服务时机是指旅游工作者在某一次具体的服务过程中，为旅游者提供服务所选择的时间点。要想使服务达到最佳效果，必须把握好服务时机。例如说，在旅途中，当旅游者们坐在大巴上，从业人员对景点讲解的时机掌握是相当重要的。从业者一路喋喋不休地讲解也许并不是最佳服务。掌握时机，及时了解旅游者什么时候想要多听一些关于景点的介绍，什么时候愿意休息一下，为去下个景点游玩养精蓄锐，对从业人员来说能达到事半功倍的效果。

（五）旅游服务方法

美国管理心理学家赫茨伯格曾运用"双因素理论"来分析旅游者对服务的心态和评价。他指出服务有两类因素：一类是"避免不满意"的因素，称为服务的必要因素；另一类是"赢得满意"的因素，称为服务的魅力因素。就旅游服务而言，必要因素是指规范化、标准化、程序化的服务。规范化的服务使旅游者感到"一视同仁、平等待客"，不会有"吃亏"的感觉；魅力因素是个性化、针对性和情感化的服务。

知识链接 🔍 搜索

双因素理论

　　双因素理论，也称激励—保健因素理论，是美国的行为科学家弗雷德里克·赫茨伯格（Fredrick Herzberg）提出来的。20世纪50年代末期，美国心理学家赫茨伯格在企业调查中发现，职工感到不满意的因素大多与工作环境或工作关系有关。这些因素的改善可以预防或消除职工的不满，但不能直接起到激励的作用，故称为保健因素。属于保健因素的有公司政策与管理、监督、工作条件、人际关系、薪金、地位、工作稳定程度等。与此相反，使职工感到满意的因素主要与工作内容或工作成果有关。这些因素的改善可以使职工获得满足感，产生强大而持久的激励作用，所以被称为激励因素。激励因素主要是指那些能满足个人自我实现需要的因素，包括：成就、赏识、挑战性的工作、增加的工作责任，以及成长和发展的机会。

　　赫茨伯格告诉我们，满足各种需要所引起的激励程度和效果是不一样的。物质需求的满足是必要的，没有它会导致不满，但是即使获得满足，它的作用也往往是很有限的、不能持久的。要调动人的积极性，不仅要注意物质利益和工作条件等外部因素，而且要注意工作的安排，量才录用，各得其所，注意对人进行精神鼓励，给予表扬和认可，注意为人们提供成长、发展、晋升的机会。随着温饱问题的解决，这种内在激励的重要性越来越明显。

二、旅游者不同阶段的心理

（一）旅游者在旅游初级阶段的心理

　　在旅游活动开始之前，旅游者具有盼望和不安的心理，旅游企业处于树立形象概念的阶段。如果在这个阶段旅游企业提供及时、周到、热情的服务，旅游者将格外满意，同时会对以后的旅游活动开展产生很重要的正面影响。旅游者在旅游活动的初始阶段，面对陌生的环境，心理变化比较复杂，一般有以下几个方面的表现：

　　（1）对安全和方便的期待。根据马斯洛的需求层次理论，安全的需求是人类最基本的需求之一。旅游者怀着美好的憧憬踏上旅途，一路上都在为正在经历和即将经历的新鲜事物而激动；但同时，对于初次进入一个陌生环境的旅游者来说，又不免担心紧张，对于此行是否会一切顺利，似乎又有些怀疑。针对这种情况，领队必须要对整个旅游过程做到胸有成竹，尽可能分析到有可能出现的问题，且找到解决此类问题的方法；同时，在服务初期要给予旅游者更多的关心和帮助，解决他们可能会遇到的问题，使旅游者感觉到安全和便利，带着轻松愉快的心情去享受旅游中的乐趣。

　　（2）对服务态度的期待。参加旅游活动本身就意味着旅游者要离开自己熟悉的环境，面对陌生的环境，大多数旅游者会产生一种茫然、不知所措的感受，并且期待着能够受到热情的、周到的服务。如果此时领队能提供满足旅游者需求的服务，整个旅游过程将会非常顺利；反之，旅游者将会出现很多出乎意料的问题，旅游也会变得索然无味。

　　（3）对服务效果的期待。从心理学的角度分析，旅游者所购买的旅游产品其实是一种"经历"，属于无形产品。这种"经历产品"和其他产品类似，也有质量高低之分。在旅游活动之前，旅游者都期望可以通过享用旅游企业所提供的服务达到自己的旅游目的。这种期望值是基于自己以往的经验或是其他有此类经历的人的经验的一种直觉判断。旅游者会在旅游过程中将自己所消费的旅游产品和期望值比较。如果实际得到的产品质量高于或相当于期望的服务质量，旅游者就会满意；反之，旅游者就会感到不满意，甚至失望。针对此，旅游企业应当不断设计新的旅游产品，充实和提高已有产品内容的质量；领队应通过各种方式来了解旅游者的期望值，并不断提高自身服务质量。

（二）旅游者在旅游中间阶段的心理

旅游的中间阶段，即游览活动阶段，是旅游服务人员工作的重点。在这个阶段，随着主客交往的深入，双方对彼此有了进一步的了解，并开始互相适应。旅游服务人员的服务水平将全面展示在旅游者面前，旅游者对服务质量也有了更深的体验。

各种矛盾冲突的发生和解决、心理差异的协调、优质服务的提供与接受、旅游者对旅游企业和服务人员的最终印象的确定等都会发生在这个阶段。同时，旅游者也会在初始阶段的基础上，对旅游服务人员提出更全面、更具体、更具个性化的要求。因此，领队做好旅游中间阶段的服务工作，对旅游者心理满足具有决定性的作用，旅游服务的质量高低取决于旅游者的满意度。

这一阶段旅游者的心理由以下几部分构成：

（1）实现美好的愿望。旅游者参加旅游活动的动机有很多，但无论出于哪种目的，旅游者都希望能够通过旅游企业和旅游服务人员来协助其达到自己的愿望。

（2）对服务的要求。旅游者游览活动期间，由于脱离了熟悉的环境，往往都要求助于领队，特别是在旅游的中间阶段，旅游者对于服务有了更进一步的要求，主要表现在对主动服务的要求、对热情服务的要求、对周到服务的要求以及对舒适服务的要求。

（3）对友好交往的要求。人们都有将自己的某种心情与别人分享的心理。旅游者在旅游期间，面对新的环境，会迫切地希望同其他旅游者、旅游服务人员进行友好交往。良好的人际交往能够使旅游者心情愉悦、主客关系融洽，从而获得心理上的欢乐和享受。

当然，旅游者心情愉悦、主客关系融洽建立在旅游服务人员尊重旅游者，并以此来赢得旅游者尊重的基础上。不仅要尊重那些表现"良好"的旅游者，而且要尊重那些"表现不好"和"行为失当"的旅游者。旅游工作者不能因为某些旅游者素质低，就不注意自身素质；相反，越是素质低的旅游者，越需要高素质的旅游服务人员为其服务。

（三）旅游者在旅游结束阶段的心理

旅游结束阶段是指旅游者即将离去，旅游服务人员与旅游者交往即将结束，直至旅游者离开的这段时间。在这阶段，旅游者会对旅游期间所接受的服务进行整体回顾和综合评价。旅游服务人员在此阶段需对此前的整个旅游期间的旅游服务进行全面检查，尽量对不完善的地方实行补救，通过满足旅游者的补偿心理得到整体服务认可，起到补充完善作用，保证服务质量。做好服务工作最关键的还是要了解旅游者此时的心理，提供相应的服务。如果忽视了最后阶段的服务环节，就无法给整个服务画上一个圆满的句号，也将使旅游者带着遗憾离去。

在旅游结束阶段，旅游者的心理是比较复杂的。当旅游者快要结束旅游活动返回原居住地的时候，又会表现出与旅游初期类似的迫切感和不安感，只是表现形式上前后有所不同，具体表现为以下几个方面：

（1）紧张不安的心理。旅游者的思乡之情开始产生，急切地想回家与亲人团聚，回到原来的环境，并向他们讲述自己的旅游经历。与此同时，离开前有许多事情要做，而自己对处理这些事情的结果没有把握，所以又有点焦躁和不安。旅游服务人员在这个阶段应设法平静和放松旅游者的情绪。用旅游的快乐与居家的温馨来引导旅游者的感觉，把对旅游者的诚挚美好的祝愿说得感人肺腑，让旅游者带着"服务的余热"踏上新的旅途，使旅游者产生留恋之情和再次惠顾之意。

（2）选择性记忆。在整个旅游活动中，旅游者会接触到不同的环境、形形色色的人和事物，往往也会产生不同感受。有的人会记住那些美好的人和事情，有人却会记住一些矛盾和问题。旅游服务人员应当通过自己的服务使旅游者在旅游活动中留下美好的回忆，产生留恋的感觉，这就有可能促成以后的再次光临。

（3）消费的衡量。旅游者在游览活动结束的时候，往往会对自己在这一阶段所接受的服务进行整体评价，对自己付出的费用和获得的价值进行比较和衡量，也会拿以前的经验或是其他人的经验与自己接受的服务进行比较。每一位旅游者都希望自己得到最佳的服务回报。

第三节　妥善经营出境旅游者心理

根据上一节中旅游者在不同旅游阶段的心理变化，领队和导游皆应顺势而为，满足旅游者的需要。

一、旅游初级阶段

一般而言，在旅游初级阶段，可以从以下几方面考虑：

（1）美好的环境。旅游活动的开展必须依赖一定的客观条件，而旅游者最先接触到的环境就形成他对旅游企业的第一印象。旅游服务工作一开始就给人留下好印象，使旅游者产生一种与众不同、耳目一新的独特感受。旅游企业注重自身的环境建设，使旅游者置身其中感到舒适惬意，体现企业的文化特征。

（2）良好的仪表。对旅游服务人员来说，良好的仪表不仅反映个人的形象和精神面貌，关系到旅游者对服务人员的评价，而且直接影响到旅游者对服务人员所在旅游企业的评价。

（3）礼貌的用语。语言是人们表达思想、交流信息和表达情感最直接、最快捷的基本方法，也是建立良好人际关系的重要途径。因此，旅游服务人员的一言一行非常重要，都会对旅游者心理造成一定的影响。

（4）优质的服务。优质服务通常具有实用性、享受性、高效率、标准化、个性化等特征。作为旅游企业，一定要在提供高质量的标准化服务的基础上，也能够针对旅游者的不同需求提供个性化服务。

二、旅游中间阶段

在旅游的中间阶段，旅游消费者和旅游服务人员相互开始有所了解，双方从不太适应到逐渐适应，向适应阶段过渡。在这一阶段，为了加深旅游者对服务的良好印象，旅游服务人员要注意以下的心理策略：

（1）微笑服务。微笑是"美"的象征，微笑的脸总是美丽的、亲切的；微笑能让人产生信赖感，消除陌生感和恐惧心理；微笑是情感沟通的桥梁，微笑可以化解冲突，增进相互间的谅解。旅游服务人员的职业微笑会成为旅游服务的象征。

（2）尊重旅游者的服务。根据马斯洛的需求理论，旅游是在"生理"和"安全"的基本需求得到满足之后人们为满足更高层次的需要而从事的活动。求尊重是旅游者最基本的心理需求。体现对旅游者尊重的心理策略有：用姓名称呼旅游者，保护旅游者的自尊心，对旅游者有礼貌，坚持旅游者至上等。

（3）针对性服务。由于旅游者性格特征和旅游目的各不相同，他们对服务的要求也有所不同。因此，在旅游服务过程中，除遵守规章制度和相关操作程序，必要时可以采取灵活多变的方式，提供有针对性的服务满足旅游者的要求。

（4）正确处理旅游者的投诉。如果旅游者对所提供的旅游服务有不满情绪，旅游企业应该鼓励他们进行投诉。这样有利于改进将来的服务，提高服务质量和旅游者的满意程度。旅游者投诉是帮助旅游企业改进工作、提高服务水平的有效方法。

（5）对旅游者行为的积极诱导。诱导是一种把旅游者的需要变成服务，方便于接待形式而进行工作的方法。诱导的目的，一方面是满足旅游者的需要，另一方面丰富旅游活动的内容，增加旅游收入，甚至把坏事变成好事。

三、旅游结束阶段

旅游结束阶段，是旅游企业和旅游服务人员创造完美形象，对旅游者后续行为施加重要影响的服务阶段。根据近因效应，旅游者在认知过程中，新近得到的信息比先前得到的信息更具影响力。因此，在这一阶段，旅游服务人员应积极采取措施，争取给旅游者留下美好印象，主要服务策略有：

（1）完美的结束语。结束语对于消除或弱化旅游者紧张不安的情绪起着非常重要的作用。既要体现旅游服务人员对旅游者的诚挚祝福，又要表达对即将离去的旅游者的留恋，同时还要强化旅游者的美好感觉。

（2）灵活的送行。为了进一步强化美好的形象，要采取灵活的送别方式，在条件允许的情况下，应尽量满足旅游者的特殊的合理要求。

（3）认真的善后。旅游者在离开团队之际，往往会有一些遗留问题。这时，旅游服务人员要尽职尽责、一丝不苟地按照旅游者的要求和企业工作原则处理好这些问题。

？ 复习与思考

一、问答题

1. 简要说明旅游者的类型。
2. 简要说明旅游者在不同阶段的心理变化。
3. 简要说明旅游活动不同阶段的心理变化的服务对策。
4. 简要说明旅游心理学的研究意义。
5. 针对不同类型的旅游者，应该如何满足他们的旅游要求？

二、案例讨论题

宝岛最温馨的记忆——金门高粱酒

"亲爱的贵宾，马上就要到达宝岛台湾了，请各位……"

4月中旬的某一天，当我从杭州出发，途经香港，在台湾长荣航空的班机上听到上述广播时，心情无比激动。台湾，这个在课本里学到过、听说过无数次却没有到过的地方，今天终于可以见到它的真面目了。

一提到台湾，人们总会在前面加上"宝岛"二字。因为这个美丽的岛屿从飞机上看形似一片芭蕉叶；它的北面面临东海，西部面对台湾海峡，东部面对太平洋，南端是巴士海峡；其得天独厚的旅游资源，举世少有。虽然面积只有3.6万平方公里，却横跨亚热带与热带，再加上地层板块运动造成复杂的地形，高山、丘陵、盆地、平原、峡谷与海岸等地貌应有尽有，高耸的山岳也将温带生态带入宝岛，让旅游者在短短的旅程中就能见识到温带、亚热带、热带三种各具特色的自然生态。

我们的行程共有8天。前三天天气一直不错，团员们参观了台北故宫博物院。馆内珍藏了约65万件文物。其中，"翡翠玉白菜"和"肉形石"形态逼真，乃镇宫之宝，大家都啧啧称赞。其间，团员们还兴致勃勃地在珍珠奶茶发源地——台中，品尝了地道的珍珠奶茶及味道鲜美的新竹米粉。

第三天，团员们游览了如诗如画的日月潭。它位于台湾中部唯一不临海的南投县，是台湾最大的淡水湖泊。我们的旅游兴致也达到了高潮。到了第四天，旅游团从台南驱车前往阿里山的路途中天气还是好好的。上午我们品尝了阿里山高山茶。午后，突如其来的大雨加冰雹天气让我们在阿里山森林游乐区的行程遇到了不小的麻烦，山路减慢了我们的步速，而狂风大雨则把我们的雨伞也变成了摆设，大家几乎全部被淋湿了。我们跟着台湾导游小熊从阿里山森林游乐区回到车上的时候，他突然转身说要临时买样东西，让领队先把旅游者领上车。当时我也十分不解。过了几分钟，小熊回来的时候，他的手里多了一瓶金门高粱酒。接下来他的行为更是让我颇为感叹。导游小熊一边对因大雨受到影响的行程作解释安抚旅游者，一边拿出一次性塑料纸杯把酒倒上分给旅游者喝。金门高粱酒是台湾拥有悠久历史的镇宝之一，口感清香余香悠长，同时祛风除湿、活血通络。刚爬山下来又被雨淋湿了的旅游者喝上这么一杯是再适合不过了。导游的这份热情周到的服务感动了参团的旅游者朋友。

——资料来源：徐辉. 中国公民出境旅游服务质量解析［M］.

杭州：浙江工商大学出版社，2017.

根据以上案例，回答如下问题：

1. 从旅游心理学的角度，分析导游小熊提供的服务与旅游者之间的需求关系。

2. 试分析台湾导游的服务理念对旅游产品质量产生的影响。

三、实训题

请设计一份旅游者消费心理调查问卷或访问提纲（主题自定），并对身边的朋友、同学进行一次调查。

操作篇

第四章 出团前的工作

训练目标

通过本章节的训练，了解出境游领队出团前的一系列的服务准备工作：召集客人召开行前说明会、各种证件和表单的准备及领队行装准备、目的地国家或地区知识准备等环节；培养学生对出境旅游接待计划的分析能力、组织召开行前说明会的能力等工作流程。

任务导入

6 天以后，一个中国公民旅游团将赴新西兰旅游。旅游公司委派你为本次出境旅游的领队，把一份出团通知单（表 4-1）及游客信息资料表（表 4-2）交给了你。你接到该任务后，首先要做些什么工作呢？

表 4-1 纯净新西兰 8 日游（新西兰航空）出团通知单

一、团队基本信息

旅游产品名称	纯净新西兰 8 日游（新西兰航空）
旅游团号	1310-ZWX-1014N （17 名客人+ 1 名领队）
集合时间	10 月 14 日 下午 13：00
集合地点	上海浦东国际机场 2 号航站楼 26 号门旁边
航班时间	1. 10 月 14 日 上海→奥克兰 NZ288 1505/0740+1 2. 10 月 20 日 奥克兰→上海 NZ289 2359/0730+1
领队人员	许××先生 138 ×××× ××××
新西兰导游	徐××先生（Kevin） 0064-951×××××
接团标志	接"许××先生"一行

续表

费用详情	旅游费用包含：全程国际机票及机场税，签证费，行程表内注明的酒店住宿、餐食、境外旅游交通、景点门票、领队和导游服务。全程司机、导游境外基本服务费 400 元人民币/人。 旅游费用不包含：护照费，行程计划外的个人消费和个人旅游意外险。上海浦东机场来回接送。
接待信息	组团社：××××国际旅行社有限公司 联系人：陈×× 0571-8578××××　紧急电话：139 ×××× ×××× 转团社：××××旅行社有限公司 联系人：俞××　联系电话：0571-8578×××× 地接社：×××× Travel Corporation Limited　联系电话：64 9 520 ×××× 联系人：MS Jenny　联系电话：+649520××××/ +64 21 812 ××× 我国驻新西兰大使馆： （WELLITON）电话：0064-4-4721382；地址：2-6 Glenmore Street，Kelburn，Wellington （AKL）电话：0064-9-5267941；地址：588 Great South Road，Greenlane，Auckland

二、行程

日期	天数	行程	用餐	交通	住宿
10 月 14 日 星期一	第 1 天	**上海—奥克兰　新西兰航空 NZ288 1505/0740+1** 飞行时间约 **11 小时 35 分钟** 上午 8：30 于杭州环城北路 138 号，武林门码头集合，专车送往上海浦东机场，搭乘国际航班飞往新西兰第一大城市——奥克兰，夜宿机上。		飞机	机上
10 月 15 日 星期二	第 2 天	**奥克兰—基督城—梯卡坡　新西兰航空 NZ5151010/1130** 飞行时间约为 **1 小时 20 分钟** 早上抵达后直接转机前往南岛第一大城市——基督城，抵达后驱车前往美丽的梯卡坡湖地区，世外桃源之称的美丽小镇【梯卡坡】，蓝宝石般的湖水，映衬蓝天白云，如诗如画。 【牧羊人教堂】从教堂的圣坛的窗口望去，可以看到最壮观的景色，高山、雪峰、苍穹、美景数不胜数（游览时间不少于 10 分钟）。 游览结束后送回酒店休息。	午晚	飞机 汽车	Peppers Bluewater Resort

日期	天数	行程	用餐	交通	住宿
10月16日 星期三	第3天	**梯卡坡—瓦纳卡—库克山国家公园—皇后镇** 早餐后，驱车前往观光如诗如画的小镇瓦纳卡。在新西兰第四大湖——【瓦纳卡湖】（游览时间不少于20分钟）边静静地站着，仿佛置身于一个世外桃源。随后专车前往新西兰美丽的度假城市——（皇后镇），途经有"南阿尔卑斯山"之称的【库克山】，天气晴朗的情况下可以欣赏到美丽的库克山风景。抵达皇后镇市区观光，包括在【瓦卡提普湖】（游览时间不少于15分钟）边漫步，摄影等。皇后镇迷人的湖光山色，美不胜收。傍晚时分搭乘【天空缆车SKYLINE】于皇后镇最高处感受世界著名旅游胜地的魅力，并享用山顶海鲜自助晚餐（该餐厅被美国有线电视网评为最佳景观餐厅之一）。 行程结束后送回酒店。	早 午 晚	汽车	Heritage hotel Queens-town
10月17日 星期四	第4天	**皇后镇** 酒店内早餐后行程自理，午、晚餐自理。	早	/	Heritage hotel Queens-town
10月18日 星期五	第5天	**皇后镇—奥克兰　新西兰航空 NZ638 1240/1430 飞行时间约为1小时50分钟** 早餐后前往皇后镇机场，乘机飞往第一大城市奥克兰，下午抵达后进行奥克兰市区游览： 【海港大桥】大桥连接奥克兰最繁忙的港口——怀提玛塔海港南北两岸，全长1020米，与停泊在奥克兰游艇俱乐部的万柱桅杆，组成了一幅壮观美丽的图画（途经）； 【帆船俱乐部】（不少于20分钟）； 【工党纪念碑公园】远眺海港全景（乘车游览不少于30分钟）； 晚餐后入住酒店休息。	早 午 晚	飞机 汽车	SPENCERB-YRONHO-TEL
10月19日 星期六	第6天	**奥克兰—罗托鲁瓦　约3小时车程** 早餐后乘车前往地热中心城市——罗托鲁瓦，抵达后享用午餐。 下午的行程安排为： 【华卡毛利文化村】参观雕刻、造船、筑屋、制衣等玻利尼西亚文化以及泥浆池、火山地热喷泉等景观（游览时间不少于40分钟）； 【政府花园】观看温泉池（游览时间不少于20分钟）； 【红树林】天然的氧吧，电影《哈利·波特》的拍摄地，这里是罗托鲁瓦的一大奇迹，您可以在此见识到真正的参天大树，天赐美景一定能让你叫绝（游览时间不少于15分钟）。 晚餐后入住酒店休息。	早 午 晚	汽车	DISTINCTION ROTORUA

续表

日期	天数	行程	用餐	交通	住宿
10月20日 星期日	第7天	**罗托鲁瓦—奥克兰—上海　新西兰航空 NZ289 2359/0730+1** 飞行时间约为11小时30分 早餐后参观新西兰最负盛名的牧场——【爱歌顿农庄】。乘坐牧场专车参观这个面积达350英亩的牧场，随时可以下车去亲手喂红鹿、梅花鹿、鸵鸟、驼羊，还有可爱的小绵羊。在农庄里的奇异果园里，你有机会品尝到这个国家美味的橄榄茶和牧场酿制的100%纯天然蜂蜜（游览时间不少于40分钟）。 午餐后乘车返回奥克兰。 晚餐后，前往机场，搭乘新西兰航空飞机返回上海，夜宿机上。	早 午 晚	汽车 飞机	机上
10月21日 星期一	第8天	**上海** 抵达上海，结束愉快的新西兰之旅。专车接回杭州。		飞机	无

备注：在不减少游览景点的情况下，此旅游行程视当地实际情况，游览顺序可能会作调整，在此特别说明。

	重要提示
1	时差：澳大利亚时间比北京时间快2小时（例如，北京9：00，澳大利亚11：00）。新西兰时间则比北京时间快4小时（例如，北京9：00，新西兰13：00）。每年10月左右，到次年4月左右，澳大利亚及新西兰开始实行夏令时间，时间分别比北京时间快3~5小时。
2	酒店：行程中所列酒店标准为澳大利亚酒店评定标准，我公司不保证2张床大小规格一样；三人间即为标间基础上加一张钢丝床（或沙发床）。请同一房间内的客人自行调配。12周岁及以下小孩不占床，不占床的小孩不提供酒店早餐，须额外自行支付；如要求占床，在不产生单房差前提下，允许占床；如产生单房差，费用自行承担。酒店包括公寓式酒店和非公寓式酒店，各占50%左右。两者没有明显差别。不保证2晚住同一家酒店。团队停留澳大利亚、新西兰期间，部分城市将安排入住公寓式酒店，不另行通知。
3	用餐：一日三餐（早餐为酒店西式自助，若航班为早航班离开则提供早餐餐盒；中式午餐为五菜一汤；中式晚餐为六菜一汤；用餐时间在飞机或船上以机、船餐为准，不再另退餐费）。
4	各城市导游，除正常接、送机外，当地导游及司机正常工作时间为早上至晚餐后送回酒店休息，行程结束（约8小时）。如有超时，须支付额外的加班费用，费用请与导游及司机协商，自行支付。15人以下团队，安排司机兼导游。
5	全程不强制购物，不增加行程标注额外购物店（须经全体团员签字同意方可增加）；游客在指定购物店中为自愿购物，所购商品非质量问题一律不予退货；若因质量问题，旅行社可以协助游客和商家沟通退换货品；此外，游客购物时付款是使用信用卡支付的，若产生刷卡手续费，则由游客本人承担；行程规定的景点、餐厅，长途中途休息站等这类购物店不属于旅游定点商店；若商品出现质量问题，旅行社不承担任何责任；游客自行前往的购物店所购商品出现质量问题，旅行社不承担任何责任。
6	根据目的国使馆要求，客人在参团期间，不得脱离大团队。境外旅游期间，请自觉遵守澳洲、新西兰当地的法律法规，如违反当地的法律法规，所引起的民事、刑事等相关法律责任一概自行承担。

7	凡因不可抗力因素（如暴风雪，台风，地震等天灾）及其他非我公司原因（如战争、罢工、道路及景点整修等）或航空公司航班延误或取消、领馆签证签发日期错误等特殊原因而必须要调整行程的情况发生，我司将与客人商讨调整，由此导致额外费用产生（如在外延期签证费、住宿、餐食、交通费等）均由客人自理。如您乘坐澳洲航空公司的飞机（QF），需要在登机口接受手提行李的再次随机检查，故请勿在机场购买超过100毫升的胶状或液体带上飞机，否则后果自负。
8	景区首道门票是指只有购票才能进入景区范围的门票。不包括景区内单独收费的门票。
9	如客人系港澳台人士，或持外籍护照，请于出发前确认是否有再次进入中国的有效证件。
10	各主要来往澳大利亚、新西兰及澳大利亚境内航空公司，托运行李均在20千克左右，如有行李超重，自行支付行李超重费用。澳洲、新西兰的《劳工法》规定，单件行李重量不超过32千克（为防止行李搬运工人造成工伤），超出范围，航空公司有权拒绝托运；请务必妥善保管行李牌和登机牌，因遗失导致无法登机及无法领取行李，后果自付！请勿将打火机放入托运行李及随身行李中。剪刀，刀片，须刨，指甲刀，指眉钳等锋利物品必须托运。个别航空公司如QF，KA，NZ等只允许随身携带一件手提行李上机。
11	澳大利亚、新西兰为英联邦制国家，车辆靠左行驶（与中国相反），请特别注意交通安全。旅游车上禁止携带、食用食品及有色酒精饮料等。上下车时，请务必随身携带重要证件及贵重物品，切勿遗落在车上；如有遗失，损失自行承担，旅行社不予负责。
12	澳大利亚、新西兰各城市旅游用车有限，同一城市不保证始终用同一种车型，同一辆车。请各团队成员下车时，务必随身携带贵重物品，切勿遗留在车上，如有遗失，自行承担责任，旅行社不予负责。
13	澳大利亚、新西兰酒店讲究环保，房间内不提供一次性拖鞋、牙刷、牙膏等，请自行携带；酒店内均为倒八字三角扁插头，请自带转换插头；澳大利亚、新西兰为禁烟国家，酒店楼层禁烟，请勿在客房内吸烟，否则导致的巨额罚款及火警报警费用自行承担。卫生间内洗浴时，请注意防滑，如因滑倒致伤等非旅行社责任引起的所有医疗费用自行承担，旅行社不予赔付。退房或外出时，请勿将贵重物品及现金遗留在客房内，务必随身携带；如发生遗失、被盗等治安事件，所有损失自行承担，旅行社不予负责。客房内所有酒水、零食等均属个人消费，如有使用，请务必主动告知领队或在退房时告知酒店前台。
14	澳大利亚、新西兰境内拨打国内固定电话或手机（以：021-12345678，13512345678为例），请拨0011-86-21-12345678，0011-86-13512345678（如此号码在澳大利亚、新西兰境内，也是按此方法拨打）。在澳洲或新西兰境内（澳大利亚国家代码为61，新西兰国家代码为64），拨打当地电话时（以澳大利亚0412345678、新西兰021234567为例），在澳大利亚请直拨0412345678（在新西兰请直拨02123457），发送给当地手机的短信请发送至0061+41234578。澳大利亚紧急救助电话：000，新西兰紧急救助电话：111。
15	入境澳大利亚、新西兰前，请再三核查行李，请勿携带澳大利亚、新西兰海关禁止携带入境的肉制品、奶制品、动植物制品，蜂胶类保健品，中草药（如人参、虫草），水果及植物类食品，有特殊物品携带者如食品（饼干，糖果，方便面，适量茶叶等），常用药品（适量，并附英文说明书），都须向海关申报，否则罚款。药品中任何含有假麻黄碱成分的药品（如康泰克或百服宁等）均不得携带入境。同时如安眠药也同样禁止携带，如一定要携带，就需要出具医生处方。如因携带违禁物品，所引起的罚款等一概自行承担。每一名18周岁以上的游客，可免税带2250毫升酒类，50支香烟，如超过的必须申报。

风险须知及安全提示书

一、行前解约风险提醒

1. 确认出行安排：签约后，旅游者解约的，将给旅行社造成损失（该损失可能会涵盖旅游费用的大部分），该损失需由旅游者承担。请旅游者详细阅读合同相关内容，充分考虑自身出行可行性。

2. 特殊情况解约：因旅游行程涉及的国家或地区发生社会动荡、恐怖活动、重大污染性疫情、自然灾害等可能严重危及旅游者人身安全的情况，且双方未能协商变更合同的，均可在行前通知对方解约，旅游费用在扣除实际发生的费用后返还旅游者。

二、人身财产安全警示

1. 确保身体健康：确认自身身体条件能够适应和完成旅游活动；如需随时服用药物的，请随身携带并带足用量。

2. 注意饮食卫生：提高防护传染病、流行病的意识。注意用餐卫生，不食用不卫生、不合格的食品和饮料。

3. 做好个人防护：如旅途涉及热带、高原、海滨、草原等特殊气候、地理条件，应采取必要防护措施，充分了解目的地情况，备好相应服装鞋帽，做好防晒、防蚊虫、防高原反应等工作。晕车的旅游者，备好有效药物。旅途中有不良反应，及时说明。

4. 注意人身安全：请在自己能够控制风险的范围内活动，切忌单独行动，注意人身安全。旅游途中因特殊情况无法联系团队的或遇紧急情况的，应立即报警并寻求当地警察机关或中国驻当地使领馆的帮助。

5. 慎选自选活动：根据自身情况选择能够控制风险的自选项目。如有心脏病、高血压、恐高症等，勿选择刺激性或高风险活动。潜水/跳伞/攀岩/蹦极/骑马/热气球/快艇等活动，更具危险性，请充分了解活动知识，服从指挥。建议另购特定保险。

6. 防范水上风险：水上游览或活动，应加倍注意安全，不可擅自下水或单独前往深水区或危险水域，应听从指挥和合理劝阻。

7. 遵守交通规则：通过马路时走人行横道或地下通道。行车途中不要在车内走动，老人和儿童要有成年人陪护，以防不确定危险。车辆在颠簸路段行驶过程中不要离开座位和饮食（主要是坚果类），以免发生呛水或卡咽危险。

8. 保管贵重物品：贵重物品随身携带或申请酒店的保险柜服务，勿放入交运行李、酒店房间里或旅游巴士上。随身携带财物稳妥安置，不要离开自己视线范围。游览、拍照、散步、购物时，随时注意和检查，谨防被盗遗失。

9. 携带旅行票证：旅行证件、交通票证请随身妥善保管或由领队、导游保管，以避免遗忘、丢失。

10. 保持通信畅通：请保持手机号码与预留在旅行社的一致，保持畅通有效；并注意将手机随身携带以备紧急联系。

11. 理性购物消费：购物时注意商品质量及价格，并向商家索取正式发票。购买后，商品无质量问题，旅行社不负责退换。

三、第三方责任告知

1. 航班问题提醒：旅行社对航班因运力、天气等因素延误、变更、取消等无法掌控；如遇此种情况，旅行社将尽力避免损失扩大，并与航空公司协调。旅行社可能因此将对行程做出相应调整，届时敬请旅游者配合谅解。

2. 个人消费说明：非旅行社行程中的安排的购物、娱乐等项目，属旅游者个人消费行为，如产生纠纷或损失，旅行社不承担责任。

三、中国公民出境旅游文明行为指南

中国公民，出境旅游，注重礼仪，保持尊严。讲究卫生，爱护环境；衣着得体，请勿喧哗。

尊老爱幼，助人为乐；女士优先，礼貌谦让。出行办事，遵守时间；排队有序，不越黄线。

文明住宿，不损用品；安静用餐，请勿浪费。健康娱乐，有益身心；赌博色情，坚决拒绝。

参观游览，遵守规定；习俗禁忌，切勿冒犯。遇有疑难，咨询领馆；文明出行，一路平安。

门市部（盖章）：　　　　　　　　　　　旅游者或旅游者代表（签字）：

经办人及电话：

日期：　　　　　　　　　　　　　　　　日期：

表4-2　游客信息资料

序号	姓名		性别	出生日期	职业	备注
	中文	汉语拼音				
1	许××	XU××	M	1963-××-××	领队	与14合住
2	胡××	HU××	F	1951-××-××	家庭主妇	2~7安排相邻房
3	朱××	ZHU××	M	1933-××-××	已离休	3、4为夫妻
4	刘××	LIU××	F	1939-××-××	已退休	素食者
5	朱××	ZHU××	M	1966-××-××	人力资源总监	5~7为一家
6	周××	ZHOU××	F	1973-××-××	中学老师	
7	朱××	ZHU××	F	1999-××-××	中学生	2为其外婆
8	顾×	GU×	M	1982-××-××	电力公司职员	8、9为新婚夫妇
9	陈××	CHEN××	F	1989-××-××	幼儿园教师	8、9安排大床房
10	黄×	HUANG×	M	1981-××-××	电力公司职员	8、10为同事
11	章×	ZHANG×	F	1985-××-××	高校教师	8~11要求相邻房
12	周×	ZHOU×	M	1983-××-××	私营业主	12、13为夫妻
13	蒋××	JIANG××	F	1987-××-××	私营业主	
14	白××	BAI××	M	1994-××-××	大一学生	与领队合住
15	尹××	YIN××	M	1971-××-××	董事及总经理	15~17为一家人
16	王××	WANG××	F	1972-××-××	公司文员	
17	尹×	YIN×	M	1997-××-××	高一学生	
18	汪×	WANG×	M	1988-××-××	出租汽车调度	与17号合住

任务分析

　　在接到赴新西兰带团的任务后，领队应该根据出团通知计划中的信息，及时掌握全团游客信息，组织开好行前说明会、做好出境物品、行装准备，并对新西兰国家概况、南岛、北岛等主要城市或度假区的相关知识进行准备。

任务实施

第一节　接受带团任务与分析

一、听取旅行社计调人员介绍团队情况并接受出团资料

　　领队在接到带团工作任务后，首先要做到一件事，就是与旅行社的计调人员（OP）

取得联系，约定时间，听取计调人员对此团队进行详尽介绍。领队需要认真听、仔细记，对不清楚的问题要马上进行针对性的提问，应当包括下列几方面：

（一）团队构成的基本情况

该团由散客拼团组成，游客为 17 名，外加 1 名领队，总人数为 18 人。游客来自各行各业，有公司董事及总经理、电力公司职员；有家庭主妇、离休干部，也有私营业主；有高校教师，也有大学及中小学生。

（二）团内重点团员的情况

朱××先生为 80 多岁的离休干部，是团内的重要客人。

（三）团队的完整行程

详见行程表。

（四）团队的特别要求

其中有一名游客全程吃素，有一对新婚夫妇安排大床房，三间房要求为相邻房。

（五）行前说明会时间

行前说明会将在团体出发前的 3 天召开。

（六）出境旅游行程信息

旅行社计调人员应向领队移交的资料还有《中国公民出国旅游团队名单表》，拟发给游客的《旅游行程单》（出团通知书），也须由旅行社计调人员转交领队，由领队在行前发布会上发给游客，包含如下内容：

（1）旅游线路、时间、景点。此团为新西兰南北岛 8 日游行程。游客乘坐目前唯一由中国直飞新西兰的新西兰航空公司的航班。行程中安排了只应存在于油画中的小镇——南岛的皇后镇，宁静的小镇，毫无修饰的自然风光；世界上最美的大自然景色之一新西兰的地热中心也是毛利文化的荟萃之地——北岛的罗托鲁阿；参观毛利文化村，参观新西兰面积最大的观光牧场——爱歌顿农场。新西兰位于南半球，目前正处于冬季，客人赴新旅行可以避暑纳凉。

（2）交通工具的安排。全程乘坐四程新西兰航空的班机，其中包含两程国际航班、两程新西兰国内航班。

（3）食宿标准/档次。行程中南北岛均入住当地四星级酒店。酒店内享用早餐，行程中的中式团体餐均为五菜一汤（午餐），六菜一汤（晚餐）。在皇后镇，搭乘天空缆车 SKYLINE 在最高处欣赏世界著名旅游胜地皇后镇的魅力，并在被美国有线电视网（CNN）评为最佳景观餐厅之一的山顶海鲜餐厅享用自助晚餐。

（4）购物娱乐安排。该行程全程无购物安排。

（5）团费费用明细。①团费包含项目：全程国际、国内机票及机场（离境）税，行程表内注明的新西兰四星级酒店、餐食、境外旅游交通（大巴）、景点门票、领队和导游服务、旅行社责任险。②团费不含项目：护照费，全程司机、导游境外基本服务费 400 元人民币／人，行程计划之外的个人消费和个人旅游意外险。

（6）组团社与境外地接社的联系人和联系方式。

新西兰导游：徐 ×（Kevin）　　　　手机号码：0064-21-30××××

中国领队：许××　　　　　　　　　手机号码：138×××××××

温 馨 提 示

计调人员在向领队进行团队情况介绍的同时，应该向领队移交团队的各种资料。这些资料应该包括团队名单表、出入境登记卡、海关申报单、旅游证件（护照/通行证）、旅游签证/签注、交通票据、接待计划书、联络通讯录等。出入境登记卡、海关申报单等可以在资料交接时事先由计调人员交给领队预先填写，若旅行社没有备存，领队可以替客人在飞机上索取。

表 4-3　中国公民出国旅游团队名单

组团社序号：L-ZJ-CJ00003　　　　团队编号 1308-ZWX-0807T1　　　　年份：2013

领队姓名：许××　　　　　　　　　领队证号：浙-000324　　　　　　编号：02

序号	姓名		性别	出生日期	出生地	护照号码	发证机关及日期
	中文	汉语拼音					
领队	许××	XU××	M	1963-××-××	浙江	G230275××	浙江 2010-05-20
1	胡××	HU ××	F	1951-××-××	浙江	G077178××	浙江 2013-02-01
2	朱××	ZHU ××	M	1933-××-××	浙江	G077176××	浙江 2011-04-01
3	刘××	LIU ××	F	1939-××-××	浙江	G077176××	浙江 2011-04-01
4	朱××	ZHU ××	M	1966-××-××	浙江	G097418××	浙江 2011-03-08
5	周××	ZHOU ××	M	1973-××-××	浙江	G097463××	浙江 2011-03-08
6	朱××	ZHU ××	F	1999-××-××	浙江	G249281××	浙江 2010-03-17
7	顾×	GU ×	M	1982-××-××	浙江	G249281××	浙江 2012-04-12
8	陈××	CHEN ××	F	1989-××-××	浙江	G249281××	浙江 2012-06-26
9	黄×	HUANG ×	M	1981-××-××	浙江	G249281××	浙江 2008-06-22

续表

序号	姓名		性别	出生日期	出生地	护照号码	发证机关及日期
	中文	汉语拼音					
10	章×	ZHANG ×	F	1985－××－××	浙江	G249281××	浙江 2010－05－13
11	周×	ZHOU ×	M	1983－××－××	浙江	G249281××	浙江 2009－03－19
12	蒋××	JIANG ××	F	1987－××－××	浙江	G249282××	浙江 2010－04－07
13	白××	BAI ××	M	1994－××－××	浙江	G249282××	浙江 2013－06－25
14	尹××	YIN ××	M	1971－××－××	河北	G249281××	浙江 2012－04－10
15	王××	WANG ××	F	1972－××－××	河北	G153643××	浙江 2013－06－17
16	尹×	YIN ×	M	1997－××－××	河北	G139560××	浙江 2011－06－07
17	汪×	WANG ×	M	1988－××－××	浙江	G147800××	浙江 2012－05－10

2013 年 8 月 7 日由上海浦东国际机场口岸出境	总人数：18（男：10 人；女：8 人）
2013 年 8 月 14 日由上海浦东国际机场口岸入境	

授权人签字：×××	旅游行政管理部门	边检检查站
		加注（实际出境 18 人）
组团社盖章	审验章	出境验讫章

旅游线路：新西兰一地 8 天

组团社名称：××省××旅游公司　联络人员姓名及电话：朱××

139××××××××

接待社名称：新西兰××旅游公司　联络人员姓名及电话：MSLINAN

0064－21－674×××

中华人民共和国国家旅游局印制

温　馨　提　示

按照《中国公民出国旅游管理办法》的规定，"中国公民出国旅游团队名单表"（以下简称为"名单表"）是由国务院旅游行政部门统一印制，在下达本年度出国旅游人数安排时编号发放给省、自治区、直辖市旅游行政部门供其核发给组团社。组团社按照核定的出国旅游人数安排组织出国旅游团队，填写"名单表"。旅游者及领队首次出境或者再次出境，均应当填写在"名单表"中，经审核后的"名单表"不得增添人员。"名单表"一式四联，分为：边防检查站出境验收联、边防检查站入境验收联、旅游行政管理部门留存联、组团社留存联。领队带团均需将四联带出境。归国时，将旅游行政管理部门留存联、组团社留存联带回旅游公司。

二、制作团队分房表

根据旅游公司计调人员所提供的客人信息资料制作一份团队分房表，以方便领队在客人入住时分房。团队分房情况如表4-4所示。

表4-4　团队分房情况

序号	房号	中文	汉语拼音	性别	出生日期	护照号码	备注
1		许××	XU××	M	1963-××-××	G230275××	领队与14合住
2		胡××	HU ××	F	1951-××-××	G077178××	相邻房
3		朱××	ZHU ××	M	1933-××-××	G077176××	
4		刘××	LIU ××	F	1939-××-××	G077176××	
5		朱××	ZHU ××	M	1966-××-××	G097418××	
6		周××	ZHOU ××	F	1973-××-××	G097463××	
7		朱××	ZHU ××	F	1999-××-××	G249281××	
8		顾×	GU ×	M	1982-××-××	G249281××	大床房
9		陈××	CHEN ××	F	1989-××-××	G249281××	
10		黄×	HUANG ×	M	1981-××-××	G249281××	相邻房
11		章×	ZHANG ×	F	1985-××-××	G249281××	
12		周×	ZHOU ×	M	1983-××-××	G249281××	
13		蒋××	JIANG ××	F	1987-××-××	G249282××	
14		白××	BAI ××	M	1994-××-××	G249282××	与1合住
15		尹××	YIN ××	M	1971-××-××	G249281××	合住
16		王××	WANG ××	F	1972-××-××	G153643××	
17		尹×	YIN ×	M	1997-××-××	G139560××	合住
18		汪×	WANG ×	M	1988-××-××	G147800××	

注：此团共需客房9间双人间，其中1间大床房，三间房要求相邻房。

三、进行"四核对"工作

领队接受带团任务后，进行团队出团前准备的重要一项内容，就是要查验全体团员的旅游证件、签证、机票等。防止这些与旅行信息相关的证件、机票出现错误。

（一）护照、签证和机票的检查

（1）护照。重点是检查姓名、护照号码、签发地、签发日期、有效期、有否本人在护照上签过名等几项内容。

（2）签证。签证的检查重点是检查签发日期、有效期、签证号码几项内容。有些是使用印鉴盖在护照内，有些则是用贴纸贴在护照内，有些是单独使用打印出来的电子签证。

（3）机票。重点是检查乘机人姓名、乘机日期、航班号几项内容。

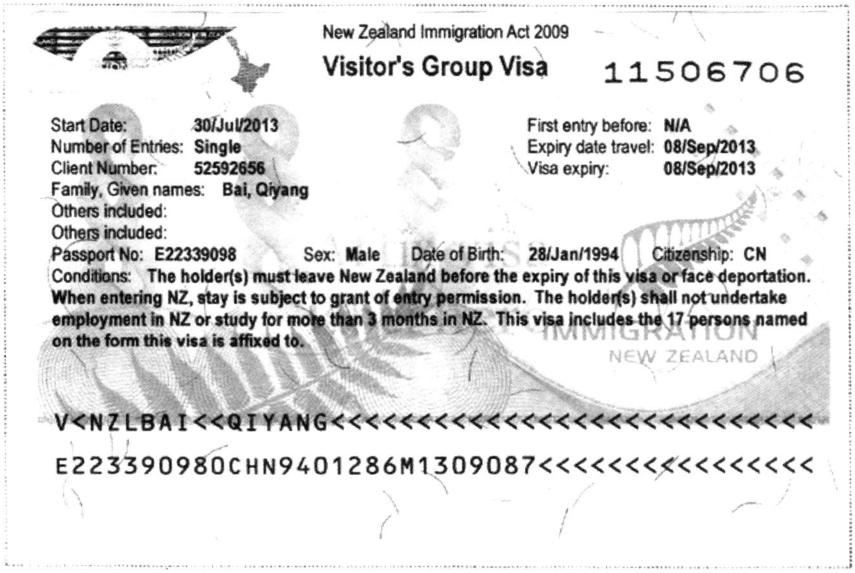

图 4-1　新西兰团队签证

温馨提示

游客护照上的姓名应当与签证、机票、名单表上面的姓名完全一致，检查时应当把四样东西放在一起进行鉴别。签证及国际、国内机票上的游客姓名，通常是用英文（或汉语拼音）填写，这也极容易与护照中的中文拼音姓名发生错误。无论是护照、签证还是机票，如果在检查中发现其中有误，就需要立即与旅行社计调人员沟通，迅速通过公安局出入境、使领馆、航空公司加以解决。以下为"四核对"的内容：①护照与机票核对；②机票与行程核对；③机票与名单表核对；④护照内容核对（中英文姓名，性别，出生日期，出生地点，签发日期，签发地点，签发机关，有效期，护照号码等）。另外，旅行社门市接待人员在接受客人报名时，应检查客人的护照是否破损，是否有足够的签证页用于签证。否则，就应该换领新的护照。

（二）护照排列贴签

为方便出团时护照清点、发放以及游客点名时的便利，领队还需要对团队的护照进行排序，然后在每本护照的封面页上贴不干胶贴签，上面写上编号和姓名。编号应与团队名单表上的顺序一致，以便在分发护照时方便工作，无须翻开护照内页，即可喊出游客姓名。编号还可以让游客熟悉自己的团队编号顺序，在需要通关、办理登机等手续进行队列排序时做到有条不紊。

第二节　组织开好行前说明会

一、行前说明会的主要内容

（一）领队或主讲人自我介绍

（1）行前说明会是旅行社参会人员与游客的第一次见面。领队或主讲人首先要进行自我介绍。

（2）代表公司真诚欢迎各位贵宾到来，感谢大家的支持与爱护。

（3）询问游客是否能听懂及跟上领队讲话的速度（因为有些年长的游客不完全能听懂普通话）。

（二）集合内容

（1）特别强调出发时间、集合地点、所乘国际航班信息，要求提前2小时到达机场等候。

（2）集合时应注意准时、准点。

（三）行程简述

（1）除说明出发日期、集合时间、地点外，还应说明飞机班次以及出国当天的有关转机或经停时中途休息站的注意事项，以及行程第一站目的地国家的海关、移民局的有关规定，尤其是美国或澳大利亚对动植物的检验、检疫制度。

（2）串讲出境旅游行程单（出团通知书）上的行程内容，指出飞行及巴士各路段的飞行时间或行车时数。

（3）说明各目的地国家或地区与中国的时差。

（四）服装与气温

（1）讲述目的地国家或地区的气候。若有必要请自备乳液、护唇膏、面霜及保暖衣物。

（2）衣服以易洗快干、轻便休闲为佳。参观教堂及寺庙不可着短裤、凉鞋及露肩服装。

（3）鞋子以休闲为佳，避免穿新鞋。可携带风衣及雨鞋备用。

（五）饮食

（1）早餐皆为欧陆式、美式自助早餐（依团体不同而定），一般在酒店内用餐。

（2）略述美式早餐与欧陆式早餐的不同。欧洲旅行团的早餐一般为欧陆式。如欲改吃美式早餐，请另行付费。

（3）午、晚餐以中餐为主，但各地仍配合安排品尝当地风味餐。

（4）餐食不含饮料，有喝酒习惯者请自行付费。

（5）可准备少许点心、休闲零食沿途享用。境外旅游多喝水，多吃水果。

（6）对有特殊餐饮要求的游客，如早斋、不吃牛肉、吃素及儿童餐等，要倍加关注并安排。

（7）在进入某些自来水不能生饮的国家，须事先提醒旅客注意。

（六）酒店

（1）向游客落实境外饭店住房名单并向游客宣布旅游团的住房名单。

（2）酒店房间以两人一室为原则。如游客要求住宿单人房间，请在出团前支付单人房差。

（3）欧洲旅馆多为传统式，卫浴设备多用淋浴，以干净舒适为准。领队应预先了解旅馆位置、设备、新旧程度等。酒店浴室设备，请注意使用，洗澡时请站在浴缸内，拉上布帘，下摆收入浴缸以防渗水。

（4）请自备牙膏、牙刷、剃须刀、吹风机、拖鞋、浴帽等个人使用物品。

（5）了解房内插座电压及插座形式，让游客准备多功能转换器。

（6）离开房间请记着带钥匙。外出请携带印有酒店名称住址的卡片，以防迷路。

（7）夜间如有需要泡茶或吃点心者，请自备电热壶及不锈钢茶碗备用。

（七）交通

1. 飞机

（1）乘坐远程飞机请旅游者多休息。

（2）随身携带盥洗用具及保暖衣物。

（3）旅游者可享用机上耳机设备。

2. 巴士

（1）乘坐长途巴士旅行，请将舒适、视野好的座位让给年老体弱者。

（2）协助保持车上整洁，不可在车上吃水果、冰激凌等休闲食品。

（3）行车路线已事先安排，不可能随意更改。

（4）巴士在公路上行进时，请勿随意走动，或站立于司机座位旁。

（5）可准备一些光碟或书报杂志以排解旅途中的时间，增加旅途乐趣。

（6）司机旁的座位为备用区。请空出来。

（八）行李

（1）通常航空公司让乘坐经济舱的游客免费托运每人 20 千克行李，限一件。

（2）准备吊牌及贴纸，以便识别自己行李。

（3）如有行李件数增减，请通知领队。

（4）请准备轻便随身行李，携带常用物品及保暖衣物。

（5）护照、货币等重要文件及贵重物品，请勿置于大行李箱内（记得随身谨慎携带）。

（九）货币与汇率

（1）中国出境限制 20000 元人民币或 5000 美元以内。

（2）境外多数国家均接受中国的银联信用卡；国际信用卡如万事达卡（master card）、维萨卡（visa card）使用起来也非常方便。请游客少带现金，多使用信用卡。

（3）请提前至各大银行兑换好目的地国家或地区的货币。每人可兑换等值人民币 5 万元的外币。

（十）小费

（1）游客在境外要求酒店搬运行李至房间、享用客房送餐服务、外出用餐、乘坐出租车均需要付适量小费。

（2）酒店房间床头，以每天 1 美元或等值货币支付给服务生。

（十一）个人物品

（1）准备常用药品及医生处方（国外药房只能依处方卖药）。

（2）准备针线包、茶叶、计算机、摄影机、照相机、转换器。

（3）提醒游客随身携带一支签字笔，以备填写各种表格或单据。

（十二） 自由或夜间活动的注意事项

（1）根据每人的体力情况，酌情决定是否参加自由或夜间活动。

（2）可利用自由或夜间活动的时间，满足每位团员的不同需求。

（3）未经旅游公司推荐，自行参加的自费活动，请团员自负风险及安全性。

（十三） 安全问题

（1）请勿在公共场所暴露财物。钱包需放在隐秘处，着装无须过于华丽，尽量少戴贵重饰品，男士裤装要有纽扣，女士皮包要能斜背，并配有拉链。

（2）在酒店内，客房门不能随便开。一定要确认是否为熟人才开门。

（3）护照、机票、现金、首饰、照相机、便携式电子产品及信用卡等贵重物品，请随身携带，妥善保存。另用小记事簿将旅行支票、护照资料、国外亲友联络地址和电话记下，以便办理挂失或联络。

（4）出国前要将护照、机票、签证影印一份，存放于大行李内；旅行支票与兑换水单及存根联，宜分开保管，以便于遗失后，随获补发。

（5）横穿马路，请走人行横道线（斑马线），上下巴士或楼梯，请注意安全。

（6）进行水上活动或有危险性的活动时，要特别遵守当地的规定。

（十四） 签证及海关规定

（1）若团体客人持有 ADS 签证或团体签证，须团进团出。

（2）购买物品请保留收据，免税者，通关时应将收税单交与海关，有时海关会要求查验物品，请随身携带。

（3）陆路通关时，请留在车上，不需下车。

（十五） 购物及境外通信方式

（1）告知如何选择购物商店。

（2）告知境外紧急联络方式。

（十六） 出境游文明礼貌及各目的地文化差异解析

（1）解析旅游行程单里由中央文明办、国家旅游局联合颁布的《中国公民出境旅游文明行为指南》。

（2）反复强调目的地国家或地区的风俗习惯、礼仪规范、民族禁忌及行为方式，提醒旅游者在旅游过程中有保护当地文化和物质遗产的职责。

（3）特别强调文明礼貌，对以往中国游客在国外受非议的不良行为进行点评。

（4）对游客提出团结互助、礼貌友善、支持领队工作的希望。

（5）参观名胜古迹，请排队进场，并保持安静，聆听导游解说。切勿用手触摸馆内物品，以免遭警卫斥责，造成不愉快的场面。

（十七）其他

（1）旅行社发给游客的团队标志胸章、太阳帽、旅行包、充气枕、多功能转换插座等物品，也应在行前说明会上一并发给游客。

（2）使用公用厕所须付钱，请备硬币。

（3）团员中懂英文者，请协助同行团员，节省交流时间。

（4）请佩戴团队标志胸章，以便识别。

温 馨 提 示

宣布住房名单时也有另外几种情况可能发生：游客付费预订的是单人房间，却被错分成双人间。如发生此种情况，领队要马上与计调人员联系给予更正；行前说明会上有的游客还可能想在房间中加床，旅行社方面也应视各国情况酌情处理（欧洲的大部分国家的酒店房间都很小，无法加床，客人只能与别人拼房）。

二、行前说明会要注意的问题

行前说明会一般由旅行社的计调人员负责电话通知游客前来参加，领队、计调人员或旅行社的销售人员主持即可。行前说明会，领队务必参加，不能以任何理由推托。领队参加或主持行前说明会时，需要注意以下6个问题：

（1）要体现出领队的精神风貌。领队面对游客的第一次亮相，应该以整洁的着装、良好的精神面貌出现。要用落落大方的语言主动介绍自己（有必要时将自己的外文名字介绍给客人以方便客人称呼），让客人有安全感、信任感。

（2）要以礼貌语言亮相。讲话要从感谢游客参团开始，再以感谢客人结尾，以礼貌语言贯穿，并希望游客能支持自己的领队工作。

（3）若旅游公司会场条件许可（配备投影仪、白板等），请领队或计调人员制作好目的地国家行前说明会的演示文稿以配合行前说明会的讲解。

（4）领队在讲话中需要着重强调时间，尤其是出发的时间，并要确认每一位游客都已经明白无误。

（5）请将领队的手机号码与游客进行二次核对，同时，领队也应在会上将自己的名片发给游客，使游客能尽快熟悉自己。

（6）记下来每位游客的手机号码。索要并记录每位游客的手机号码，以便在出发当天团队集合时进行核实。

相关链接 🔍搜索

行前说明会示范（以赴新西兰旅游为例）

各位贵宾：

上午好！

欢迎和感谢大家参加由××旅游公司组织的"纯净新西兰南北岛8日游"。我是带这次新西兰团的领队许××。在这次5晚8天的行程中我会全程为大家服务。大家在游览中，无论遇到任何问题，都可以来找我。现在我为大家介绍一下此次新西兰之旅的注意事项。

新西兰位于南太平洋，距澳大利亚东南约1600公里。新西兰由两个主要岛屿（北岛和南岛）和一些小岛组成。面积大小约和日本相同。新西兰的地理景观丰富多彩，矗立在南岛之上的南阿尔卑斯山脉雄伟壮丽（面积要大过法国、奥地利和瑞士三国境内的阿尔卑斯山脉），而位于北岛的火山地热区则别具风情。除此之外，新西兰境内还有峡湾、冰川、湖泊、热带雨林和广袤平原。令人惊叹的是一个小小的国家却能令人同时领略到如此多样的地貌风光。

新西兰仅有400万人口，因此有辽阔的空间容载不胜枚举的风景名胜。这里有绵延550公里的崇山峻岭、面积相当于一个小国的火山口湖泊、4个活火山、14个冰河雕砌的峡湾、约4万平方公里的天然森林和让人终生享用不尽的完美海滩。新西兰的毛利文化传统丰富多彩，独一无二。接下来我先来讲一下此次新西兰之旅的基本行程。

各位团友，请大家在10月14日下午1点准时在上海浦东国际机场2号航站楼26号门集中。我们将在上海浦东国际机场乘坐新西兰航空的NZ288次航班飞往新西兰第一大城市奥克兰，夜宿都在飞机上，可以享用机上的晚餐和早餐。10月15日当地时间7：40抵达奥克兰。当日乘坐NZ515（10：10~11：30）次航班转机前往新西兰南岛最大的城市基督城，抵达后驱车前往梯卡坡湖地区，当晚入住梯卡坡的Peppers Bluewater Resort。10月16日早上团体前往皇后镇，途中游览梯卡坡湖地区包括牧羊人教堂、库克山、瓦纳卡湖等景点，晚间抵达皇后镇。当晚入住皇后镇的Heritage Hotel，并在被美国有线电视网（CNN）评为最佳景观餐厅之一的天空缆车餐厅（Skyline Restaurant）享用晚餐。10月17日将安排大家在皇后镇自由活动一天。10月18日，上午将安排大家自由活动，闲逛皇后镇市区，中午乘坐NZ638（12：40~14：30）次航班飞往奥克兰。抵达后，游览工党纪念碑及传教湾豪宅区等市区观光。10月19日，我们将离开奥克兰乘车前往地热城罗托鲁瓦市区观光，游览政府花园、天然氧吧、电影《哈利·波特》的拍摄地红树林。午餐后，前往世界著名的华卡毛利工艺村，参观雕刻、造船、筑屋、制衣等玻利尼西亚文化以及泥浆池、火山地热喷泉等景观。10月20日上午前往游览爱歌顿牧场，乘坐农场特有的稻草车开始农场之旅，体验精彩的新西兰农场主的生活，在爱歌顿牧场参与一系列活动。那里有全世界19种各类训练有素的羊只，在此观赏精彩的剪羊毛表演及乖巧的牧羊犬赶羊表演，希望大家能参与到这些活动中去。10月20日下午乘大巴返回千帆之都奥克兰。晚餐后，前往机场，晚上搭乘国际航班直飞返回上海。请特别注意：行程中所有航班时间均以起飞当地时间及抵达当地时间为准，请务必留意各地时差，校准正确的航班起飞及抵达时间。新西兰时间比北京时间快4小时。

新西兰在南半球，与我们所处的北半球的气候正好相反，现在那里的平均温度在10℃~15℃。新西兰昼夜温差较大，请带好薄的长裤、长袖、羊毛衫和外套做好保暖工作。衣服以易洗快干的轻便休闲服为佳，但参观教堂不可着短裤、凉鞋及露肩服装。鞋子以休闲鞋为佳，避免穿新鞋，有穿拖鞋习惯者请自备。可随意携带风衣及雨鞋备用。

此次我们旅游团的午餐安排为中式五菜一汤或同等餐标的自助餐，晚餐为中式六菜一汤或同等餐标自助餐。我们还在10月16日安排一顿特色餐，即在皇后镇的天空缆车餐厅享用山顶海鲜自助餐。行程中的早餐均为酒店内西式早餐。一般来讲，新西兰酒店在6：30~7：00开始提供自助早餐，至10：00左右结束。新西兰作为西方国家，主要以西餐为主，中餐厅很少，且餐厅规模、餐食质量及菜肴的口味均不能和中国同等餐厅相比。由于餐厅规模小，如遇团队较多须在门口等候的情况出现，敬请见谅并配合。所有的餐饮临时取消，均不退钱。餐食不含饮料，有饮酒习惯者请自行付费。此外，如果有素食者或者不吃猪肉的团友请事先通知我。

我们旅游团此次入住的均为四星级酒店。新西兰酒店讲究环保，房间内不提供一次性拖鞋、牙刷、牙膏等，请自行携带；酒店内均为倒八字三角扁插头，请自带转换插头；新西兰为禁烟国家，酒店楼层禁烟，请勿在客房内吸烟，否则导致的巨额罚款及火警报警费用自行承担。在卫生间内洗浴时，请注意防滑，如因滑倒致伤等非旅行社责任引起的所有医疗费用，自行承担，旅行社不予赔付。退房或外出时，请勿将贵重物品及现金遗留在客房内，务必随身携带，如发生遗失、被盗等治安事件，所有损失自行承担，旅行社不予负责。客房内所有酒水、零食等均属个人消费，如有食用，请务必主动在退房时将费用支付于酒店前台。大家如果离开房间请记着带钥匙，外出请携带印有酒店名称、住址的卡片，以防迷路。夜间如有需要泡茶或吃点心者，请自备电热壶及不锈钢茶碗备用。新西兰的酒店标准间，一半为大床加小床（或沙发床），属正常现象，如遇此情况敬请谅解。12周岁及以下小孩不占床，不占床的小孩不提供酒店早餐，须额外自行支付；如要求占床，在不产生单房差前提下，允许占床；如产生单房差，费用自行承担。按惯例安排同性两人一房，团体中的几对夫妻我们已经安排了同一房间。

我们此次的旅游全程乘坐四程新西兰航空的班机，其中两程为国际航班。在乘坐国际航班时，飞机飞行的途中请团友多休息，这样才有精力去进行旅游活动，飞机上会提供酒水服务，但是团友请勿酗酒。请随身携带盥洗用具及保暖衣物，女士请着长裤。希望大家在飞机上有一个美好的体验。

　　按照行程，我们将会去往梯卡坡、皇后镇、奥克兰、罗托鲁瓦，每天行车的时间或者是飞行的时间在 3~4 小时。我们在新西兰各城市乘坐旅游大巴时，请各团员下车时，务必随身携带贵重物品，切勿遗留在车上。境外当地导游及司机正常工作时间为早上至晚餐后送回酒店休息，行程结束（约 8 小时）。如有超时，须支付额外的加班费用，请各位团友按照当地导游的规定时间进行游览。为协助车上保持整洁，不可以吃气味大的或者是黏稠的食物。

　　下面我来讲一下行李托运的问题。新西兰航空公司规定：托运行李限重 23 公斤以下只限托运一件（超过须自负超重费用），只允许随身携带一件手提行李上机（行李限重 7 公斤以下）。上机时不能随身携带超过 100 毫升的液体、凝胶和喷雾类物品，如有请务必放入行李箱托运。请勿将打火机放入托运行李及随身行李中。剪刀、刀片、须刨、指甲刀、指眉钳等锋利物品必须托运。新西兰《劳工法》规定，单件行李重量不超过 32 公斤（为防止行李搬运工人造成工伤），超出范围，航空公司有权拒绝托运，请务必妥善保管行李牌和登机牌，因遗失导致无法登机及无法领取行李，后果自付。根据中国海关规定：手提行李（55 厘米×23 厘米×36 厘米）每人限带一件，托运行李不超过 20 公斤。

　　根据我国外汇管理规定：出国人员随身携带美元不超过 5000 元或者等值 5000 美元的外汇，人民币现钞不超过 20000 元。大宗美元、人民币、高档照相机、摄像机、手提电脑、金银首饰超过三万元 [c9] 携带出境必须报关。携带货物、货样者，出境必须报关。请大家务必牢记：证件、机票、任何种类的现金及贵重物品千万不能托运。由于行李需要经常被搬运，所以务必请大家事先检查所携带的行李箱是否坚固良好（托运行李内电器用品的闹钟、剃刀内的电池必须取出，以免发出声响）。要自己准备好吊牌以及贴纸，方便识别自己的行李，如果没有准备的可以到我这里来领取一下。请将常用物品、保暖衣物、护照、重要文件随身携带。

　　在新西兰期间消费，建议大家在团队出发前，自行前往国内中国银行预约兑换新西兰元现金（新西兰元的汇率在 4.8~5.3 元之间，即 1 新西兰元可以兑换 4.8~5.3 元人民币），或携带国际信用卡（VISA，MASTER 等）及银联卡（由于中国游客增多，为方便中国客人购物消费，购物店一般都会申请加入银联组织）。

　　按照国际惯例，每人需支付境外基本服务费 400 元人民币给境外导游及司机，我会后将统一收取。大家在新西兰要求酒店搬运行李至房间、享用客房送餐服务、外出用餐、乘坐出租车均需要付适量小费。将小费放在酒店房间床头，以每天 1 美元或等值货币支付给服务生。旅游期间私人性质消费（如行李超重、洗衣、电话、冰箱饮料等）自理。在新西兰旅游期间要带好常用药品及医生处方，在外国药房只能依照处方买药。

　　自由活动及夜间活动的时候，要根据每个人的身体情况及体力自行调整。有高血压、心脏病的团友请勿参加刺激性强及伤害力大的活动。每人可以自主选择自费活动，费用的标准按说明会资料所示。如果团友参加了自费活动以外的自行活动，请自行承担风险。

　　在国外一定要注意安全问题，请勿在公共场所暴露财物。钱包需放在隐秘处，着装无须过于华丽，尽量少戴贵重饰品，男士裤装要有纽扣，女士皮包要能斜背，并配有拉链。在酒店内，客房门不能随便开，一定要确认是否为熟人才开门。护照、机票、现金、首饰、照相机、便携式电子产品及信用卡等贵重物品，请随身携带，妥善保存。横穿马路，请走人行横道线（斑马线）；上下巴士或楼梯，请注意安全。

　　在这里特别跟大家谈一谈新西兰的海关规定。新西兰对于动植物管理十分严格。入境新西兰前，请再三核查行李，请勿携带新西兰海关禁止携带入境的肉制品、奶制品、动植物制品、蜂胶类保健品，中草药（如人参、虫草），水果及植物类食品，有特殊物品携带者如食品（饼干、糖果、方便面、适量茶叶等），常用药品（适量，并附英文说明书），都须向海关申报，否则罚款。药品中任何含有假麻黄碱成分的药品，（如康泰克或百服宁等）均不得携带入境。同时，如安眠药也同样禁止携带，如一定要携带，就需要出具医生处方。如因携带违禁物品，所引起的罚款等一概自行承担。每一名18周岁以上的游客，可免税带2250毫升酒类，50支香烟，如超过的必须申报。

　　我们是团体签证，我们要在通关的时候保持一致，团进团出。购买物品请保留收据，免税者，通关时应将收税单交与海关，有时海关会要求查验物品，请随身携带。

　　全程不强制购物，不增加行程标注额外购物店（须经全体团员签字同意方可增加）；游客在指定购物店中为自愿购物。若因质量问题，旅行社可以协助游客和商家沟通退换货品。游客自行前往的购物店如街边商店、小摊贩或宣传民族文化特色、特产综合在一起的景点商店（类似于我国的民族村里的商店），经常会发生购物纠纷事件。基于此，本旅行社特别提醒游客：景点商店、小摊贩非本旅行社推荐的旅游购物定点单位（合同约定的除外），其所售卖的产品不论真伪、品质、价格及售后服务均无法保障，且协助游客维权亦存在困难，本公司不建议游客在景点购物，特别是高价值的物品。中国驻新西兰大使馆的联系方式及新西兰境内如何拨打国内固定电话或手机等操作方法已在出团通知书上说明。请记住新西兰紧急救助电话：111。

　　随着中国出游人数的不断增加，中国游客在旅游过程中的礼仪修养缺失行为层出不穷，而中国游客正以一个符号化的群体被一些西方发达国家所"歧视"。希望大家在出行前能够阅读中央文明办、国家旅游局联合颁布的《中国公民出境旅游文明行为指南》和《中国公民国内旅游文明行为公约》。在领队及境外导游的引领下，尊重新西兰的民俗习惯、礼仪规范、民族禁忌及行为方式。

　　在参观名胜古迹时，请大家排队进场，并保持安静，聆听导游解说；切勿用手触摸馆内物品，以免遭警卫斥责，造成不愉快的场面。大家彼此应互相体谅，互相尊重。

　　最后，希望大家能支持我的工作，愉快地度过新西兰的5晚8天。

　　谢谢！

三、行前说明会的补救

（一）给未能出席的游客打电话

对因故未能前来参加行前说明会的游客，领队或旅游公司计调人员应记录下来，做好补救工作。领队要负责打电话与未能出席行前说明会的游客进行联络沟通。一定要通知到每一位游客，要将行前说明会上所讲的主要内容告诉他们，尽量避免耽搁全团的行程。

由于某些原因整团均未召开行前说明会，或者散拼团体的客人不在组团所在的城市，无法召集在一起召开行前说明会，旅游公司的销售人员一定要通过微信、电邮、传真或销售人员送上门的形式将出团通知单发到每一位游客手上。同时，领队要逐一打电话给每位游客再次落实出团通知单中重要的内容。

（二）要将应发给游客的物品带给游客

在行前说明会上，要发给游客团队标志胸章、太阳帽、旅行包、充气枕、多功能转换插座等物品。对于未能出席行前说明会的游客，由领队在出发时将这些物品带到集合地点。如整团都未参加行前说明会，领队需将所有的物品带到集合地点。

温 馨 提 示

针对上述行前说明会内容及补救方法进行讨论与分析。同时，让学生发表自己的观点。在分析与发表意见过程中，启发学生的思考与理解，使学生达到训练的目的。

第三节　行装准备

一、出团所需的证件机票及业务资料

领队带团是工作出差，只有携带好工作文件才能顺利开展工作。领队在准备带团的行装的时候，务必将带团所需的全部业务资料一一理清、如数带齐，不能有任何遗漏。

（一）证件和机票的准备

通常的做法是在与旅游公司计调人员进行工作交接时，全团的护照及机票就会由旅行社计调人员转交到领队手上。领队要携带全团的护照（含签证）及机票，一直到机场办理完登机手续后方能发给游客。此段时间内领队应精心保管护照，不能出现任何闪失。全团的护照最好按照名单表顺序排列，并用橡皮筋捆扎好，以方便清点数目和分发。

温 馨 提 示

出发之前，领队务必将全团成员的护照（签证）、机票进行复印，并在出团时随时携带全团的护照、机票的复印件，将其与正本分开存放。这点非常重要。旅游团在境外发生游客护照遗失、途中遭抢等事件时，领队可拿护照及机票的复印件迅速证明游客身份，以求得事情迅速解决，并为客人申请临时护照及签证提供依据。

（二）"中国公民出国旅游团队名单表"准备

持团体签证的旅游团，出境时必须携带"中国公民出国旅游团队名单表"。并备几份复印件。

（三）"出境旅游行程表"（出团通知书）及产品的辅助说明文件

"出境旅游行程表"（出团通知书）是出境旅游团队的最根本性文件，领队在准备工作文件时，千万不能忘记出境旅游行程表（出团通知书）。

通常境外的接待旅行社会发出一份关于组团社的团队日程的最后确认函，也会将全体团员的名单附在后面。领队应复印几份放到出团所需的资料中来。在抵达目的地国家办理入境手续时，这份当地国家旅行社提供的团队行程及团员名单的传真复印件对顺利完成入境手续会有很大的帮助。

温 馨 提 示

要确认领队手中的"出境旅游行程表"（出团通知书）与游客手中的完全一致。有时，领队拿到的出境旅游行程表往往是计调人员与境外地接社经过多次更改的最后确认版，而游客手中的往往是未更改过的初次行程。了解这点非常重要。因为游客在境外游览时，常常会就他们手中的行程表发问，领队必须知道并掌握同样的信息，才能便于作答。

（四）分房名单准备

按照在境外下榻酒店数量将分房名单复印多份，以便在抵达入住每一家酒店时分别填写使用。另外，带上几份空白的分房名单，以备有变化时进行现场填写。

（五）境外接待社联系方式及联系人信息准备

领队要对将接待此团的境外旅行社的联系方式十分清楚。接团的工作文件中要包含下列信息资料：

（1）负责境外接待的旅行社的名称：新西兰××旅行社

（2）境外接待旅行社经理及联系方式：Mr Wong 0064-943 ×××××

（3）旅行社计调人员的姓名及联系方式：Ms Shen 0064-952 ×××××

（4）境外旅行社办公室电话：0064-9-520 ×××××

（5）导游姓名、性别及联系电话：徐××（Kevin 男）0064-951×××××

（六）其他与带团工作密切相关的必备物品准备

领队要准备其他与带团工作密切相关的必备物品。例如，领队证、领队名片、旅游公司的领队旗、公司胸牌、托运行李不干胶标签、行李牌、旅行包、必备现金、旅游服务质量评价表（宾客意见表）、入境检疫卡、出入境卡（E/D CARD）等。

二、辅助用品及相关资料准备

领队要准备一些辅助用品及相关资料。例如，记事本、目的地国家旅游书籍、手机（电池、充电器、移动电源）、插座转换器、新西兰地图、中国驻新西兰大使馆电话号码（有些国家如日本、韩国所使用的手机的制式与中国不同，领队应带上旅游公司所配备的目的地国家的工作手机）。

三、个人的生活必需品准备

（1）准备一套正式服装或职业服装。在出席正式晚宴、观看豪华演出的时候，领队身着正式服装，会对游客具有示范作用。

（2）多准备一些休闲类服装。领队每天都要与同团的游客见面，因此要养成天天换衣服的良好习惯，尤其夏天的衬衣、T恤，应当每天都换。每日换衣服，并不仅是卫生习惯的问题，而且是领队精神面貌的体现。

（3）准备常用药品。领队应该为自己和游客准备一些感冒药、肠胃药、体温表、风油精、乘晕宁、消炎药、创可贴、纱布等常用药品，有备无患。

（4）准备牙具、拖鞋等生活用品。由于环保的原因，国外的许多饭店通常没有为客人配备牙膏、牙刷、剃须刀以及浴帽、拖鞋等一次性用品，因而需要领队事先加以准备。

温 馨 提 示

领队的生活用品中最好还能有一条毛巾。旅途中在住进不发达国家的条件欠佳的饭店时，使用自己的毛巾会让个人在心理上增加一份安全感。

（5）准备其他用品。例如，指南针、手电筒、选择合适的太阳镜、笔记本、笔、计算器等。

（6）准备小面额外币现金。领队在准备境外的零用钱的时候，若能刻意准备一些小面额的外币散钱（主要是小面额美元），在实际工作中会感到非常有用。例如1美元的纸币，在支付侍者、行李员小费的时候就很方便。

第四节　知识准备

领队在出团前应了解并掌握以下知识：

（1）目的地国家新西兰的国家概况知识。

（2）新西兰南岛中的基督城、皇后镇、米佛峡湾、梯卡坡湖地区、牧羊人教堂、库克山；北岛中的奥克兰、罗托鲁瓦、红树林、爱歌顿牧场、毛利文化村、火山地热喷泉等景点知识的了解。

（3）对企鹅、海豚、海狮等一些动物和新西兰特有动物以及蹦极、《哈利·波特》与《指环王》电影、地热运动等知识做相关了解。

（4）对新西兰当地特产譬如驼羊被、羊毛毯、绵羊油、鹿制品、蜂胶蜂蜜、奶粉等做相关了解，以帮助客人购买时做参考。

（5）新西兰历史、宗教信仰等方面知识相关准备。

知识链接 🔍搜索

相关旅游证件的办理方法

一、团队旅游签证的办理方法

团队旅游签证，通常只是一张有签证效用的纸质证明，使馆签发时会将其附在全团某一位团员的护照上（通常会附在领队的护照上），而其他团员的护照上面并没有任何签证的印记。团队旅游签证上面列明所有获得签证人员的名单，出境时须按照顺序排队，在规定的时间内且须由领队带领出入境。签证的发放形式有三种：签证纸粘在护照上；直接将使（领）馆签证处的钢印敲在护照上；另使用一张纸附在护照内（亦称另纸签证）。

二、内地赴港澳通行证的办理方法

内地居民赴香港或澳门需要办理港澳通行证：由本人持填写完整的《内地居民赴港澳台地区申请表》、本人的身份证、户口簿原件和复印件、2张近期2寸白色背景彩色半身证件照赴户口所在的公安局出入境管理部门办理"中华人民共和国往来港澳通行证"和相应的签注。

参加香港旅游的签注可分：有效期3个月往来一次或两次，有效期1年往来一次或两次。而澳门旅游的签注可分：有效期3个月往来一次，有效期1年往来一次。港澳游签注的每次停留期均为7天。若旅游者参加团队旅游，需要办理L签注，若旅游者参加个人旅游（部分城市尚未开通个人旅游），需要办理G签注。"中华人民共和国往来港澳通行证"的有效期为5年。

三、大陆赴台湾通行证的办理方法

大陆居民赴台湾需要办理通行证：由本人持填写完整的《大陆居民往来台湾地区申请表》、本人的身份证、户口簿原件和复印件、2张近期2寸白色背景彩色半身证件照，具有办理台湾旅游资质的旅游公司开具的旅游发票（赴台旅游只能在户口所在省区市参游），赴户口所在地的公安局出入境管理部门办理"大陆居民往来台湾通行证"和相应的签注。

参加台湾旅游的签注为有效期3个月内往来一次。旅游者（除北京、上海、厦门、成都、天津、重庆、南京、杭州、广州、济南、西安、福州、深圳、沈阳、郑州、武汉、苏州、宁波、青岛、石家庄、长春、合肥、长沙、南宁、昆明和泉州外，共26个城市）只能参加团队旅游，需要办理L签注，"大陆居民往来台湾通行证"的有效期为5年。

❓ 实践与训练

韩国釜山/济州/首尔四晚五天出团通知如表4-5所示。

表4-5 韩国釜山—济州—首尔四晚五天出团通知

【集合时间地点】请您于 2013 年 10 月 2 日上午 10 时 10 分到达杭州萧山国际机场 3 号出发厅等候集中，请务必准时。

★ 请客人关注气候变化因素（雨、雪、雾、冻等）准时到达集合地点。旅行社不承担因人力不可抗拒因素造成的损失及责任。

团号：0710-ZWK-1002ZA				人数：16+1			
领队：丁 X139××××××××				韩国导游：朴×× 010-6226××××			
日程	日期	交通		城市	酒店	早	午	晚

日程	日期	交通	城市	酒店	早	午	晚
第一天	10月2日	OZ330（12：10北京时间~15：00韩国时间）OZ8115（19：50~20：40）	杭州—釜山 釜山—济州	济州太平洋酒店	—	—	☆
第二天	10月3日	巴士	济州	济州太平洋酒店	☆	☆	☆
第三天	10月4日	OZ8912（11：30~12：35）	济州—金浦	首尔梨泰院酒店	☆	☆	☆
第四天	10月5日	巴士	首尔	首尔梨泰院酒店	☆	☆	☆
第五天	10月6日	OZ359（13：40韩国时间~14：40北京时间）	仁川—杭州		☆	机上	—

景点	釜山：龙头山公园，国际市场
	济州：城山日出峰，韩剧 ALL IN 拍摄地，神奇之路，龙头岩
	首尔：景福宫，民俗博物馆，青瓦台（远眺），高丽人参专卖厅，紫水晶加工厂，东大门市场，韩国土特产商店，华克山庄

备注	接中国检疫局通知，禁止携带韩国泡菜、辣椒酱、烤肉酱进入中国境内，违者一律没收，敬请周知！ 1. 团费包含项目：全程往返机票，签证费，出境名单，全程四星级标准酒店，行程内标明的餐食，包车费，行程内门票，导游，旅行社责任险。 2. 不包含项目：各地至萧山机场往返交通费，导游、司机境外基本服务费：人民币 200 元/人。 3. 请自备牙膏、牙刷、毛巾、拖鞋、梳子、雨伞及常用药品。韩国平均温度比杭州低 3℃~5℃（现韩国温度为 19℃~27℃）。 4. 请携带身份证（儿童须带户口簿），乘机和出境时用，勿忘！ 5. 韩国饮食习惯与中国相差很大，韩菜以泡菜、烤肉为主，菜肴极少油水，请自备一些方便食品。如飞机上已安排用餐，我司不另安排。 6. 时差：韩国比北京时间快一小时。治安良好。在人多的地方，小心扒手。 7. 按境外惯例，每人每天需支付 40 元境外基本服务费给导游和司机，共计 200 元人民币，以表示对其服务的肯定和鼓励。行程中如遇摄影师跟随拍照，费用约为 5500 韩币/张，是否购买视个人情况而定。 8. 旅游活动中会留有时间给大家赴当地的土特产商店购物，大家可视个人情况而定。 9. 人民币兑韩币 1：110 左右，美元兑韩币：1：900 左右，汇率略有浮动。以上仅供参考，以当地实际情况为准。 10. 旅客必须随团活动，不得擅自离团。如若离团，韩国地接将收取每人 500 元/天的离团费。客人必须随团出入境，否则将被中、韩两方处以巨额罚款（30000~50000 元人民币）。谢谢合作！ 11. 团队原则上按照同性别安排住宿，夫妻在不影响总房间数的前提下尽量安排同一间房。如团队出现单男单女，请团员务必配合轮流拆夫妻，感谢合作！ 12. 旅客在出团前必须交纳 3 万元担保金，按时随团返回后退还此款；我社已按国家有关规定购买旅行社责任险（此保险针对旅行社），建议客人在出团前购买旅游意外伤害险，保费 30 元/人，保额 30 万元。

联络电话	韩国部操作员：王小姐 0571-8578×××× 此行程仅供参考，一切以当地行程为主！

游客信息如表4-6所示：

表4-6　游客信息

序号	姓名		性别	出生日期	职业	备注
	中文	汉语拼音				
领队	丁红	DING HONG	F	1980-01-31	领队	住单间
1	李群	LI QUN	M	1961-11-01	公司董事长	1、2、3为一家
2	王燕	WANG YAN	F	1961-08-25	会计师	
3	李维清	LI WEIQING	M	1988-01-09	设计系学生	与名单8号同房
4	王顺龙	WANG SHUNLONG	M	1934-12-21	退休人员	4、5为夫妻
5	杜云英	DU YUNYING	F	1937-09-26	退休人员	素食者
6	孙正国	SUN ZHENGGUO	M	1962-08-28	副总经理	6、7、8为一家，要求大床房
7	杜伟娟	DU WEIJUAN	F	1962-03-01	地产公司职员	
8	孙云骁	SUN YUNXIAO	M	1990-12-26	中学生	
9	吕建青	LU JIANQING	M	1961-11-13	主任医生	9、10、11为一家
10	陈玉珍	CHEN YUZHEN	F	1966-01-11	财务部经理	
11	吕梦骏	LU MENGJUN	F	1990-09-25	中学生	
12	黄建钢	HUANG JIANGANG	M	1960-12-15	大学教师	12、13为夫妻
13	张利沙	ZHANG LISHA	F	1960-06-24	大学教师	
14	龚永南	GONG YONGNAN	M	1949-01-01	建筑设计师	14、15、16为一家，要求相邻房间
15	沈桂芬	SHEN GUIFEN	F	1950-10-05	花店店主	
16	龚丽宁	GONG LINING	F	1979-02-28	银行职员	与名单11号同房

请根据上述信息，完成以下作业：

1. 撰写一份赴韩国旅游的行前说明会的讲稿，并列出要这样写的几点理由。

2. 对学生分组，模拟召开行前说明会，每组设置小组长进行记录，演练后进行讨论，由教师进行点评。

3. 根据以上客人信息，每个学生自己制作一份游客分房表，由教师进行点评。

4. 收集关于韩国的知识，每一个学生提交一份资料小卡片。

第五章

行程与带团中的工作

训练目标

通过本环节的训练，了解中国出境、他国入境和目的地国家转机所需要办理的各种手续以及相关的注意事项，能够带领游客顺利出境和入境，在飞行途中关照好游客，培养旅途中组织、沟通、办事的技能。

任务导入

现在是 2013 年 10 月 14 日 13：00，你作为领队已经在上海浦东国际机场等候 17 名赴新西兰旅游的客人。你在机场期间应该做哪些工作？如何能够稳妥地带领游客办理出境手续以及顺利出境呢？

任务分析

你带领 17 名中国游客从上海浦东国际机场出境前往新西兰奥克兰，在此环节中要涉及组织游客的集合与等待安排，寻找办理换登机牌的窗口、换取登机牌、办理行李托运手续、过安全检查通道（卫生检疫、证照检查、安全检查），可能有的游客需要过关物品申报、进入候机厅后带领游客在指定的区域等候、登机。上了飞机之后，需要掌握游客入座的位置，关注游客在飞行途中的身体情况。到了奥克兰机场后，带领游客办理通关手续、领取行李，直到带出机场，需要做许多工作。如何有序地、顺利地完成这个工作环节，是领队所必须认真思考的事情。

任务实施

第一节 中国出国（境）手续

中国出国（境）的流程如图 5-1 所示。

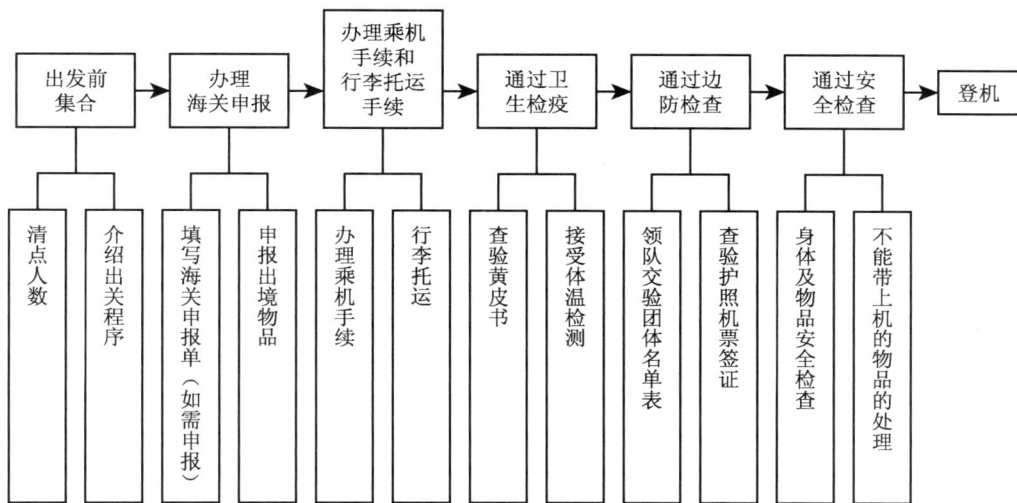

图 5-1 中国出国（境）的流程

一、出发前集合

现在是北京时间 13：00，你已经在上海浦东国际机场 2 号航站楼 26 号门门口等候客人的集合。为避免与团员互相寻找而浪费时间，不如将团员长相记住；佩戴"领队证"并竖起旅行社的旗帜，以便游客容易发现；手机开机，随时准备接听游客打来的电话。

？ 温 馨 提 示

领队应当至少比规定时间早 30 分钟赶到机场、车站等出境口岸的集合地点。集合的位置应当选择游客容易找到的地方。在行前说明会通知游客的时候，就将明确的地点告知游客，如："机场的出境大厅 3 号门内"，以方便游客寻找。事先通知游客的集合时间时，要充分考虑到各种因素（如堵车、下雪、下雨），留出提前量。

　　如果所带的团是老年团、亲子团，领队还应该早一点抵达集合地点。通常老年游客或家长携儿童会早早赶到，领队的出现，可以让他们感到心里安稳。游客中如果有前来送行的家人，领队应当主动与其打招呼，并请其放心。

（一）　为游客签到

　　与游客会合后，应拿出全团的名单表，为已经抵达的游客签到。

温 馨 提 示

　　在点名时，应注意礼貌，在游客姓名后应加上称谓，如"张三先生"、"李四小姐"。在喊客人的姓名、游客作答时，要与游客进行眼神的交流，并微微点头。在临近规定的集合时间时，如团队尚未到齐，领队要主动与未及时赶到的游客电话联系并再次强调集合地点，以免游客混淆并同时进行催促。

（二）　告知游客所要办理的手续

　　在全体团员到齐后，应即席发表一个简短的讲话。讲话的内容主要是告知游客下面将要办理的手续，如海关申报手续以及边防检查手续等的步骤，并希望全体团员配合。游客如果针对海关申报、边防检查等提出问题，领队应简明扼要地一一作答。

（三）　特殊情况的处理

　　（1）游客迟到。在规定时间内游客未能抵达机场集合处，领队应及时与游客取得联系，了解游客所在方位，预估抵达的时间再行决定。如时间尚允许，在原地等待游客抵达，并先代迟到客人向大家表示歉意；如时间较紧张不允许再等下去，领队可先带领其他游客，到海关柜台办理海关申报手续，以及到航空公司值机柜台前办理登机手续。此时领队需要与未抵达的游客保持联系。一旦游客抵达，领队要折回到口岸的国际出境区域入口将游客带入，与全团会合。

　　（2）游客临时取消游程。游客因突然生病、突发事故等原因，打来电话通知领队其不能参团出发。领队应首先对游客进行口头慰问，然后要求游客电话口头通知外，再发短信来通知确认以便领队在进行工作处理时留有凭证。领队带团队在航空公司办理登机手续时，要将取消人的姓名告知航空公司。如果游客未出现且又联系不上，领队要恳求值机柜台延后关闭，同时积极寻找游客，不到最后一刻不可轻易放弃。最后，游客仍未出现时则将旅游证件转交送机人员处理。

二、办理海关申报（Custom Declaration）

相关链接 🔍搜索

红色通道与绿色通道

我国海关依国际惯例实行红色通道和绿色通道的通关制度。

凡持有外交及礼遇签证的外籍旅客，或国家给予免检待遇携带无须向海关申报的物品的中国游客在通过海关时，可经由绿色通道通过海关。

以下各种情况或以下类型的游客应当经由红色通道过关：

（1）携带海关限量及应征税物品的。

（2）携带进口限制物品的。

（3）有人、物分离进、出境的。

（4）携有物品、货物、货样以及其他需办理出境验放手续的物品的。

（5）未将应复带出境物品原物带出的。

（6）携带外币、金银及其制品而又未获得有关出境许可或已超过限额的。

根据我国海关有关规定，我国出国人员，除享受免验待遇的人员外，出入境时都应填写《中华人民共和国海关出境旅客行李物品申报单》（图5-2）或海关规定的申报单证，按规定如实申报其行李物品，报请海关办理物品进境或出境手续。在实施双通道制的海关现场，上述旅客应选择"申报"通道（即"红色通道"）通关。

领队在带领团队游客经过中国海关时，需要进行下列工作：

（1）告知游客中国海关禁止携带出境的物品。

（2）请携带无须向海关申报物品的游客从"绿色通道"穿过海关柜台，进入等候。

（3）带领携带有向海关申报物品的游客从"红色通道"到海关柜台前办理手续。

领队可以先向海关柜台索取"中华人民共和国海关进出境旅客行李物品申报单"发给需要申报的游客，并指导游客填写。通常游客都会携带摄像机、照相机、收录机、电脑等个人物品出境并带回国内，需据实申报。游客携带填写完成后的"中华人民共和国海关进出境旅客行李物品申报单"，到海关申报柜台，交验本人护照，经海关人员对申报物品进行实物检验后，盖章准予放行。申报游客应保存好"中华人民共和国海关进出境旅客行李物品申报单"，以便回国入境时海关检查。

　　中国海关对申报物品中一些类型的具体要求，领队需向海关核实。例如照相机，通常海关并非要求出境携带的所有类型的照相机都要申报，而只是需要申报其中的可以拆卸镜头的高档相机，简易的傻瓜类型的相机无须申报。

相关链接 🔍搜索

中国海关部分限制进出境物品

1. 旅行自用物品

　　非居民旅客及持有前往国家或地区再入境签证的居民旅客携带旅行自用物品，限照相机、便携式收录机、小型摄影机、手提式摄录机、手提式文字处理机每种一件。超出范围的，需向海关如实申报，并办理有关手续。经海关放行的旅行自用品，游客应在回程时复带出境。

2. 金银及其制品

　　（1）游客携带金、银及其制品进境应以自用合理数量为限，其中超过 50 克的，应填写申报单证，向海关申报；复带出境时，海关凭本证进境申报的数量核放。

　　（2）携带或托运出境在中国境内购买的金、银及其制品（包括镶嵌饰品等新工艺品），海关验凭中国人民银行制发的"特种发票"放行。

3. 外汇

　　旅客携带外币、旅行支票、信用证等进境，数量不受限制。居民旅客携带 1000 美元（非居民旅客 5000 美元）以上或等值的其他外币现钞进境，须向海关如实申报；复带出境时，海关凭验本次进境申报的数额发放。旅客携带上述情况以外的外汇出境，海关凭验国家外汇管理局制发的"外汇携带证"检查放行。

　　关于携带外币出境的问题，国家外汇管理局 2003 年 8 月 28 日发布了《携带外汇现钞出入境管理暂行办法》。其中规定：我国出入境人员可以携带外币现钞出境，也可以按国家金融管理规定通过从银行汇出或携带汇票、旅行支票、国际信用卡等方式将外币携出境外。出入境人员携带不超过等值 5000 美元的外币现钞出境的，无须申请《携带外汇出境许可证》，海关予以放行；携带外币现钞金额在等值 5000 美元以上至 1 万美元的，应向外汇指定银行申领《携带外汇出境许可证》，经过海关查验后放行。除特殊情况外，出入境人员原则上不得携带超过等值 1 万美元的外币现钞出境。

　　综合此项规定及海关的规定，即携带外币现钞出境时，超过 1000 美元应向海关进行申报，海关允许放行的数额为 5000 美元。如超过 5000 美元，携带人应凭《携带外汇出境许可证》海关才准予放行。

4. 人民币

　　旅客携带人民币进出境，原规定限额为 6000 元，自 2005 年 1 月 1 日起限额调整为 2 万元。超出 2 万元的不准进出境。

5. 文物（含已故现代著名书画家的作品）

旅客携带运出境的文物，须经中国文化行政管理部门鉴定。携运文物出境时，必须向海关详细申报。对在境内商店购买的文物，海关凭中国文化行政管理部门钤盖的鉴定标志及文物外销发货票检验放行；对在境内通过其他途径得到的文物，海关凭中国文化行政管理部门钤盖的鉴定标志及开具的许可出口证明放行。未经鉴定的文物，请不要携带出境。携带文物出境不据实向海关申报的，海关将依法进行处理。

6. 中药材和中成药

旅客携带中药材、中成药出境，前往国外的，总值限人民币 300 元；前往港澳台地区的，总值限人民币 150 元。寄往国外的中药材、中成药，总值限人民币 200 元；寄往港澳台地区的，总值限人民币 150 元。进境旅客出境时携带用外汇购买的、数量合理的自用中药材、中成药，海关凭有关发货票和外汇兑换水单放行。麝香以及超出上述规定限值的中药材、中成药不准出境。

7. 旅游商品

进境旅客出境时携带用外汇在我境内购买的旅游纪念品、工艺品，除国家规定应申领出口许可证或者应征出口税的品种外，海关凭有关发货票和外汇兑换水单放行。

三、办理乘机手续及行李托运手续（Check-in）

协助游客办理乘机手续及托运行李，可以分成以下步骤：

（一）告知游客航空公司的诸项规定

领队应将航空公司对乘机旅客行李的规定告知游客。在办理乘机手续之前，针对一些可能出现的问题再次提醒游客。例如，如果携带了水果刀、小剪刀、发胶、定型液、100 毫升的液体、防蚊液、烈酒类、喷雾器、各式刀械等物品，请务必放入行李箱托运。请事先向航空公司了解详情。贵重物品应随身携带而不要放在托运行李中。

（二）办理乘机手续

通常航空公司对旅游团的团队游客，指定要到值机柜台的"团队"专用柜台办理（Group Check-in）。带团在航空公司值机柜台前的工作如下：

（1）交验团体所有的护照、机票办理乘机手续。领队携带全团所有游客的护照（含团体签证）、机票，到所应搭乘的航空公司（新西兰航空公司，Air New Zealand）的值机柜台前办理乘机手续。告诉值机人员整团的行李托运到新西兰的基督城。目前大多数航空公司已经使用电子机票，所以领队只需带上电子机票确认单即可。

（2）办理托运行李。领队应将客人拟托运的行李（包括领队自己的行李）在值机柜台前按照顺序依次排列，以方便托运清点。应两次清点托运行李并告诉值机人员行李托运至新西兰的基督城。在航空公司值机柜台人员将要托运的行李系上行李牌，领队在看到团体的行李进入值机柜台行李传送带后方可离去。在不能做团体办理行李托运的情况下，客人应手持护照、登机牌单独办理行李托运（如以家庭为单位）。在办完乘机手续后，需要认真清点航空公司值机员交还的所有物品。包括护照、机票、登机牌以及交付托运的所有行李票据。

温馨提示

在办理托运行李时需注意，如果需要乘坐转机的航班，行李应当托运到最终的目的地。例如从杭州飞澳大利亚的珀斯，乘坐香港港龙航空公司+香港国泰航空公司的杭州/香港/珀斯航班，虽需要在中国香港经停转机，但从杭州出发办理行李托运时，应该将行李直接托运到终点站珀斯。

（3）单独办理乘机手续。目前，许多航空公司因考虑到行李查询方便等种种原因，可能会要求乘机旅客单独办理托运行李和乘机手续。基于此，领队应带领全团乘客来到航空公司值机柜台前，先与游客讲明注意事项，然后站在一旁观看游客自行办理乘机手续，必要时立刻提供协助。同时，领队不应先于游客办理手续，而应在全团所有团员办完乘机手续后，最后再为自己办理乘机手续，以体现服务的精神。

（三）将过边检、登机所需的物品发还给游客

集体办理乘机手续后，领队应将游客的护照、机票（若是电子机票无须分发，由领队保管）、登机牌发给游客。全团行李统一托运后的所有票据，由领队自己保管存放。

温馨提示

领队一定要将所有的证件亲自发给游客，不能怕麻烦，借此机会也可以熟悉每位游客。领队将护照、机票、登机牌发给游客后，要向游客确认其手中物品是否齐全，并提醒游客要妥善保管，尤其是往返双程的（国际机票有时还含目的地国家的内陆机票），必须要好好保管，不能下飞机后就随手丢弃。许多航空公司对团队游客办妥的乘机座位号，是按照游客姓氏字母顺序排列的，因而游客中很可能一家人拿到的座位号码不在一起。领队对此应及时向游客说明解释，并表示到飞机上以后协助游客相互调换。

相关链接 🔍搜索

中国航空公司国际航班的行李托运携带规定

一、计件免费行李额

按游客所购票票价等级，每一位全价票或半价票的旅客的免费行李额为：一等舱和公务舱票价，免费交运行李件数为两件，每件最大体积（三边之和）不得超过 62 英寸（158 厘米）；经济舱和旅游折扣票价，免费交运的行李件数为两件，每件最大体积（三边之和）不得超过 62 英寸（158 厘米），但两件之和不得超过 107 英寸（273 厘米），每件最大重量不得超过 32 公斤；按成人票价 10% 付费的婴儿可免费交运全折叠式或轻便婴儿车或婴儿手推车一辆。超过规定的件数及超过规定的最大体积和重量的行李，应交付逾重行李费。

二、随身携带物品

除计重免费交运的行李额外，每一位持有全价或半价客票的旅客，还可免费随身携带下列物品：女用手提包一个，大衣或雨衣一件，旅行用毛毯一条，手杖一根或伞一把，在飞行途中用的少量读物，小型照相机一架，小型望远镜一具，婴儿食物（限旅途中食用），婴儿摇篮（限一个），供病人行动的可折叠的轮座椅一个或一副拐杖或撑架或假肢。

三、不准作为行李运输的物品

旅客的交运行李和自理行李内不得夹带易燃、爆炸、腐蚀、有毒、放射性物品、可聚合物质、磁性物质及其他危险物品。旅客不得携带中华人民共和国在运输过程中有关国家法律、政府命令和规定禁止出境、入境或过境的物品及其他限制运输的物品。旅客乘坐飞机不得携带武器或随身携带利器和凶器。交运行李内不得装有货币、珠宝、金银制品、票证、有价证券和其他贵重物品。

四、行李赔偿

如托运行李被损坏或丢失，赔偿金额应低于 100 元人民币/公斤（2.2 磅）（或等值外币）。如行李价值不足 100 元人民币/公斤（2.2 磅）（或等值外币），则根据行李的实际价值赔偿。如托运行李被损坏，应根据行李的折旧价值或修理费用进行赔偿。

五、行李声明价值

托运行李每公斤价值超过人民币 50 元时，可以办理行李声明价值，航空公司收取相应的声明价值附加费。声明价值不能超过行李本身的实际价值。每一位旅客的行李声明价值最高限额为人民币 8000 元。如此件行李丢失，航空公司按声明价值赔偿。

注：不同国家的航空公司有不同的行李托运携带规定，请查阅相关网站。

四、通过卫生检疫

《中华人民共和国出入境检验检疫出/入境健康申明卡》如图 5-2 所示。

中华人民共和国出入境检验检疫

出/入境健康申明卡

旅客须知：为了您和他人的健康，请如实逐项填报：如有隐瞒或虚假填报，将依据有关法律予以追究。

姓名＿＿＿＿＿＿＿＿　性别：　□男　□女

出生日期＿＿＿年＿＿月　国籍/地区＿＿＿＿＿＿＿

护照（回乡证、
通行证）号码 ＿＿＿＿＿＿　航班号＿＿＿＿＿＿＿＿＿

联系地址和电话＿＿＿＿＿＿＿＿＿＿＿＿＿＿＿＿

＿＿＿＿＿＿＿＿＿＿＿＿＿＿＿＿＿＿＿＿＿＿＿＿

1. 过去7天您是否与家禽或鸟类有过密切接触？　是□ 否□

2. 过去7天您是否与感染禽流感患者或疑似患者有过
   密切接触？　　　　　　　　　　　　　　是□ 否□

3. 您如有以下症状和疾病，请在"□"中划"√"

   □发热　　□流涕　　□咳嗽　□咽痛

   □头痛　　□腹泻　　□呕吐　□呼吸困难

   □精神病　　　　　□性传播疾病

   □开放性肺结核　　□艾滋病(包括病毒携带者)

我已阅知本申明卡所列事项，并保证以上申报内容正确属实。

旅客签名：　　　　　日期：　　年 月 日

体温(检疫人员填写)：＿＿＿＿＿℃

图5-2　中华人民共和国出入境检验检疫出/入境健康申明卡

（一）黄皮书查验

如果出境旅游团前往或途经的国家（地区）为传染病流行疫区，或者欲前往的国家（地区）对国际旅行预防接种有明确要求，都需要提前办理黄皮书。

并非所有国家（地区）都有需要游客出示黄皮书的要求，但有些对某些流行病检查特别严格的国家（地区），例如智利、墨西哥等国家，要求入境的外国人，均须出具预防霍乱和黄热病的接种或复种证明书。出国者如果遗忘了申办接种证明书，到达这些国家时，就可能会面临被隔离、强制检疫等。

领队带领游客在关口的卫生检疫柜台前，应接受卫生检疫工作人员的黄皮书查检。如游客未及时办理黄皮书，应按照卫生检疫的要求，现场补办手续。

（二） 特殊期间的卫生检疫

2003 年非典型肺炎（SARS）出现后，中国各出入境关口都增加了自动测量游客体温的设备，设立体温筛查制度。游客的体温如果超出规定，将被要求复查并说明理由。如发现 SARS 疑似病症，将被限制出境。

领队带领游客由自动体温计通过时，如有游客被要求复查，领队应在一旁陪伴等候。如有必要，领队应告诉客人将已填好的《中华人民共和国出入境检验检疫出入境健康申明卡》及黄皮书交给中国海关前的卫生检疫柜台。

相关链接 🔍搜索

黄皮书简介

黄皮书即《国际预防接种证书》（INTERNATIONAL CERTIFICATE OF VACCINATION），因它的封面通常是黄色的而得名。目前世界上大多数国家的《国际预防接种证书》都通用黄色封面，故"黄皮书"为国际上对《国际预防接种证书》的通用称谓。

黄皮书是世界卫生组织为了保障入出国（边）境人员的人身健康，防止危害严重的传染病，通过入出国（边）境的人员、交通工具、货物和行李等传染和扩散而要求提供的一项预防接种证明，其作用是通过卫生检疫措施而避免传染。另外，也有可能是指封面是黄色的报告或者文件。

黄皮书一般印有英文和本国文字两种文字。我国的黄皮书的封面印有《国际预防接种证书》和"中华人民共和国国家出入境检验检疫局"字样。黄皮书的有效期是按疾病种类划分的。对于预防霍乱，黄皮书的有效期为：自接种后 6 天起，6 个月内有效。如前次接种不满 6 个月又经复种，自复种的当天起，10 年内有效。

在我国，各省、自治区、直辖市的卫生检疫局签发黄皮书，并给申请人注射疫苗。旅行社组织的团队游客，通常会在行前说明会上，由卫生检疫部门的工作人员前来负责为游客注射疫苗并填发黄皮书。

黄皮书的重要作用在于，它是国际公认的卫生检疫证件，是出入各个国家和地区口岸的重要凭证。所以，必须妥善保存。如果遗忘了，就必须找回；如果丢失了，则必须重新补办。否则，在出入各国口岸时可能会遇到麻烦。

很多国家对来往某些国家、地区的旅客，免验黄皮书。但对发生疫情的地区，则检查较为严格，对未进行必要接种的旅客，往往采取隔离、强制接种等措施。

五、通过边防检查及安全检查

边防检查站隶属于中华人民共和国公安部，负责对出境人员身份及证件、签证等进行检查。通过此项检查即被允许出境。

（一）边防检查程序

1. 填写《边防检查出境登记卡》（图 5-3）

通常旅游团体出境时游客无须填写该登记卡，散客出境时游客可自行填写。

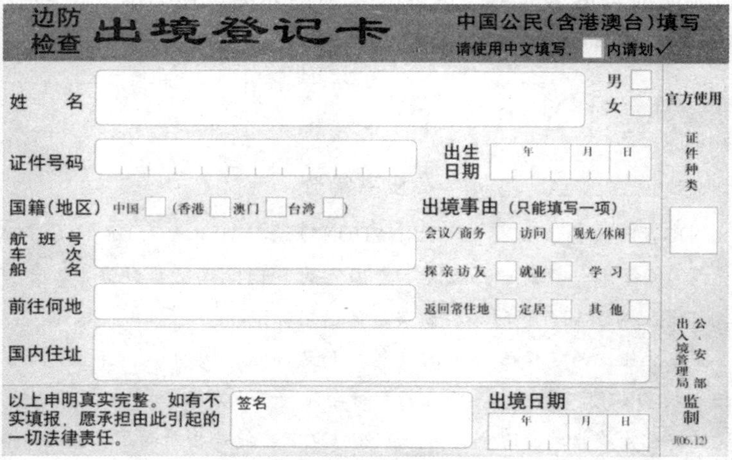
边防检查 出境登记卡
中国公民（含港澳台）填写
请使用中文填写，□内请划✓

姓　名　　男□　女□
证件号码　　出生日期　年　月　日
国籍（地区）　中国□（香港□　澳门□　台湾□）
出境事由（只能填写一项）
会议/商务□　访问□　观光/休闲□
探亲访友□　就业□　学习□
返回常住地□　定居□　其他□
航班号　车次　船名
前往何地
国内住址
以上申明真实完整。如有不实填报，愿承担由此引起的一切法律责任。
签名
出境日期　年　月　日
官方使用
证件种类
公安部出入境管理局监制
J(06.12)

图 5-3　边防检查出境登记卡

2. 接受边防出境检查

按照边防检查柜台的要求，领队带领游客按照《中国公民出国旅游团队名单表》的排列顺序依次接受边防出境检查。游客需出示本人护照（含有效签证）、国际机票、登机卡。边检人员对护照、签证查验完毕，在护照上加盖出入境验讫章后，将护照、机票、登机卡交还旅客，则边检手续完成。

我国现行法律规定，对具有下列情形的人限制出境：①刑事案件的被告人或者犯罪嫌疑人；②有未了结民事案件的个人；③违反中国法律行为尚未处理，经有关主管机关认定需要追究法律责任的个人；④未持有效证件或者持用他人的出境证件，持有伪造或者涂改的出境证件的个人。

温馨提示

如团队签订的是团体签证（Group Visa）或到免签国家旅行，领队应出示《中国公民出国旅游团队名单表》及领队证、团体签证。所有游客需按照名单表中的顺序排队，逐一通过边防检查。旅游团队在通过边防检查时，领队应始终走在前面，要第一个办妥手续，然后在里面游客可以看到的地方站立等候游客。对完成边防检查的游客，领队可先指引团员继续前去进行登机前的安全检查。待团体所有团员通过边检人员的审核后，《中国公民出国旅游团队名单表》中除边防检查站入出境联被边检人员留存以外，领队应将剩余的边防检查站入境验收联、旅游行政管理部门留存联、组团社留存联收回。

（二）登机前的安全检查

领队带领游客经过登机安全检查时，要提醒游客主动配合机场安检人员，避免与其发生纠纷。

温 馨 提 示

安全检查是世界各国普遍采用的一种查验制度。我国机场实行国际上通用的安全检查方法，对身体及随身携带行李检查方式有以下几种：搜身、用磁性探测器近身检查、过安全门、物品检查、用红外线透视仪器检查。2001 年 9 月 21 日民航总局、公安部联合发布《关于民用航空安全的通告》，严禁旅客将枪支（含各种仿真玩具枪、微型发射器及各种类型的攻击性武器）、弹药、军械、警械、爆炸物品、易燃易爆物品、剧毒物品、放射性物品、腐蚀性物品、危险溶液及其他禁运物品带上飞机或夹在行李、货物中托运，禁止旅客携带任何刀具乘坐民航飞机。

（三）等待登机

在完成了以上各项手续后，领队就应马上带领游客到登机牌上标明的登机闸口的候机区等候登机（图 5-7）。要提醒游客注意听广播，以免误机。目前许多航空公司规定，为保证正点，旅客未能及时赶到，飞机也会关闭舱门甩客飞行。

温 馨 提 示

航空公司登机的操作方式是：登机开始时，先让乘坐头等舱、公务舱的乘客以及航空公司俱乐部金卡成员（例如中国国际航空公司知音卡金卡会员、中国东方航空公司东方万里行金卡会员）先登机；然后，请怀抱婴儿的乘客、老人、孕妇及残障人士登机；最后，请余下的乘客登机。在请余下的客人登机时，有些航空公司还会将持飞机后舱登机牌的乘客先登机，然后让入座中舱座位的客人登机，最后，请入座前舱座位的乘客登机。这样的安排会使客人的登机比较有序，方便管理。

第二节　旅途飞行途中

办理完中国方面的全部出境手续后，直到抵达目的地国家，办好入境手续、与当地导游会合之前，领队始终一人对出境旅行社派出的整个旅游团队进行负责。其间在飞行当中，领队无法与外界通过电话进行联络和工作请示，发生任何事情都需要领队一人拿主意解决。

出境旅游的空中飞行时间通常较长，一般少则一两个小时，多则 10 多个小时或 20 多个小时。领队应充分利用机上的时间，对团队进行熟悉。这段时间内，领队可以从事的事情包括：

（1）再次预习接待计划，应特别注意游览城市之间的衔接、转换。

（2）拿出资料书籍，预习行程中所涉及的不熟悉的景点。

（3）及时记录下来中国出境时发生的一些事情。

（4）寻找话题适时与游客交谈，建立融洽的关系。

（5）此外，领队还应处理好以下几方面重要的工作。

一、为游客提供乘机当中的诸项帮助

（一）协助游客调换座位

登上飞机后，领队应当尽可能地帮助游客调换座位，让游客的家庭成员之间坐在一起。领队自己的座位，以靠近中间通道为妥，而不应选择靠近窗口的座位，这样可以较为方便地起身照顾游客。

（二）游客的特殊用餐要求

领队应将团体中的一位素食者对用餐的要求告知空乘人员，以便其及早准备。

温馨提示

团队当中如果有用餐方面有特殊要求的游客，如伊斯兰教清真餐、素食者餐、儿童餐等，领队应当及早与机上空乘人员进行沟通。领队在出发前的行前说明会上已经了解过某些游客的特殊用餐要求，应该做到心中有数，此时无须再向游客问询。空乘人员送来饮料时，如游客不清楚或不知道如何要什么饮料，领队也应起身去为游客提供帮助。领队应先轻声询问游客，再转告空中服务人员，尽量满足游客的要求。

（三）熟悉飞机上的救生设备

领队应熟悉飞机上的救生设备的使用和安全门的设置，登机后认真听取空乘人员的讲解演示。一旦空中飞行期间发生意外，领队首先需懂得如何使用救生设备及开启安全门，并在需要时向团内游客讲解。

温 馨 提 示

根据国际航协（IATA）的统一规定，写在所有国家的相关法规里：在飞机紧急出口（Exit Row）座位上的乘客必须能够与空乘人员进行有效沟通交流，即会说英语或航空公司所属国的标准语言。例如，在美国的很多航空公司，乘客机票订座或者办理登机手续的时候，如果选定是在紧急出口座位，航空公司都会特别提示，乘客需要满足一定的条件，包括语言条件和要在必要时进行协助的意愿；而在上机后，空乘人员还要专门询问一遍坐在紧急出口边的乘客，如果不满足条件的要在机上换座。

通常航空公司不安排以下人员就座紧急通道旁的座位：未成年人；肢体运动不够灵敏的旅客（如残疾人）；缺乏阅读和理解有关紧急撤离指示的文字或图表的旅客；缺乏理解机组人员口头命令能力的旅客；视力、听力和口头传达能力较差的旅客。在乘坐境外航空公司的国际航线时，领队往往会被安排在这排座位上。

（四）回答游客的其他提问

飞行当中，游客经常问的问题就是抵达时间、目的地的天气以及目的地最值得看的景观等。领队应当随时保持清醒头脑，认真看飞机上电视屏幕的显示，记住抵达时间和飞行时间，一有游客询问，立刻回答。这样领队可以给游客留下干练和头脑清醒的印象。游客对领队产生信任感，为日后的工作提供便利。

二、帮助游客填写入境表及海关申报表

在飞往新西兰奥克兰的飞机上，领队需要做的最重要的一件事，就是帮助全团游客填写新西兰入境卡及海关申报表。

（一）填写新西兰入境卡

不同国家的入境卡不但格式各不相同，名称也不完全一样，有 Arrival Card、Immigrant Card/Form、Enter Card/Form、Inspection Card、Landing Card、Incoming

Passenger Card、Disembarkation Card 等多种叫法。入境卡的内容包含姓名、性别、出生日期、国籍、职业、在逗留国家的住址、护照号码、签发地点、签发日期、旅行目的、随行人数、是否与旅游团一起来、旅客签名、出发机场、航班号等。

温 馨 提 示

　　一些国家的入境卡是印制在左右一体的卡片上，在填写入境卡的时候出境卡部分也需要填写。入境时，入境检查官员会将出境卡部分折下，再将其卡用订书机订在护照内。出境时无须再填写出境卡。

（二）填写新西兰海关申报单

　　除了需要填写入境卡外，还需要填写一份海关申报。海关申报单的内容有：姓名、出生日期和地点、国籍、航班号、居住国、永久地址、在逗留国家的住址、随行家属姓名及与本人关系、签证日期、签证地点，随身携带物品，如现金、支票、手表、摄像机、黄金、珠宝、香烟、酒、古董等。新西兰入境卡（含海关申报单）如图5-9所示。

温 馨 提 示

　　有些国家（如澳大利亚、新西兰）对动植物出入境控制很严，甚至少量水果也不允许带入境。并非所有的国家都需要填写海关申报单，在不需要海关申报单的国家，领队可省却这项工作。各个国家的海关申报表单都不相同，但其中的内容大多一样。有些国家的入境卡和海关申报单是连在一起的（如新西兰），通常是正面是入境卡，反面是海关申报单。

（三）领队需要代游客填写入境卡及海关申报单

　　旅游团所需的多份入境卡及海关申报单可以向空乘人员统一索要。这些表格通常会用目的地国家文字和英文标明，填写时可使用英文填写。代游客填写所有的入境表格，是领队的工作职责之一。在一些航程较短的航线，飞行时间只有1个多小时，除去飞机上升和下降、用餐的时间外，领队填写这些入境表格的时间会十分紧张，因而需要抓紧时间填写（或者在出发前就已经填写完旅行社储存的目的地国家入境表）。有些英语较好或者懂目的地国家语言的游客以及愿意自己填写的年轻游客，领队不妨指导他们自己动手填写。通常游客自己填写时，会对入境国家的联系人、下榻酒店等项目不太清楚，领队应及时提供帮助。

温 馨 提 示

模拟训练中，针对飞行途中游客可能会提出的问题，例如飞行时间、抵达时间、目的地的天气等，进行讨论与分析。同时，也要让每个学生可以发表自己的观点，在分析与发表意见过程中，启发学生的思考与理解力。

第三节　目的地国家（地区）入境手续

飞机抵达新西兰奥克兰国际机场后，要办理一系列的入境手续。这些手续大致包括卫生检疫关、海关、移民局等几项。各个目的地国家（地区）对所需要办理的手续顺序并不一致。境外国家的入境，大致的流程如图 5-4 所示。

温 馨 提 示

各个国家（地区）的入境，不仅步骤先后不同，而且入境检查的项目和需要递交的材料也不一样。有的国家仅有入境边防（国外被称作移民局 Immigration 或护照检查 Passport Control）一项检查，还有的国家，如瑞士、芬兰、阿联酋等，入境甚至不需要填入境卡。

入境检查在许多国家是由移民局的官员来担任。但在某些国家，全部是由警察来担任。例如，法国的入境检查就全部由警察执行。边防警察主要负责身份证件的检查，在机舱口进行证件检查或在机场入关处证件检查；海关警察检查主要负责过境旅客所携带物品的检查。

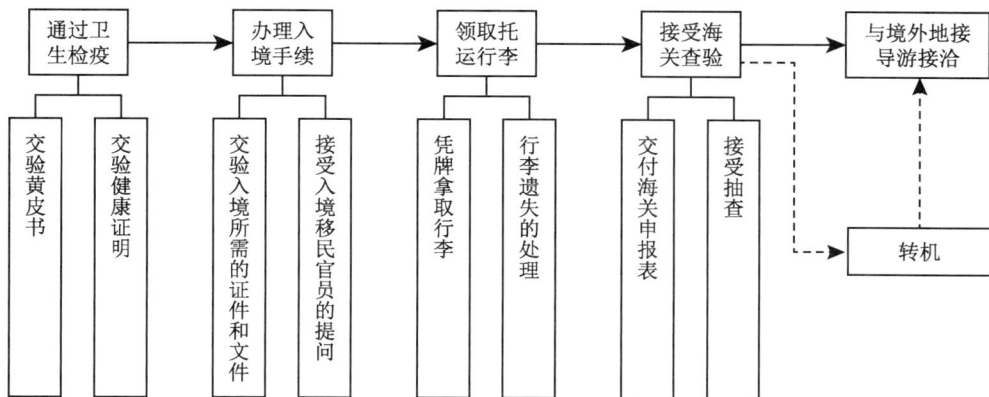

图 5-4　目的地国家（地区）入境流程

一、通过卫生检疫

各个国家的卫生检疫的形式有许多不同，有的需要查验黄皮书和健康申报单，有的则完全不需要填写，只是对入境游客进行检视，发现患病游客时加以询问。

（一）黄皮书查验

需要查验黄皮书的一些国家，例如智利、墨西哥等国家，要求入境的外国人，均需出具预防霍乱和黄热病的接种和复种证明书。团队如到那里旅游，领队带领团队经过当地的卫生检疫柜台时，要将黄皮书拿出来以供检查。

（二）健康申报单

在入境时，一些国家要求游客填写一张健康申报单。这张健康申报单的内容，多是对一些疾病的询问，例如，是否患有精神病、麻风病、艾滋病、开放性肺结核，是否来自鼠疫、霍乱、黄热病等疫区等。有些国家的健康申报项目是与入境卡放在一张纸上，卫生检疫柜台与入境检查柜台也合二为一。

二、办理入境手续

领队带领游客沿"新西兰移民入境"（Immigration）或"护照检查"（Passport Control）标志找到入境检查柜台，并在有"外国人入境"（Foreigner）标志的任一通道前排队。提醒游客不能抢行，保持安静并在一米线后等待移民局官员的查验。

温 馨 提 示

通常在入境检查柜台前，执勤人员会引导团队游客通过专用通道办理入境。有些国家，如日本、韩国，对持有团体签证的旅游团会让客人先通过，而领队最后需拿到移民局盖有的"已入境检查"的字样章后，方可离开入境检查柜台。领队需提醒游客，在入境柜台前不能照相，也不能大声喧哗。

（一）向入境检查人员交付入境所需的证件和文件

领队站到入境检查柜台前后，首先应礼貌地向入境检查人员打招呼。向入境检查人员交付护照、签证、机票、入境卡即可（也有的入境官会要求领队出示当地国家的旅行社的接待计划或行程表）。

温 馨 提 示

　　虹膜扫描（iris scan）仪能够通过对眼睛虹膜的扫描，准确地辨认出所有过境旅客的身份。入境检查人员可以完全凭借扫描结果来判断是否要让旅客通过。这个精确的系统在辨认身份时，可谓万无一失。每个人眼睛瞳孔周围的虹膜，都各有特点。即使连双胞胎，虹膜的特征也不会完全一样。而且虹膜的结构和特征是终生不会改变的，所以它的稳定性要比指纹来得高。人们不可能通过改造虹膜来掩饰自己真正的身份。机场安全也因此有了更高的保障。

　　印度尼西亚雅加达机场、荷兰希斯普霍尔机场、英国希斯罗机场、德国法兰克福机场、阿联酋迪拜机场以及美国一些大机场等，在对游客进行入境检查时都通过虹膜扫描的方式来确认旅游者的身份。

（二）接受入境移民官员的提问

1. 可能被问及的问题

　　入境检查官员可能会就入境的原因进行简单的提问。可能被问及的问题如下所示：

（1）你是第一次来我国吗？

　　Are you the first time to visit our country?

（2）来我国访问的目的是什么？

　　What is the purpose of your visit?

（3）你计划在我国哪几个城市游览？

　　What cities do you plan to travel in our country?

（4）团队共有多少人？

　　How many people are there in your group?

（5）打算在我国逗留多久？

　　How long do you wish to stay in our country?

（6）你将要下榻哪家酒店？

　　Which hotel are you going to stay?

（7）当地负责接待你们团的旅行社是哪一家？

　　What is the local travel agency for receiving your group?

（8）你随身携带的现金有多少？

　　How much cash do you carry with you?

2. 领队的回答

领队及游客面对入境移民官员的诸项提问不必过分担忧，要予以配合，从容如实回答。若移民官员有疑问，可将当地国家负责接待此团旅行社的总经理姓名及电话告知移民官员，就以上移民官员的提问，领队应回答如下：

（1）我是第二次来新西兰，但我的客人是第一次来。

This is my second time to visit New Zealand, but my guests are first time.

（2）我是领队，客人来新西兰访问的目的是旅游。

I am tour director of group. My guests' purpose of visiting New Zealand is traveling.

（3）我们计划在新西兰的奥克兰、基督城、皇后镇及罗托鲁瓦4个城市游览。

We plan to visit Auckland, Christchurch, Queenstown and Rotorua.

（4）包括领队在内，团队共有 18 人。

There are 18 people in total of the group including the tour manager.

（5）我们打算在新西兰逗留 7 天。

We plant to stay in New Zealand for 7 days.

（6）抵达新西兰首个城市基督城下榻的酒店是 Elms Hotel。

The hotel which we are going to stay in Christchurch is Elms Hotel.

（7）当地负责接待该团的旅行社是新西兰中国旅行社有限公司。

The local travel agency for taking this group is New Zealand China Travel Service Co., Ltd.

（8）每位客人携带现金均在 2000 新西兰元以内。

Every guest carries cash less than NZD 2000.

温 馨 提 示

持有效护照及签证并不能保证一定可以入境。入境检查人员会核对"黑名单"，看看该外国人是否在榜上。如果某人以往曾在该国有过不良记录，比如曾被递解出境，则再次入境就会有麻烦。旅游团如果所持的是另纸团体签证，则需要听从入境边检站前的警官指挥，到指定的柜台办理。领队应走在团队的最前面，以便交付另纸团队签证，并准备回答入境检查官的提问。

（三）完成入境检查

入境官审验领队及客人的护照无误后，在护照上加盖入境章，并把护照、机票归还。至此，领队及游客即通过入境关，正式进入新西兰。

温 馨 提 示

许多入境检察官会在完成对入境游客的审查后，对游客说一声"祝您旅游愉快"的问候。领队及游客应礼貌地予以回应"谢谢你"。即使入境检察官没有说话，取回证件时也应当不忘说一句"谢谢"。当然，如果能用当地语言来表达，则更能被检察官接受。

三、领取托运行李

通过入境检查后，领队及游客可使用机场提供给入境旅客的行李车（大部分机场为免费使用，但不排除有偿使用的情况），从机场行李区域的电子指示牌上找到此次所乘航班 NZ286 的行李转盘位置 No.9，认领游客各自的行李。领队在确认自己及每位游客的托运行李都拿到后，带客人一起去办理入境所需的下一项手续，即接受海关检查。

温 馨 提 示

如果托运的行李被摔破，或者被遗失，乘客要立即持行李牌到机场行李部门进行查询。如确认丢失，领填写行李报失单，交由航空公司处理。领队应记下机场服务人员的姓名及电话，以备日后询问。

根据国际航空协会（IATA）规定：行李于国际运输过程中受到损害，应于损害发生7日内以书面形式向承运人提出索赔申诉。但多数航空公司希望乘客最好能在机场就与航空公司取得联系，不然的话，事后还需要另外填写一份报告书，解释为何没有立刻发现行李毁损，并需要提供相关证明。

航空公司托运行李经常还会出现行李未能随乘客一起抵达的情况。通常航空公司会给乘客以适当的补偿并发放一些盥洗用品，并负责在行李抵达后将行李送至乘客下榻的饭店。领队应将入境后入住的第一家酒店的名称、地址、电话告诉机场工作人员，以便其将行李准确无误地送至客人下榻酒店。

行李破损时，要请机场行李部门或航空公司代表开具书面证明，证明行李是因航空公司的原因受到损坏或者丢失，以便日后与保险公司交涉赔偿。旅行社为每位游客所上的"旅行社责任险"，其中有对行李破损和丢失进行赔偿的条款。

四、接受海关查验

领队应负责地向游客说明各国的海关规定，并认真负责地填写海关申报单。如果客人无申报则带领客人走"绿色通道"，反之则走"红色通道"。

对各国海关的不同规定，领队应多从各国使馆的网页中查询，出行前应做到心中有数，避免正式出发后在入境各国时遇到麻烦。新西兰是一个岛国，不像其他国家那样广受病虫害和疾病的困扰。许多产品，如食品和动植物制品等，都不被允许带入新西兰。这些类型的物品可能会带来境外的病虫害和疾病威胁。因此，新西兰的入境检查非常严格并需花费很长时间，领队应提前告知客人。

在旅客的通关过程中，领队对海关官员提出的有关旅游团情况的询问的解答往往决定了旅游团过海关的速度。

（一）海关入境检查方式

世界各国海关对外国旅客或非当地居民的检查，常有四种情况：免检、口头申报、填写海关申报单、填写海关申报单并开箱检查。每位入境旅客在交付申报单后，也需要打开行李接受检查。一般较常遇到前三种做法，而较少遇到最后一种做法。

（二）领队带团通过海关

通常的海关会设置在移民局后，领队带游客履行海关抽查，把申报单交付海关人员后，即可离开。

温 馨 提 示

海关工作人员的权力比较大，可以直接对当事人进行搜身检查。领队应当告诉游客，如海关人员进行搜查，应当服从并配合检查而不要与之争执。海关人员要求查验旅客证件时要予以配合，如要求开箱检查，要立刻自行打开行李接受检查。如果海关人员示意通过，则要携带行李迅速离开。

第四节　旅途中转机

领队带领游客在目的地国家或地区（新西兰奥克兰）国际机场出海关后，要办理转乘国内航班的手续。这些手续大致包括国际抵达处到国内出发处的转移、行李再托运、安检登机。

一、国（境）外转机

（一）国际航班转目的地国家或地区国内航班

领队带领游客从国际抵达处（International Arrival）转移至国内出发处（Domestic Departure）时，游客将拖着所有的行李步行抵达国内出发处。在大型的飞机场，如奥克兰国际机场，由于国际航站楼与国内航站楼的距离较远，机场会安排游客乘坐穿梭巴士抵达国内出发处。此次小许带领的新西兰团就需要乘坐穿梭巴士前往国内出发处办理NZ539 次航班的行李再托运的工作（奥克兰到基督城的登机牌已在上海取得）。

温 馨 提 示

奥克兰与基督城均为国际机场，但往往是以抵达目的地国家的第一个机场作为入境口岸，或是以离开一个国家的最后一个城市的机场作为离境口岸。同样的运作也发生在中国的航空公司：中国南方航空公司飞行的杭州/广州/迪拜及杭州/广州/墨尔本，厦门航空公司飞行的杭州/福州/新加坡，就是以广州或福州作为出境口岸的。因此，领队抵达目的地国家的第一个国际机场入境时，一定要带领客人先过移民局，将行李取得后，再转移到国内航班。

（二）国际航班转国际航班

若游客乘坐的国际间航班的转机均是同一航空公司的航班，游客往往是在出发地就已经取得两程航班的登机牌，行李通常是直挂到最终目的地，也就是说客人在转机时无须拿出行李再次办理行李托运。例如，新加坡航空公司飞行的上海/新加坡/开普敦，荷兰航空公司飞行的杭州/阿姆斯特丹/利马。

温 馨 提 示

转机时间如果超过 4 小时以上，通常可向航空公司领取饮料券（soft drink coupon）；如果时间超过6 小时以上，则可领取点心券（snack coupon）。转机时，要留意登机门号码可能临时会变更，因此要随时查看电视荧幕（monitor）或告示墙的资讯。

二、行李再托运及安检登机

领队带领客人抵达下一程航班（NZ539）的登机处，将托运的行李放上传送带以完成行李再托运（Bag Drop）的流程。接下来带领客人去安检及登机。

温馨提示

在再托运行李的过程中，领队要观察是否每一位客人将要托运的行李放上传送带，并关注每一件行李上是否仍挂有在上海已取得的两程行李标签。

三、与境外导游接洽

在抵达目的地国家转机后的城市（基督城）后，领队应举旗，带全体游客到出口与前来迎接的新西兰导游徐先生（Kevin）会合。领队与新西兰导游徐先生见面后，主动与他交换名片，并进行简单的工作交流。内容包括：

（1）自我介绍及团队简单情况，包括人数等。确认相互身份，以避免接错团。

（2）问清楚行程是否有变化。

（3）确认机场与景点的距离和行驶时间。

（4）清点好托运的行李，照顾客人和行李上车。

第五节　出境旅游领队在境外带团期间的主要工作

目前领队所带领的 17 人旅游团已经抵达了新西兰的基督城。领队在境外带团期间的主要工作是围绕着为游客安排好食、住、行、游、购、娱等几项工作进行的。每一项工作的完成，领队都需要做到心中有数。团队在境外旅游期间要在以导游为主、领队为辅的前提下开展工作，保证接待计划的圆满完成。

游客参加出境旅游的最终目的，是感受在境外国家（地区）的整个旅游过程。经过出入境、乘坐飞机的繁复的过程抵达了所要前往的目的地国家（地区），就是为了寻找和体验在境外游览观光、住宿用餐、造访交流、购物逛街等的真实感觉。

境外的接待旅行社，是中国国内具有出境资质的组团旅行社的合作伙伴。整个旅游行程的完成，必须要有合作伙伴的有效配合。在旅行游览的全过程中，整个旅游产品（线路）的实施是通过领队的优质服务来贯穿其中的。

在境外旅游期间，领队为游客提供的许多服务是要通过与当地导游的配合共同来完成的。旅行计划中所涉及的食、住、行、游、购、娱各项要素的实现，都需要在以当地导游为主、领队为辅的合作过程中进行。出境游领队在境外带团期间的主要工作如图5-5所示。

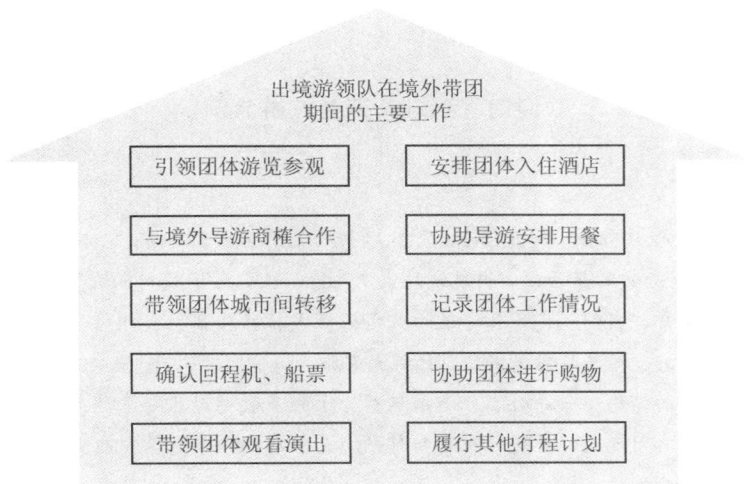

图 5-5 出境游领队在境外带团期间的主要工作

一、出境游领队与境外导游的工作配合

为确保旅游计划的实施和完成，领队应尽力配合当地导游的工作。但是，领队也应当始终记住自己所担负的"督促接待社及其导游员按约定履行旅游合同"的责任。

（一）出境游领队要以欢迎词引出导游

领队是一个出境旅游团队的核心，因而团队运行过程中的所有环节衔接，都应由领队来做。旅游团队的游客经过一堆烦琐的手续入境他国，面对异国新奇的环境，自然会有一种陌生的感觉。此时，就需要领队出场帮助游客调整好情绪。旅游团抵达任何城市的时候，最先讲话的都应该是领队。

从机场出来，游客坐上旅游车，领队就应当开始第一次正式讲话。此讲话需要领队预先认真准备，讲话的时间不宜过长，但要言简意赅。讲话内容大致应该包括如下几项：

（1）代表国内组团旅游公司（旅行社）感谢游客参加某条线路的出境旅游。

（2）对游客经历了漫长的旅程顺利抵达目的地表示祝贺并预祝游客在目的地国家（地区）的旅行顺利愉快。

（3）表达领队本人愿为游客提供优质服务的真诚愿望。

（4）向游客介绍目的地国家（地区）导游。

相关链接 🔍搜索

欢迎词（以赴新西兰旅游为例）

各位贵宾：

下午好！

首先允许我代表××旅行社欢迎各位参加"纯净新西兰南北岛8日游"。经过11个半小时的国际航线以及1小时15分钟的新西兰国内航线的空中飞行，我们终于顺利抵达了新西兰南岛第一大城市——基督城。由此，我们5晚8天的新西兰之旅正式拉开帷幕。我相信在8天时间里我们能在南半球度过一个美好、难忘的完美假期，预祝大家旅途愉快。

我是本次旅行团的领队——许××，在行前说明会上和多数游客已经见过面。在以后的几天时间里，我将陪伴大家共同度过一段美好的假期时光。大家有任何事情需要我来帮助解决，尽管跟我说，我将非常乐意为各位服务。

我们此次旅游在新西兰的接待旅行社是新西兰中国旅行社，徐××先生是我们在新西兰南北岛旅游的导游。下面我们欢迎徐××先生为大家来做新西兰的介绍，先为我们介绍南岛第一大城市——基督城这座花园城市的风土人情（鼓掌声）。

——资料来源：作者编写。

导游在这样的情形下出场，就会显得十分自然流畅。

需要避免的是，从机场出来，导游指挥大家上车后，直接就开始介绍国家（城市）。这样的做法会使领队的作用削弱，程序的衔接上也显得生硬。

领队与导游刚一见面，就需要悄悄叮嘱导游，只有在与领队进行工作沟通交流之后，才能向游客宣布行程安排等内容。

（二）出境游领队与境外导游进行沟通的主要内容

（1）按照行程表逐项对照。领队与导游首先应对照双方所持的行程计划表是否一致。确认入住酒店、游览景点、停留天数、离开时间、抵离某地的交通工具等大项。如发现双方行程表信息不对称的内容，应当马上请导游与境外接待社联系。然后，双方需要对行程表当中所涉及的住宿、用餐、自由购物、观看表演（秀）等诸多细节进行沟通与讨论。可以按照旅游团在每一地停留的天数逐项叙述。导游有时会提出调整行程的建议，如其建议对整体计划无大碍，领队应同意，并在原有的计划表中进行记录和更改。找合适的机会将更改的内容告诉客人。

（2）领队需要将所带团队的特殊性向导游介绍。为方便导游及时安排准备，领队应向新西兰导游介绍该团的成员组成，有董事长及总经理、教师、大学及中学生、私营业主、退休人员及家庭主妇等，对异国历史文化兴趣较浓，名单上的8、9号为新婚夫妇，有一个成员全程食素，请导游提前与餐厅联系。

（三）出境领队与境外导游的交流需要贯穿在整个行程中

（1）领队为方便与导游沟通应在旅游车的第一排就座。平日游览期间，领队应始终在旅行车的第一排就座。距离导游较近，可以方便与导游之间随时进行沟通。领队与导游的沟通，有时需要近距离小声商量。例如，在介绍团队构成、团队中游客的特点等情况时，需要稍稍避开游客。如果领队要与车内的游客进行交流，可以在车辆行驶时，往后面走动。

（2）行进中出现的问题。游览当中，如果遇到严重交通堵塞、天气突变、航班延误、餐厅满座、大巴故障等情况，导游与领队就需要即时商定解决的办法，需要对当日行程进行必要的调整。如果仅是前后次序的调整，领队仅与导游商定即可，但需要向游客说明；如果调整牵涉到行程游览项目的取消，则必须由领队在征询游客的意见后再行决定。

（3）领队应向导游反馈游客意见。因领队地位的特殊性，领队与游客的关系较导游与游客之间的关系更为密切。所以，游客的意见和要求，可以由领队向导游进行反馈。

二、酒店入住、游览、用餐和退房

（一）游客入住酒店

领队与客人乘坐 NZ515（1010/1130）次航班从奥克兰飞抵了基督城。领队与导游一起核对了行李。之后驱车前往美丽的梯卡坡湖地区入住 Peppers Bluewater Resort 度假村。

领队根据预先准备的分房表，给客人分配房间，入住酒店。此团共需 9 间双人间，其中 1 间大床房，3 间房要求相邻房。然后请酒店前台接待员帮助复印若干份分房表，领队留底后将复印件交导游及前台留存备查。领队从前台接待处拿到酒店客房钥匙后，应将团员集中宣布下列事项：

- 次日早上的叫早时间
- 早餐的时间和地点
- 下一次集合的时间和地点
- 次日早上收行李时间及其大厅放置位置
- 房间对房间及外线电话的拨打方法
- 宣布领队房号
- 酒店及房间内的特殊设备使用方法
- 酒店电梯的位置及乘坐方式
- 说明房间钥匙的使用方法

温馨提示

入住酒店办理手续的工作，常常是由领队亲自担任，导游只是在一旁协助。因为分房名单在领队手中，填写房号、分发钥匙的工作由领队直接来做更为方便。

无论是第一次出国还是出国多次的游客，入住不同的酒店，也需要了解酒店的各项情况。领队在发钥匙给游客之前，要特别提醒导游或自己对酒店的设施进行介绍。

（1）付费服务。收费电视、要求服务生送热水、送房服务等需要支付小费。为了环保，国外有些酒店的卫生间，除了毛巾和小香皂外，其他物品，如牙刷、牙膏、梳子、浴帽等，都需要向服务生领取，有时需要额外付费。另外，酒店的健身房、游泳池等，如需付费，领队要一一为游客解释。

（2）使用房间设备时特别的注意事项。欧美酒店客房的水龙头打开就可以直接饮用，但在东南亚一些国家及埃及、土耳其等国就不能直接饮用。游客使用热水杯，应注意不能烫坏房间桌面；不能用房间台灯烘烤洗过的衣物；不能用房间内的热水器煮方便面；不能在无烟房吸烟；欧洲、澳洲一些酒店浴室比较小，洗衣、洗澡时不能让水流淌出来，以致弄湿地毯。

（3）把自己的联络方式、房间号码告诉所有游客。领队在分发钥匙前，应先宣布自己的房号。在分发完全部钥匙之后，再重申一次自己的房间号码，并告知游客房间与房间如何拨打电话，以方便领队与团员，团员与团员之间的沟通。

（4）将酒店的名片发给每位游客。领队可向酒店的前台索取酒店名片发给客人，以便客人离开饭店后自由活动可以安全返回。领队要告诉游客，乘坐出租车时或迷路时，可出示名片，寻求他人的帮助。

温 馨 提 示

领队可在游客入住酒店约 30 分钟后进行查房工作。情况许可时，最好亲自巡视所有团员的房间。告诉客人空调、电视和保险箱等的开关方式、检查电器是否有故障、钥匙的使用、安全的顾虑等。如果抵达酒店的时间实在是很晚的话，领队可以通过电话查房的方式来完成。

（二）领队在游览当中的主要工作

行程的第三天早上，领队小许准备带领客人去游览。

（1）游览开始时领队要告诉游客当日行程。要让游客对旅行团当日计划心中有数，因而领队及导游每天上车后，除了向游客问好之外，首先要宣布的事，就是当日的行程安排。并且在一天当中，还要多次提及。例如在午后，对当日下午的行程，应再予重复，以便使游客保持清晰的认识并树立遵循计划的意识。

（2）提前告知游客次日行程。当天游览结束后，领队或导游应该将次日的全部行程、出发时间和注意事项提前告诉游客，特别是如果第二天的行程中有对着装的要求（比如参观泰国大皇宫），或晚上有活动安排返回酒店时间会很晚的时候（如观看演出），更应该着重提醒游客。

温 馨 提 示

抵达某地首日，领队与导游就应将该地的计划行程告诉游客。团队如果要在一个城市停留 2 天以上，抵达当日领队就应将在当地的全部行程告诉游客。旅游团在某地的游览参观，常常会因为交通、天气等原因进行调整，不一定会完全按照游客手中的行程表来执行。领队在与导游进行行程磋商后，要将调整后的行程及时向每一位旅游者宣布。

（3）领队应协助导游完成对旅游景点的讲解工作。进行游览景点及游览途中的导游讲解，是当地导游的最主要工作。领队应监督当地导游完成这项工作。领队在导游的讲解过程中，应给予辅助。如果导游对其中的部分内容讲解不清，或因导游可能会涉及的人名、地名的中文翻译的差异，领队在旁可轻声提醒导游或者在导游讲解完以后，领队向游客做一些补充解说。

（4）游览过程中领队的站位和主要作用。抵达每一处景点，领队及导游应告诉游客在景点停留的时间，以及参观游览结束后集合的时间和地点（通常领队和地陪会选择一处有明显标志的地方作为集合点），还应向游客说明游览过程中的注意事项。要告诉游客，如果没有跟上团队走散以后，在哪里可以和大家会合，并建议已经开通国际漫游的游客把手机打开，以便在其落队后进行联络。在游览中领队主要的工作任务是组织协调，随时清点人数，以防游客走失。因而，领队的站位应始终走在团队的最后，与导游形成首尾呼应。

（三）游客就餐时的服务

行程的第三天，导游徐××先生与领队小许带着游客乘坐大巴途经美丽的梯卡坡湖区与有着南阿尔卑斯山之称的库克山。最后，到达了新西兰美丽的度假城市皇后镇。现在是午餐时间，领队小许应做如下工作：

（1）向旅游者简单介绍被美国有线电视网（CNN）评为最佳景观餐厅之一的山顶海鲜自助晚餐的特色。

（2）引领游客搭乘天空缆车到餐厅入座，并介绍餐厅的有关设施，如自助餐台摆放的位置、洗手间的位置等。

（3）向游客说明饮料及酒水的类别，并告诉哪些是含在自助餐里的，哪些是要游客自己支付费用的。

（4）介绍新西兰的用餐礼仪。基本是按照西式的用餐要求。即用餐时，以使用刀叉为主。

？ 温 馨 提 示

游客用餐中，领队应巡餐，即查看游客是否有需求（如调料、公勺、水等），菜量是否充足。游客如要购买啤酒、饮料，领队应提供语言翻译上的帮助。中国旅游团队通常吃饭速度较快，领队应适应这种快节奏。领队通常会与导游一起用餐，在照顾完游客后，要加快吃饭速度，以免游客吃完饭后走散。

领队应当将国外的一些用餐规矩告诉游客。例如，在吃自助餐的时候，一次不要拿太多，拿的食物一定要吃完；餐厅中的食品与饮料不能带走；在开放有冷气空调的房间，一般不允许吸烟。注意用餐文明，用餐时不能大声喧哗，避免影响餐厅中的其他客人。

欧式早餐较简单，而美式早餐较丰盛。部分中国游客对欧式早餐和美式早餐没有概念，往往会因此而引发争议。以往的中国旅游团在欧洲旅游期间用欧式早餐，曾有与餐厅发生争吵的先例。如果旅行社为游客预订的是欧式早餐，一定要提前向游客解释清楚。

（四） 离开所下榻的酒店

领队与游客在新西兰南岛皇后镇的 Heritage hotel 酒店入住两晚以后准备离开。领队提前将一些注意事项告诉游客。在旅游团离开皇后镇的前一天，领队应与导游磋商并确定第二天的离店时间，将移交行李和出发集合时间等通知游客。具体为：7：00 叫早；7：30 出行李；7：45 用早餐；8：30 出发。离开酒店后，大巴将带着游客和行李赴皇后镇市区，让客人闲逛，然后坐大巴赴机场飞往奥克兰。

（1）提醒游客提早与酒店结账。游客在入住酒店房间期间的消费：如拨打国际长途、观看付费电视、使用房内小酒吧、洗衣服务、送餐服务、使用房间内的付费物品等个人消费，应当提前与酒店结清。最好避开团队结账高峰时间，也可以让游客在离店的前一天晚上去前台结账。领队应负责催促办理并协助游客完成结账（如领队预先赴前台将私人消费账单打出来，交给游客）。境外酒店多实行"诚信式结账"，即由客人自报使用的房间内物品，在账单上签个人姓名，支付后便可离店。酒店一般不会安排服务生当时查房而让游客在柜台前久等。

（2）提醒游客带齐全部私人物品并清点游客交运的行李。每次离开酒店，领队都要提醒游客检查私人物品是否有遗漏，尤其是护照、钱包，还有眼镜（隐形眼镜盒）、假牙、头饰等头天晚上睡觉时摘下来放在床头或抽屉里面的物品等。在离开酒店赶赴机场时，还应当对游客拟托运的行李数量进行清点。

三、购物及欣赏表演

（一） 完成游客的自愿购物要求

游客从罗托鲁瓦返回了新西兰第一大城市奥克兰。游客自愿来到了奥克兰的免税店，选购自己需要的特色商品。游客购物时，领队应提供以下服务：

（1）向游客讲清购物停留时间。

（2）向游客介绍购物的有关注意事项，例如：商品的品牌、保质期、质地等。

（3）随时向游客提供在购物过程中所需要的服务，例如语言翻译、汇率换算、介绍托运手续等。

（4）若目的地国家有退税制度，告诉游客购物退税的规定。

（5）所到的购物场所环境应当是良好、舒适、安全的，而且价格必须是公道的。

温 馨 提 示

如果游客需要退货，领队及导游应帮助游客进行办理，但事先需向游客讲清注意事项。如香港的商店"百分百退款保证"规定：旅客在旅行社安排的购物活动中消费后感到不满可先通过导游处理，或购货日起计 14 天内将完全未经使用的货品连同包装完整退回，即可办理全数退款手续。但必须保留好购物单据。

（二）欣赏表演

领队与客人们均观赏了爱歌顿牧场精彩的剪羊毛秀及乖巧的牧羊犬赶羊表演（行程中已含）。在欣赏表演前，领队简单地向客人介绍节目内容及其特点并引导客人入座。

温 馨 提 示

在境外，观看室内剧场演出大多会有许多限制，领队应向导游了解后告知游客。例如，观看演出是否允许照相、摄像，演出结束后游客与演员合影是否应付小费、该付多少等（如在泰国与人妖合影需要付小费）。一些正规的芭蕾舞、歌剧等演出，对观众的服装会有要求，领队及导游也应需要提前告诉游客，以便有所准备。国外的剧场观看演出时通常不允许吃零食、喝饮料、打电话，因此要特别提醒游客，不要违反剧场的相应规定。

四、其他工作

（一）确认回程机票

行程进行到第五天（离站前 72 小时），团体从皇后镇飞到了奥克兰，领队应打电话给新西兰航空公司对奥克兰/上海（NZ 289）航班的国际机票进行回程机票的确认。

温 馨 提 示

领队在境外带团期间，不能忽略了对全团的回程机票进行确认的工作。通常返程机票的确认手续较为简单。只需将回程的乘机日期、人数、领队或团队中一人的姓名告知所乘坐的航空公司在目的地国家或地区的办事处即可（有时也需要提供机票上的预订号码给航空公司职员，在机票上可以找到该号码）。

如果领队对当地情况不太熟悉，可以请接团导游或者接待旅行社的计调人员帮助其确认团队的回程机票。出境旅游团队的实际操作中通常采取此种方式居多，即请导游或接待社代为办理回程机票的确认手续。

（二）完成工作记录

（1）填写领队日志。领队日志是领队的每日工作记录，需要认真填写。领队要养成良好的工作习惯，无论当日的行程有多紧、身体有多劳累，也要将每天的最后一项工作——领队日志填写完成后才能休息入睡。领队日志应当包含领队带团工作中对每天接触和经历的接待社、导游、车船、酒店、用餐、景点游览等的简要记录和评价。领队日志表格如表5-1所示。

（2）回收《旅游服务质量评价表》。领队除了自己需要完成领队日志外，在全部行程结束时，还需要敦促游客填写《旅游服务质量评价表》，将此表收齐后应带回组团旅行社。

表5-1　×××旅游有限公司出境中心领队日志

团号_____	人数_____	领队_____	导游_____		
简略行程	日期（m/d）	所经城市	交通工具	航班号/车牌号	备注
日期	天气	气温	℃	所经城市	备注
当日行程	时间	景点（购物点）			
1	—				
2	—				
3	—				
4	—				
5	—				
6	—				
7	—				
8	—				
用餐地点	早： 中： 晚：	用餐标准	早： 中： 晚：		
入住酒店		设施标准：□三星 □四星 □五星 □其他			
查房情况	□正常　□异常	原因：			
游览车司机		司机服务：□好 □较好 □一般 □差			
导游讲解	□好 □较好 □一般 □差	原因：			

续表

其他事项	
当日小结：	

阅读后请签名：计调　　　　　　　　销售

（三）进行总结发言

行程的第七天，新西兰南北岛的旅游行程马上就要结束了。在乘坐旅游巴士赴新西兰奥克兰国际机场的路上，领队进行简单的总结发言，并将小费付给导游与司机。

总结发言内容一般包括：

（1）简单回顾在目的地国家（地区）整个旅游过程，游览了哪些精彩景点，品尝了哪些美味（如皇后镇的山顶海鲜自助晚餐等）。

（2）再次向全旅游团的游客表示感谢，感谢全体团员的合作。

（3）对下次旅途的憧憬，表达美好的祝愿。

（4）若前段旅游活动中有不顺利的地方或服务有不尽如人意之处，向游客致歉。代表团员向为此团服务的导游及司机表示感谢。

温 馨 提 示

在结束一地的旅行、与当地导游、司机告别的时候，领队都应以组团社代表与游客代表的双重身份，即兴发表一段总结发言。发言通常会是在赴机场（车站、码头）途中，形式可借鉴国内导游的"欢送词"。

领队在总结致辞的时候，对导游和司机表示感谢的同时，要当着全体游客的面儿将小费递给导游及司机。事先应将导游与司机的小费分开放在不同的信封当中。有些国家的司机小费是由导游负责来给，领队应事先问清，尊重其习惯做法，将应给司机的小费一并交给导游即可。

领队兼导游（Through Guide）

欧洲境内团体旅游的交通方式多数采用旅游大巴。领队、导游的工作往往由一人来担当，被称作 Through Guide。他的工作除了讲解以外还包括了接送团、酒店及餐饮的安排、景点门票的支付、游船预订等一系列工作。他们所带团的旅游线路往往要跨越几个国家。这些 Through Guide 往往通晓几种工作语言（如英语、法语、西班牙语等）及中国方言（如广东话、闽南话等），方便与景点、餐厅、酒店、司机、机场的交流。通常他们均会受过良好的高等教育或者是从小在国外出生、长大的华人，往往以台湾及香港籍为主，也有的是由中国留学生来担任。

第六节　目的地国家（地区）离境

在完成了团队行程表所列的全部旅行活动之后，旅游团的活动就从旅游中期转到了后期。领队的带团工作也应从安排组织团队在境外期间的活动逐渐转向组织旅游团返程回国的活动中来。目的地国家（地区）离境及中国入境的程序，与目的地国家（地区）入境、中国出境的程序有相似之处，但也不完全相同，并不是简单的入境换出境、出境换入境的倒序。领队应掌握所有的流程，把带团的后期阶段工作做好。

行程已经进行到第七天了。领队带领客人来到了新西兰奥克兰国际机场，为客人办理离境手续。办理目的地国家的离境手续的流程，大致如图 5-6 所示。

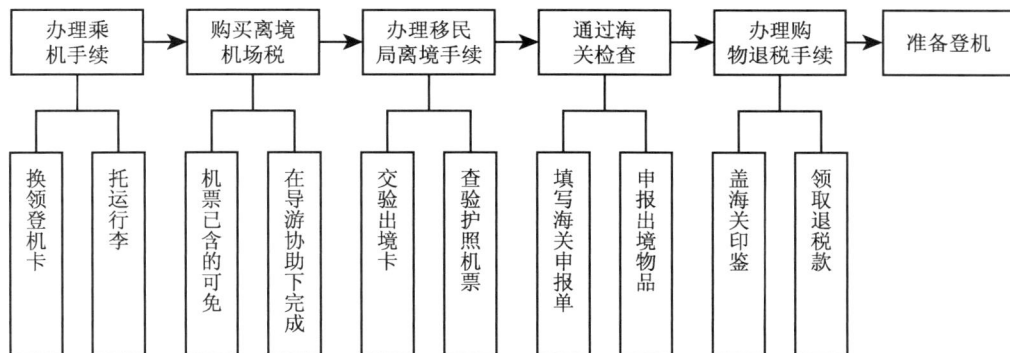

图 5-6　目的地国家（地区）离境手续

155

一、办理乘机手续

通常领队应在旅游大巴前往机场的路上向客人收取护照、机票。团体抵达机场后，应尽快找到办理团体乘机手续（Group Check-in）的柜台。

（一）行李过安检

领队应带领游客一起将拟托运行李放在传送带上接受安全检查。安检人员会贴上"已安检"封口贴纸。如果行李与游客乘坐的大巴是分开运送的，领队应在机场与行李员司机清点与核实行李件数是否一致。

（二）向航空公司执机柜台领取登机牌

领队应将所有的护照、机票交给柜台工作人员，以获取全团的登机牌。

（三）游客单独办理行李托运

领队应将护照、机票（电子机票由领队保管）、登机牌逐项分发给游客，让游客拿着护照与登机牌到柜台，各自办理自己的行李托运。

（四）告知游客离境注意事项

等所有游客托运完行李后，领队应告知游客离境时的注意事项。

（1）向游客介绍所要办理的离境手续。

（2）讲解登机牌上的信息，如航班号、登机时间、登机门等。提醒游客在机场出境手续办完自由活动时，掌握好登机时间以免误机。

（3）做其他重要的提醒，如不要给其他不认识的游客携带行李物品等。

二、购买离境机场税

（一）国际机票的机场税通常包含在机票中

通常国外机场收取的机场税，在购买机票的时候会一起付清。机场税的具体税项及金额会打印在机票上作为凭据。但也有一些国家的国际机场，其机场税不在购买机票时收取，而在乘客乘机前现场收取，如泰国、菲律宾、巴西等。

（二）购买机场税的凭证需妥善保管

按照中国国内组团旅行社与出境旅游游客签署的出境旅游合同的规定，境外机场税一般包含在正常的旅游收费中，应由旅行社支付。领队出团前应当对此项费用如何支付了解清楚，如需要领队支付，领队就需要在购买后将机场税凭据发给游客，以便应对机场检查。机场税凭据如需交给旅行社报销，就应在游客完成检查后，领队及时收回并妥善保管。

（三） 通常机场税应由境外接待社代付

境外接待社与国内组团社的包价旅游报价当中，应包含出境机场税这一项。因而，通常情况下，机场税是由境外接待社的导游来代为支付。例如，泰国的导游就负责在旅游团队离境前购买机场税并将凭据交给每位游客。

三、办理移民局离境手续

（一） 填写出境卡

许多国家的出境卡是与入境卡印制在一张纸上，旅客在入境时就已经填写完成。入境时，入境官员会将入境卡部分拆开撕下留存，然后把出境卡部分订在或夹在护照里还给旅客。因此旅客出境时，无须再重新填写出境卡，只要把护照交给入境官员即可。但如果游客不慎将夹在护照中的出境卡丢失，此时就需要补填一张。

温 馨 提 示

并非所有国家的出境都需要填写出境卡，比如瑞士、芬兰、挪威等国的出入境就不需要填写出入境卡。另外，持另纸团体签证的旅游团，在目的地国家（地区）离境时，有时也不需要填写出境卡。

（二） 通过移民局

（1） 在进入离境边检区域前，领队需引领游客一同与导游道别，以示礼貌与感谢。

（2） 依次办理离境手续。向移民官员交上护照、机票、登机牌后，站立等待查验。如查验无误，护照将被盖离境印章，或将签证盖过"已使用"（USED）的章，然后移民局官员将所有证件和资料交还旅客。离境手续即告完成。

温 馨 提 示

边检（移民）官员检查游客的护照及签证的时候，通常会按照游客签证的有效期及准许停留天数进行推算，如超出停留期，游客可能会受到惩罚。

四、办理海关手续

必须把新西兰海关对离境携带物品限制的几种情况事先告知游客，这是领队的责任和义务。必要时，领队应帮助游客填写海关申报单，并协助游客与海关人员进行交涉。

（1）游客入境时申报过的物品必须携带离境。

（2）许多国家的海关对携带金钱离境有限额。

（3）一些国家的海关对携带动物、植物实物及骨骼的离境有限制。

（4）其他类型的各种限制，应提醒全团游客注意。

温馨提示

在考虑其他国家（地区）离境的海关限制携带物品的时候，一定不能忘记中国海关的入境物品限制。各个国家（地区）与中国的海关边检在限制入境的物品上有许多不一致的地方。例如，在境外购买的一些印刷品书刊、鲜花水果等物品，就不被中国的边检海关允许入境。以往有游客在香港购物，买了大量的烟酒，在香港出境一切顺利，却因违反中国内地的海关规定而不能携带入境。

温馨提示

国外、境外多数国家的机场海关，检查是以抽查的方式进行。通常是无申报物品的游客无须填写海关申报单，径直走过海关柜台即可。但如果携带了限制出境的物品而没有申报，则会受到惩罚。因此，如游客携带了限制出境品，应主动申报，以免出现麻烦。

五、办理购物退税手续

领队了解到客人在新西兰购买商品是没有退税的。但是旅游者可以凭机票买到免税商品，实际性质是一样的。

欧洲、澳大利亚以及南非等许多国家或地区，都有对游客购物实行退税的规定。例如，南非规定：外国旅客在南非购买纪念品，凡金额超过250兰特，从购物之日起90天内，可在离境时到机场退税处申请退还增值税。澳大利亚规定：单张购物小票满300澳大利亚元凭发票可以从购物之日起一个月内，离境时在机场退税。欧洲国家中对退税的规定更加普遍。例如，丹麦规定：来丹麦的旅游者出境时，可凭"免税商店"开具的特制发票，在机场退 13%的税；克罗地亚规定：外国公民在克罗地亚购物超过 500 库纳可以申请退税；拉脱维亚规定：游客在机场、码头和公路海关边境检查站，凭护照、机票、船票或车票，并出具本人 3 个月内的商店购物正式退税发票和包装完好的所购商品（金额超过 50 拉特），经海关边境检查人员签字盖章确认后，可退回增值税。

　　领队应该事先了解不同国家的退税规定和操作方式，以便为游客提供帮助。对多数中国游客来说，在国外离境时办理消费退税，都会有语言交流方面的种种不便，而且在短暂的时间里常常无法完成退税，故领队可建议游客回到国内来办理退税手续。目前已经有一些退税公司在中国开展了退税业务，在北京、上海、广州等一线城市设立了退税点。

六、准备登机

　　一切手续办妥后，客人还有一些时间购物（机场免税店）。此时从机场广播、咨询台及电子显示屏上确认 NZ289 的登机时间为新西兰时间 22：30，在 7 号登机门登机。领队应告知并提醒每一位客人不要误机。

温 馨 提 示

　　为避免游客错过登机时间，领队应尽早赶到登机口，清点人数，与未能及时赶到登机口的游客联系，使领队对游客的悉心关照在临上飞机回国前的一刻也得到体现。

知识链接｜　🔍 搜索

退税的相关知识

一、欧洲退税

　　欧洲旅行购物可以享受购物退税的政策，游客在欧洲购物时所付购物款中已经包含了增值税（Value Added Tax，VAT）。如游客每次购物达到一定的金额，而且所购物品不是在欧洲使用而是带回本国，那么可以享受退还增值税的政策。这是欧洲国家吸引外来旅游者购物消费的鼓励性政策。欧洲国家的主要零售商均提供此项服务。作为中国游客，您有退税购物的权利，也就是说您在欧洲能以相对优惠的价格购买到世界名牌产品。

二、哪些商品可以购物退税

　　首先，应注意商店里是否有蓝白灰三色的退税购物（TAX FREE SHOPPING）专用标志。在欧洲共有 22.5 万多家退税商店遍布机场和市区，每天平均有逾 2.2 万名顾客享受到专业公司提供的退税服务。

三、专业退税服务机构

全球回报集团（GLOBAL REFUND）是一家专业办理退税业务的公司。集团在四大洲36个国家和地区建立了分公司和代表处，超过22.5万家的加盟零售商已遍及欧洲、亚洲、美洲32个国家和地区，在36个国家设立了超过700个现金退税点（Cash Refund Office）。游客可通过现金、信用卡转账或邮寄银行支票三种方式获得退税。为方便中国旅游者享受到购物退税服务的权利，该集团在北京、上海、广州和香港的机场和市内建立了6个现金退税点。

四、填写退税支票

当客人在这些商店购物时，领队应该提醒客人向商店索取退税支票，正确填写相应表格可以确保客人及时获得退税。如果商店的全球退税支票（Global Tax Free Cheque）首联是蓝色或粉红色，大多数可以现金方式退税；如果是绿色的，则只能以邮寄银行支票或信用卡划账的形式退税。客人应在支票上用英文填写其详细邮寄地址（含邮编），或填写其有效国际信用卡的卡号，并用GLOBAL REFUND公司提供的邮资已付的信封，寄回支票发出国的GLOBAL REFUND分公司，这样该公司就可以将增值税退回给您。

五、退税率和最低购物金额

欧洲各国的退税率各不相同，可退税的最低购物金额（即客人在同一家商店一天之内的购物总额）也不一样。客人所得到的退税款额将是扣除手续费后的增值税金额，专业服务公司将收取一定的单据处理费用。

六、退税时效

全球退税支票必须是在客人购物后1或3个月之内（荷兰退税支票需在3个月内）离开欧洲时，由海关盖章后方可生效。离开欧洲最后一站的海关盖章是唯一可以使退税单有效的法律手续。对于中国旅游者而言，只要在欧洲海关检验商品盖章后，在旅游目的地国或回国都是可以退税的。简而言之，如果在欧洲购物准备退税，一定别忘了在离境时到该国海关检验盖章。

七、国内退税点

客人回国在欧洲海关或盖章后，既可以就近在欧洲的各出境机场退税点退税，也可以回到北京、上海、广州、香港的指定退税点退税。在北京、上海、广州现金退税的币种只能为美元，在香港只能为港币，且只能按退税支票上的金额四舍五入后的整数金额退税。

设在中国退税点的地址如下：

（1）北京首都国际机场退税点：北京首都国际机场一层 国际到达厅 中国工商银行望京支行北京机场分理处

（2）北京市内退税点：北京市东城区东四十条24号 青蓝大厦一层 中国工商银行东城支行营业室

（3）上海浦东国际机场退税点：上海浦东国际机场出发厅三层 中国工商银行上海市国际机场支行

（4）上海市内退税点：上海市南京东路99号 中国工商银行上海市分行

（5）广州市内退税点：广州市环市东路 339 号　广东国际大酒店主楼二层　中国工商银行广州市南方支行

（6）香港市内退税点：香港中环德辅道中 10 号　东亚银行总行

——资料来源：周彩屏. 导游技能训练［M］. 北京：高等教育出版社，2012.

第七节　中国入境手续

北京时间 7：30，领队和 17 名游客抵达了上海浦东国际机场。领队将为游客办理归国入境手续。回国入境时的工作流程如图 5-7 所示。

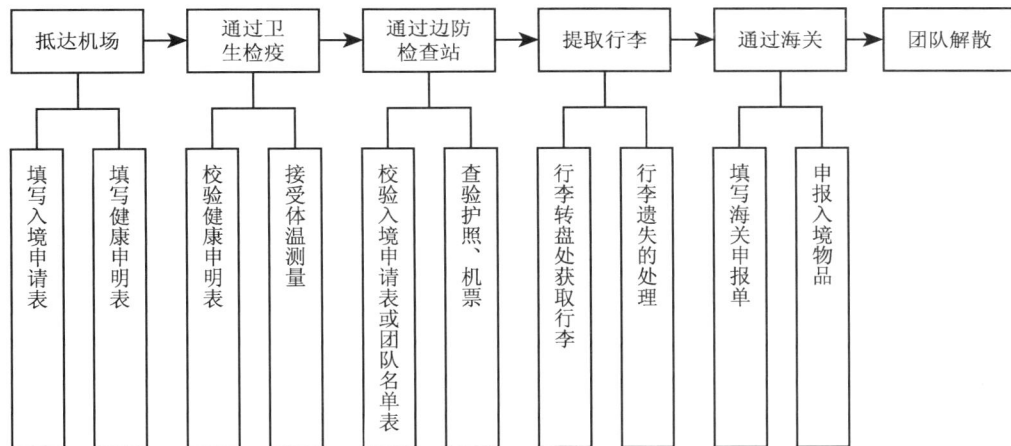

```
抵达机场 → 通过卫生检疫 → 通过边防检查站 → 提取行李 → 通过海关 → 团队解散
  │              │                │               │            │
填写入境申请表  校验健康申明表   校验入境申请表   行李转盘处获取行李  填写海关申报单
填写健康申明表  接受体温测量    或团队名单表     行李遗失的处理    申报入境物品
              查验护照、机票
```

图 5-7　中国入境工作流程

一、接受卫生检疫查验

（一）了解国家有关卫生检疫的有关法规

中国边防口岸的卫生检疫机构，是以《中华人民共和国国境卫生检疫法》为法律依据设立的。其目的在该法的第一条就已经阐明，是"为了防止传染病由国外传入或者由国内传出，实施国境卫生检验，保护人体健康"。我国所列的传染病，包括鼠疫、霍乱、黄热病以及国务院确定和公布的其他传染病。

出入境检疫对象包括：出境的人员、交通工具、运输设备以及可能传播检疫传染病的行李、货物、邮包等特殊物品。《食品卫生法》规定的出入境检疫对象有进口食品、食品添加剂、食品容器以及包装材料、工具设备等。

（二）了解《入境健康检疫申明卡》的内容

《中华人民共和国国境卫生检疫法》第十六条规定："国境卫生检疫机关有权要求入境、出境的人员填写健康申明卡，出示某种传染病的预防接种证书、健康证明或者其他有关证件。"

《入境健康检疫申明卡》的查验内容主要包括：

（1）对于申明精神病、麻风病、艾滋病（包括病毒携带者）、性病、开放性肺结核的外国人，阻止其入境。

（2）对在入境时发现的患有发热、咳嗽、腹泻、呕吐等症状或其他一般疾病的患者，进行医学观察和流行病学调查、采样，实施快速诊断，区别情况，隔离、留验或发放就诊方便卡，采取其他预防、控制措施。

（3）对来自黄热病疫区的人员，查验黄热病预防接种证书。对于无证者或无有效证件者，应现场予以黄热病预防接种并发给证书。

（4）检疫传染病的监测：对发鼠疫、霍乱、黄热病染疫人，必须立即隔离检疫；对染疫嫌疑人应按潜伏期实施留样；对染疫人、染疫嫌疑人的行李、物品，实施卫生处理。

（5）对在国外居住三个月以上的中国籍人员（海员、劳务等重点人群）实施艾滋病和性病监测。

（三）交付《入境健康检疫申明卡》

领队带领游客返回国内，通常在返程的飞机上就可以拿到《入境健康检疫申明卡》。这份申明卡用中文填写即可，领队可指导游客完成。

飞机落地后，领队带游客在经过"中国检验检疫"的柜台时，将填写完成的《入境健康检疫申明卡》交出。正常情况下，游客就可以通过检疫柜台继续前行。

二、接受入境边防检查

（1）填写入境登记卡。入境的航班上会有中文印制的中国《边防检查入境登记卡》（图5-8），需要填写的内容与出境登记卡相仿。散客需要每人填写该卡，填写完成的入境卡夹放在每人的护照中即可。对团体而言，无须填写该卡，游客只需要由领队带领，按《中国公民出国旅游团体名单表》的顺序依次排队通过。领队将边防检查官员盖完章的名单表拿回即可。

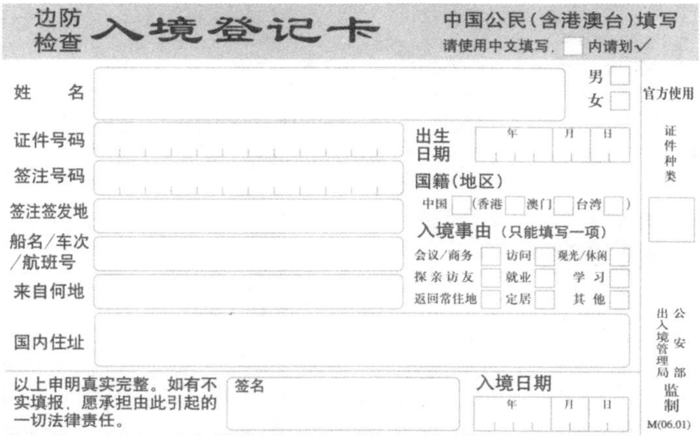
边防检查 入境登记卡
中国公民(含港澳台)填写
请使用中文填写，□内请划✓
姓　名
男 □
女 □
官方使用
证件号码
出生日期 年 月 日
证件种类
签注号码
国籍(地区)
中国□(香港□ 澳门□ 台湾□)
签注签发地
入境事由(只能填写一项)
船名/车次/航班号
会议/商务 □ 访问 □ 观光/休闲 □
来自何地
探亲访友 □ 就业 □ 学习 □
返回常住地 □ 定居 □ 其他 □
国内住址
公安部出入境管理局监制
以上申明真实完整。如有不实填报，愿承担由此引起的一切法律责任。
签名
入境日期 年 月 日
M(06.01)

图 5-8　边防检查入境登记卡

（2）通过入境边防检查。游客在中国边检站柜台前排队，接受边防检查站的入境检查。将填写好的入境登记卡连同护照一起交入境检查员。入境检查员核准后在护照上盖入境验讫章，将入境登记卡留下，护照还给旅客，则入境边检手续完成，旅客即可入境。

（3）旅游团体根据《中国公民出国旅游团队名单表》顺序走团队通道。如果出境旅游团队持《中国公民出国旅游团队名单表》和团体签证，需走团队通道。《中国公民出国旅游团队名单表》中的入境边防检查专用联由边检收存，游客按照名单表顺序办理入境手续，不再需要填写入境卡，旅行社自留专用联和旅游行政部门审验专用联交还给领队。

三、领取托运行李

（1）领取托运行李。完成入境边防检查后，进入中国境内，领队及游客可按照行李认领处的电子指示牌的标志，在行李转盘上找到自己托运的行李。此时，部分游客会与领队道别。

（2）行李遗失处理。当游客发现自己行李遗失时，领队应协助游客与机场的行李值班室进行联络。根据国际航空协会的“终站赔偿法则”规定，转机旅客的行李遗失，应由搭乘终站的航空公司负责理赔。通常会在查找超过 21 天仍无下落后进行赔偿。

四、接受海关查验

知识链接|　　🔍搜索

我国边防对禁止入境人员和海关对入境物品的限制规定

一、我国法律规定的被禁止入境的情况

（1）入境后可能危害中国的国家安全、社会秩序者。

（2）持伪造涂改或他人护照证件者。

（3）未持有效护照、签证者。

（4）患有精神病、麻风病、艾滋病、性病等传染病。

（5）不能保障在中国期间所需费用者。

二、中国海关对入境物品的限制规定

1. 中国海关规定禁止进境的物品

对中国海关明令禁止携带入境的物品，领队需要事先向游客说明，以免游客携带入境时遇到麻烦。主要有以下几种：

（1）各种武器、弹药、爆炸物；伪造的货币、有价证券以及制造设备。

（2）对中国政治、经济、文化、道德有害的印刷品、胶卷、照片、录音带、录像带、CD、VCD及计算机存储介质等。

（3）烈性毒药。

（4）鸦片、吗啡、海洛因、大麻等能使人成瘾的麻醉品、迷幻药、精神药物等。

（5）带有危险病菌、害虫及有害生物的动、植物及其产品。

（6）有害人、畜、植物的，能导致传播病虫害的水果、仪器、药品或其他物品。

2. 中国海关限制入境的部分物品

在游客经常会买的烟酒方面，中国海关对到港澳地区旅游和到国外旅游的游客有不同标准的限制规定。

中国海关对游客携带烟酒的限制规定

旅客类别	免税烟草制品限量	免税12度以上酒精饮料限量
来往港澳地区的旅客（包括港澳旅客和内地因私前往港澳地区探亲和旅游等旅客）	香烟200支或雪茄50支或烟丝250克	酒1瓶（不超过0.75升）
当天往返或短期内多次来往港澳地区的旅客	香烟40支或雪茄5支或烟丝500克	不准免税带进
其他进境旅客	香烟400支或雪茄100支或烟丝500克	酒2瓶（不超过1.5升）

3. 中国海关允许入境但须申报检疫的物品

（1）种子、苗木及其他繁殖材料、烟叶、粮谷、豆类（入境前须事先办理检疫审批手续）。

（2）鲜花、切花、干花。

（3）植物性样品、展品、标本。

（4）干果、干菜、腌制蔬菜、冷冻蔬菜等。

（5）藤、柳、草、木质品。

（6）犬、猫等宠物。每人限带一只，须持有狂犬病免疫证书及出发地所在国或者地区官方检疫机构出具的检疫证书，入境后须在检验检疫机构指定的地点隔离检疫30天。

（7）特需进口的人类血液及其制品、微生物、人体组织及生物制品。

——资料来源：周彩屏．导游技能训练［M］．北京：高等教育出版社，2012.

如游客有需要申报的物品，应在入境飞机上填写海关申报单。如果没有物品需要申报，则无须填写，可携带行李直接到海关柜台前接受 X 光检测机检查。

出境时游客经过申报的旅行自用物品，如照相机、摄像机、个人电脑等，旅客复带入境应出示出境时填写的申报单。通过海关查验之后，团队正式解散。

？ 实践与训练

1. 请写出中国出境与他国（地区）入境的工作流程。结合本任务使学生分组进行模拟演练，分别扮演领队和游客，由教师进行点评。

2. 结合本任务使学生分组模拟飞行途中领队对客人的服务环节，并提交记录。

3. 请学生填写《新西兰入境卡》（含新西兰海关申报单）。

4. 请补充多个国家最新的关于海关、国际航班行李托运及国家卫生检疫等各项规定的知识链接内容。每一位学生提交一份资料小卡片。

5. 请学生分组模拟其他国家国（境）入境的流程。结合本任务同学们分组进行模拟演练，分别扮演领队和游客，由教师进行点评。

6. 根据本节，写出一份领队"欢迎词"引出导游，并使学生分组进行演练致欢迎词，由教师进行点评。

7. 学生分组模拟下榻酒店、安排住宿以及离开酒店的过程，并提交记录。

8. 根据本节，模拟写出一份领队"总结致辞"。

9. 学生分组，按照工作角色要求模拟确认返程机票的训练。

10. 根据本节，填写一份领队日志。

11. 请写出一份目的地国家或地区离境及中国入境的工作流程，并使学生分组进行演练，分别扮演游客、领队和海关人员，由教师进行点评。

12. 学生分组模拟退税程序，并提交记录。

13. 填写《边防检查入境登记卡》《入境健康检疫申明卡》各一份。

14. 同学们分组模拟表演目的地国家或地区离境程序，分别扮演游客、领队和海关人员，由教师进行点评。

15. 补充不同国家的海关不同的出境限制的内容。每一名学生提交一份资料小卡片。

带团返回后的工作

第六章

训练目标

通过本流程的训练，使学生掌握领队归来后的后续工作，与组团社计调人员进行工作交接，做好所带团的账务处理；游客的后续服务等。

任务导入

领队回到旅行社还应该做哪些扫尾工作？

任务分析

领队在带领团体完成行程返回国门后，在旅游公司要完成的后续工作仍然是另一项不可忽视的重要部分。领队需做好与组团社计调人员进行工作交接，所带团的账务处理，游客的后续服务等。

任务实施

团队返回后的工作如图 6-1 所示。

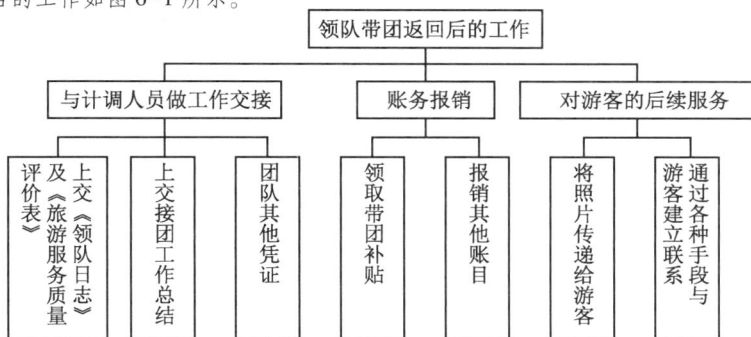

```
                    领队带团返回后的工作
        ┌──────────────┬──────────┬──────────────┐
   与计调人员做工作交接      账务报销      对游客的后续服务
   ┌────┬────┬────┐     ┌────┬────┐    ┌────┬────┐
  评价  上交  上交  团队   领取  报销   将照  通过
  表及  领队  接团  其他   带团  其他   片传  各种
  旅游  日志  工作  凭证   补贴  账目   递给  手段
  服务      总结               游客  与游
  质量                                客建
                                     立联
                                     系
```

图 6-1　领队带团返回后的工作

第一节　与组团社计调人员进行工作交接

领队带团结束回国后，整个带团工作并没有结束。领队应尽快到旅行社完成工作交接。领队的一次完整的接团工作，是从团队出发前与计调人员的工作交接开始，到团队归来后与计调人员的工作交接完成后才算结束。带团归来后的工作交接与出团前的交接相比，虽然要简单许多，但仍然需要领队以善始善终的态度认真对待，妥善完成。

一、工作汇报

领队回到组团社与计调人员之间的工作汇报，分为口头工作汇报和书面报告两部分。

（一）口头工作汇报

进行口头工作汇报时，领队需要对所带的团队进行简单的过程描述和基本评价，对发生的问题及解决过程分项进行概要汇报。如果领队有对团队的行程安排、地面接待的改进意见及其他合理化建议，也可以一并提出。

（二）书面报告

领队向计调人员交接的文字资料，除组团旅行社所需求填写的《领队日志》、《旅游服务质量评价表》之外，也包括此团运行过程中产生的其他资料，如邀请函、《中国公民出国旅游团队名单表》的旅行社自留专用联和旅游行政部门审验专用联等。

1.《领队日志》

领队按照要求每日填写的《领队日志》，记载了团队从出发到归来的每天主要情况。包括住宿酒店、用餐、游览、导游、当日交通工具的运用等，是团队运行的原始记录，领队将其交给计调人员后，应当归入该团的档案中。领队交回来的《领队日志》应当保存完整，所有应该逐日填写的内容均已经按照要求填写，没有中断。

计调人员应对领队交回的《领队日志》当时就进行认真翻阅。如发现其中有缺失的内容，应要求领队进行填补。对领队在《领队日志》中反映的问题，要及时进行处理，避免同样的问题在带下一个团的时候再重复出现。对其中的重要问题，应向出境中心总经理汇报。

2. 《旅游服务质量评价表》

领队在行前说明会上发给游客的《旅游服务质量评价表》在旅程中回收后，带回交给计调人员。《旅游服务质量评价表》集中了游客对旅行社提供的境外的旅游、食宿、导游等多项服务的评价意见，是来自游客的最直接的反映，对旅行社改进工作会很有帮助。《旅游服务质量评价表》通常由旅行社的客户服务部门留存。

二、交付特殊事情的书面报告和接团工作总结

（1）特殊事情的书面报告。对带团当中团队在旅游期间发生的一些重要情况，领队应当提供单独的书面报告。团内发生过的一些事情，包括团队游客过生日、游客之间发生的争吵、行李丢失、游客被窃等，只要是领队认为有必要进行汇报的问题，或在旅行当中发生的较重要的事件，都应以书面报告的形式进行详细记录，以备日后查询。

（2）领队的接团个人工作总结。领队的接团工作总结，应当包括领队本人的对所带领的出境旅游团的认识、对目的地国家的讲解要点以及对改进线路产品的一些建议。总结经验，对于提高的领队认知水平和业务能力增长十分重要。领队在总结中提出的对线路产品的建议，也可以使领队的业务智慧得到很好的体现。

温 馨 提 示

以上两项文字资料是领队对计调人员的口头带团工作汇报的补充，需要一并交上存档。旅行社的部门经理应当对领队的总结及报告及时批阅，避免其中提及的问题拖延。

三、交齐其他与该团有关的资料凭证

（1）有证据作用的凭证。团队在旅行期间，如果有行程变更、增加自费项目、取消景点游览等，按照要求，都应有游客的签字确认。如团队发生过这些情况，有游客签字的单据，领队均应该收藏起来，带回交付计调人员归档。这些凭证可以留作证据，以应付不测。

（2）游客来函等资料。有些游客对旅行社的安排不太满意，会写成文字，让领队带回。领队应将这些资料认真收妥，带回交给计调人员。凡游客反映的所有问题，旅行社都应有人负责给予答复。

《领队日志》以及领队为特殊事件所写的书面报告等领队上交的所有资料，都应由

计调人员收齐归卷入档，要将其作为此团的原始资料档案进行编号登记并收存。按照国家有关要求，旅行社的全部业务档案应当至少保存 3 年才能进行处理。

第二节　进行所带团的财务报销工作

一、按照旅行社的要求按时进行报账

领队带着报账的收据及凭证来到旅行社进行报账。

温　馨　提　示

按照各家旅行社的不同规定，领队应在带团结束后及时到旅行社财务部门进行报账。通常各家旅行社规定的时效为一周，领队应问清时间，遵照执行。

二、支付领队带团酬劳并结清其他支出

报账时，领队要交付出团计划，按照各家旅行社的规定领取出团补助。领队在带团期间的借款或因特殊原因得到组团旅行社批准个人垫付的房费、餐费、交通费或其他费用，也需在报账时一并结清。

第三节　对游客的后续服务

一、带团归来不应与游客彻底告别

（1）将游客作为旅行社的客户资源加以重视。许多领队带团回来，就与游客彻底告别，其实是一种工作失误。出境旅游短则几天，长则数周，领队与游客日日相见，同甘共苦，共同经历了旅游的风雨，一起感受了异国他乡的美丽，因此可以有许多共同的感受一起交流。领队应将游客作为旅行社的客户资源注意保持与他们的关系。

（2）争取将一次性游客变成忠诚的游客。游客多会有再次参加出境旅游的可能。领队应保持与游客建立起的信任关系，为其介绍新的旅游线路，争取使其从一次性游客变

成长期的游客，最后成为旅行社的忠诚游客。

二、用多种方式与游客保持联系

（一）将照片传递给游客

领队应将游客视为朋友，将旅途当中为游客拍摄的照片洗印后寄送给游客，或者将所拍的照片通过网络传递给游客。游客看到照片后，也会将领队视作朋友。

（二）通过多种手段与游客进行情感交流

领队应通过电话、电子邮件、QQ 和微信等信息交换方式，与游客交流旅游感受，表达问候并感谢游客参加了旅游团。这样可以让游客对旅程的甘甜进行回味，使领队及组团旅行社在其心中留下良好的印象，为游客下次仍选择本旅游产品起到很好的铺垫作用。具体工作内容如下：

（1）与游客交换照片、电子邮件，建立微信群。

（2）提供旅游新知识及新线路信息。

（3）给游客寄生日、结婚纪念日贺卡或电子邮件。

（4）定期进行电话联系或聚餐。

？ 实践与训练

1. 针对本环节，根据所提供的《出境旅游行程单》，填出一份《领队日志》。

2. 每位同学设计一份《旅游服务质量评价表》，并分组模拟演练请游客填写过程。

3. 同学们分组进行报账程序的模拟训练，并提交记录。

4. 有一群客人购买了"沙巴文莱 5 晚 6 天精彩休闲游"产品，该产品的出团事宜如表 6-1 所示，该产品的行程单如表 6-2 所示。旅行社派你作为本次的出境游领队，请你设计并模拟从服务准备、召开行前说明会、致欢迎词、中国出境手续办理、途中服务、目的地国家入境手续办理，直到回旅游公司的后续工作的整个过程，并形成一份书面方案。

表 6-1　沙巴文莱 5 晚 6 天精彩休闲游

欢迎您参加××旅游公司的出境旅游，现通知您有关出团事宜：

旅游团号	1309-ZWA-0918SW
集合时间	2013 年 09 月 18 日 下午 13 点整

续表

集合地点	上海浦东国际机场 T1 号航站楼国际出发大厅 9 号门
航班时间	去程航班：9/18 BI614（15：35－20：15）9/18 BI829（21：30－22：10） 回程航班：9/22 BI822（08：50－09：30）9/23 BI613（10：25－14：45）
领队	黄先生　139 ×××× ××××
机场联系人	何先生　137×××× ××××
费用说明	报价包含：全程国际机票及机场税，行程表内注明的酒店、餐食、境外旅游交通、景点门票、领队和导游服务、全程司机、旅行社责任险。 报价不含：境外基本服务费 300 元/人、护照费、自费项目、行程计划之外的个人消费和个人旅游意外险。
提示告知	1. 请再次确认与浙江中青旅签订旅游合同，并索取《境外安全旅游告知事项》。请游客注意天气变化，务必按集合时间准时到达机场。 2. 请每位游客携带本人身份证，儿童携带户口簿。请游客将所有证件及贵重物品随身携带。 3. 团队集体过移民局、海关时，要听从领队指挥，不要私自行动。不要帮陌生人拿行李，以防被人利用。 4. 游客出、入境请遵守移民和海关的有关规定；有携带须向海关申报的物品请提前告之领队，并协助安排报关；故意隐瞒导致被查、被扣的，由本人负全责。 5. 团队旅游活动期间，不要进入境外赌博和色情场所。敬请注意自己的人生和财物安全。 6. 凡参加我社团队的非中国公民，需自赴中国领馆办理回中国签证。如因未办理而造成不能入境者，一切后果自负。 7. 文莱现在不准带香烟入境，如有违反遭没收及产生的税费，后果自负。
组团社	××××中青旅：联系人 吴小姐 0571－8578××××
转团社	××××国旅：吴小姐 136×××× ××××
文莱紧急联络人：都先生 +673－899×××× 沙巴紧急联络人：Celine Lee +6012－8380××××	

★全程搭乘文莱皇家航空公司客机，精心搭配，无红眼航班困扰！

★欢畅自由闲暇时间任你支配！体验多种风情，热情海岛，海上假期，乐趣无穷。

★所有参团游客赠送沙巴特有的凯尔斯长鼻猴生态萤河之旅+晚餐（价值 400 元/人）。

★参团游客特别安排巴东姑阿都拉曼国家公园—马穆迪岛出海+海鲜烧烤 BBQ+浮浅（价值 400 元/人）。

★特别安排入住文莱帝国酒店，其于"世界旅游大奖"（World Travel Awards）活动中勇夺"亚洲最优秀高尔夫球度假村"、"亚洲最优秀度假村"以及"文莱最优秀酒店"。

表 6-2　沙巴+文莱 5 晚 6 天精彩休闲游行程单

第一天	**上海—文莱—沙巴 参考航班 BI614（1535/2015）转 BI829（2130/2210）** 浦东机场集合。上海经文莱转机飞往沙巴，由当地导游接机后返回酒店，各自休息。 早餐：自理　　　　午餐：自理　　　　晚餐：飞机上 住宿：B 套：丝绸港湾麦哲伦度假村（五星级）

第二天	**沙巴：长鼻猴精彩游：凯尔斯长鼻猴生态萤河之旅——马来风味下午茶** 早餐后，上午自由活动，享受酒店内设施。下午出发，乘坐 2.5 小时左右的车程前往【凯尔斯长鼻猴生态萤河之旅保护区】。抵达后，先轻松地享用一下地道的马来糕点。之后乘搭快艇出游，深入这片热带雨林，展开今日的长鼻猴生态雨林之旅，寻访野生长鼻猴的神秘踪迹。乘搭安全的长尾船畅游于红树雨林间，尽情感受这盘根错节的环境中另一种有序的自然生态，并在蓝天绿水间寻觅这世界上独一无二的长鼻猴，偶尔还能发现其他稀有猿猴的踪影。返航时刻，享用晚餐。晚餐后再次起程，让成千上万的萤火虫陪伴我们航行于寂静的河道上。当身旁树林中明明灭灭的火光燃亮了您儿时的记忆，就让这画满了不知是星斗还是荧光的夜晚，替您一圆久违的美梦。随后返回酒店休息。 ★建议服装：长裤及休闲服，旅游鞋+外套　　★需准备用品：帽子、雨伞、防蚊液、相机、望远镜、手电筒 早餐：酒店早餐　　　　　　午餐：自理　　　　　　晚餐：马来风味餐 住宿：B 套：丝绸港湾麦哲伦度假村（五星级）
第三天	**沙巴：东姑阿都拉曼国家公园休闲游—马穆迪岛出海、含浮浅用具，沙巴市区观光+马来风味拉饼+拉茶** 早餐后，丝绸港湾码头乘快艇前往东姑阿都拉曼国家公园的【马穆迪岛】（停留不少于 5 小时）。在这热情的海岛上，有细白的沙滩以及完全没有污染的天然景色、清澈见底的海水。穿戴上为您准备的浮潜用具，纵身跳入海中欣赏五彩热带鱼。缤纷亮丽的海底景观保证让你大饱眼福。您也可以在此自费参加各种水上活动，例如海底漫步、香蕉船或拖曳伞登高一呼之快感。午餐后，可以选择继续游泳，让热情的热带鱼围绕在您身边觅食，置身温暖的阳光、迷人的海景里，度过美好的海上假期。傍晚乘快艇返回市区，享用【马来风味拉饼+拉茶】（停留不少于 30 分钟）。马来人又叫拉茶为飞茶，因为两个杯子间的茶水拉来拉去的，真的像飞起来了一样。在制作马来风味拉饼时，师傅先以简洁熟练的手势捏搓面团，再加以奶油或油在锅中煎烤，同时有节奏地进行旋转式的抛掷面团动作，动感十足。这也是种视觉的享受。之后在市区观光：参观当地华人捐献建造的【普陀寺】（停留不少于 30 分钟），沙巴地标建筑物【沙巴伊斯兰教基金局外观】（停留不少于 15 分钟），【伊斯兰教清真寺外观】（停留不少于 15 分钟）。最后返回酒店，享用丰盛的酒店自助晚餐。 ★需准备用品：毛巾、泳衣泳裤、防晒霜、替换衣服、拖鞋或沙滩鞋 早餐：酒店早餐　　　　　　午餐：海鲜烧烤 BBQ　　　　　　晚餐：所选住宿酒店内自助晚餐 住宿：B 套：丝绸港湾麦哲伦度假村（五星级）
第四天	**沙巴：酒店自由活动。** 早餐后，全天自由活动，享受酒店豪华设施！（午、晚餐请自理） 早餐：酒店早餐　　　　　　午餐：自理　　　　　　晚餐：自理 住宿：B 套：丝绸港湾麦哲伦度假村（五星级）
第五天	**沙巴—文莱—金之都：城市观光游　参考航班 BI822（0850/0930）** 专车送往机场，搭乘航班前往亚洲首富——文莱的首都斯里巴加湾市。市区观光：前往【苏丹纪念馆】（停留不少于 45 分钟），里面展示了第 29 世苏丹于 1968 年登基时所用过的各种物品。例如，苏丹登基时使用的华丽皇室马车，真人大小的看板展示了当时游街仪式的盛况，以及贵重黄金和钻石打造的皇冠和权杖。【奥马阿里清真寺外观】（停留不少于 15 分钟）；【苏丹皇宫外观】（停留不少于 15 分钟），其屋顶以纯金打造，它是目前世界上最大的皇宫之一。探访当今世界造价最高最先进的伊斯兰教清真寺——【杰米清真寺】（停留不少于 45 分钟）。其外观圆塔由 29 个大小不一的 24K 纯金打造的洋葱形圆顶组成，黄金厚度达 2 厘米。寺内奢华的装饰设计风格会令您感到震撼。为求尊重当地伊斯兰教条规，女性入内参观时需外罩一件免费提供的黑色长袍，男性可免除，男性如穿短裤也需穿长袍。下午前往帝国酒店，在酒店自由活动。帝国酒店是世界上规模最大的度假村之一，总面积超过

续表

第五天	180 公顷，建于南中国海海边，拥有 360 间标准客房、63 间华丽套房及豪华别墅，屡次被誉为"全亚洲最富丽顶级的度假村"，向来是各国皇室贵族及政要名流所指定的住宿酒店。客房的寝具都是特别定做的，浴室要比一般的五星级酒店的大上整整一倍。 ★注：游客在参观清真寺、苏丹纪念馆等景点时需要脱鞋，请自备厚袜子；清真寺内禁止照相，禁止大声喧哗，不得在祷告者前走过或模仿朝拜。清真寺每逢周四、周五和伊斯兰教节日关闭。不便之处敬请谅解！文莱斋戒月等节日期间，行程可能会做相应调整。不便之处敬请谅解！ 早餐：酒店打包早餐　　　　午餐：千禧餐厅自助餐　　　　晚餐：海王星中式餐 住宿：文莱帝国酒店副楼（五星级）
第六天	**文莱—上海　参考航班 BI613（1025/1445）** 早餐后，送机前往机场办理登机手续返回上海浦东机场，结束愉快的旅程。 早餐：酒店早餐　　　　午餐：自理　　　　晚餐：自理

备注：

（1）以上行程仅供参考，最终行程以出团通知发出的为准。

（2）可选住宿中所列酒店间存在差价，在酒店房况允许的情况下需补实际差价选择。

（3）行程中精选游及其他赠送项目，如因天气、不可抗力等因素无法成行，我社不退任何费用。

（4）客人若放弃行程中的游览项目或赠送项目，我社不退任何费用。

（5）行程中所列航班，由于航空公司原因此航班暂未确定，故仅供参考。境外酒店不挂星、不挂花，行程所列星级均为网评星级。

技 能 篇

第七章 出境旅游领队在国际邮轮上的服务

随着出境邮轮旅游市场呈井喷之势，越来越多的游客选择国际邮轮游这一出境旅游方式。这不仅对组团社的行程设计和接团社的接待能力是个新的考验，对于全程陪伴游客出行的出境旅游领队来说，也是一个新的挑战。

目前，邮轮旅游线路一般分两种，即：纯邮轮线路和邮轮加目的地国家（地区）游行程。由于目的地国家游行程的领队操作的流程在前面的章节中已经介绍过，这里我们就不赘述了。

相比较一般的出境游线路，邮轮游对于出境游领队的服务要求更高。本章分别从国际邮轮登船手续、国际邮轮上的服务、国际邮轮离船手续等几个环节来介绍邮轮团出境游领队的工作流程。

学习目标

知识目标

1. 熟悉出境旅游领队在国际邮轮登船手续。
2. 掌握出境旅游领队在国际邮轮上的服务。
1. 熟悉出境旅游领队在国际邮轮离船手续。

能力目标

1. 熟练操作国际邮轮登船流程及手续。
2. 熟练操作领队在国际邮轮上的诸项服务。
3. 熟练操作国际邮轮离船流程及手续

案　例

体验公主邮轮上的无线局域网服务

　　暑期里，领队小陈带的是加拿大全境加阿拉斯加邮轮团。此团共有三十多位游客，客人来自全国各地散拼成团。离出发还有好几天，小陈就已经接到了不少团员的电话，询问目的地的天气状况、需要携带的物品、登机及出入境注意事项等。小陈已经感觉到，这个团的团员似乎没有太多的出境游经验，并且上了年纪的团员比较多，很多信息都会反复确认，所以在带团过程中特别要注意一些细节的提醒和沟通。因此，小陈在出发前就将所有客人的联系电话都存到手机通讯录中，在机场集中的时候，还特意建立了一个微信群，把客人都加进了群里，便于及时沟通和交流。

　　团队在加拿大境内的行程进行得非常顺利。很快就到了登公主号邮轮的日子了。由于客人预订的船舱类型不同，所以大家的房间都分布在不同的楼层。并且，船一旦离开了码头，在海上就没有手机信号了，领队和团员的沟通就不如陆地上那么方便了。所以在登船之前，小陈就已经早早地把船上的一些注意事项，船上主要功能区域划分，预订上岸行程的方法，用餐时间和地点，房间电话拨打方式等都告知了客人。同时，约定好了每天晚上的用餐时间作为大家的沟通交流时间。此外，小陈还准备了一个秘密武器。由于之前小陈就坐过公主号邮轮，发现船上提供了一项非常人性化的服务：免费无线局域网。具体来说，只要登船客人打开自己的移动终端，无论手机还是PAD，连接上船上的免费WIFI，打开浏览器，在相关页面输入自己的个人信息，就可以注册一个账号。通过这个账号，可以快速查询船上的各项服务，行程安排，娱乐活动，个人账单等。最重要的是，通过添加好友，还能和好友之间互发信息，并且支持群发功能。而这所有的服务都是免费的。这项服务很好地解决了游客在船上的通信问题，对于领队来说，群发等通信功能也非常实用。所以当时小陈就将注册账号的每一个步骤和相应的页面都截屏保存了。在此次出团之前，早就将相关图片都打印出来，并标注了中文翻译，制作了一份《公主号邮轮船上局域网实用手册》。在登船之前，小陈把这个手册分发给每个客人，并详细介绍了注册步骤和注意事项。客人对于船上提供这样的服务也非常期待。

　　整个登船过程进行得非常顺利，没用多长时间，所有的客人都已经拿到了各自的船卡，上船享用美食去了。可是，没过多久，领队小陈的手机就响个不停。客人都纷纷来电说小陈你提供的局域网注册说明有错，根据说明根本无法完成注册。小陈赶紧也试着注册了一下，果然，根据以往的注册流程，到最后一步的时候就出错。英文页面显示为："Service not available"（无法提供服务）。小陈立刻拿着手机来到了服务台，在询问了工作人员以后，才得知当前网络服务器正在停机维护中。一旦开船就会恢复服务，可以顺利注册了。小陈随即将这个消息通知了各位团员。到了晚上用餐的时候，大多数的团员已经成功注册，只有几位年纪稍长的乘客实在不懂如何操作。小陈就一个个地帮他们完成注册，并彼此添加了好友。此后的几天，通过这个船上的局域网服务，大家非常便利地彼此交流和沟通。

案例分析

　　自从邮轮旅游这种新型的出境游形式被引入中国以来，经过几年时间的酝酿和培养，2014 年至 2016 年，中国的邮轮游达到了井喷态势。

　　随着邮轮旅游在中国市场的快速发展，越来越多的中国游客选择邮轮旅游这一新型的出游方式。但不可否认的是，虽然现在各大邮轮公司为了更好地服务中国游客，已经不断在改进自己的服务，除了添加中文菜单外，在船上也可以看到更多会说中文的服务人员。但是对于大多数中国游客来讲，由于语言的关系，很多时候还要求助于领队。由于邮轮旅游的特殊性，领队和团员不能时刻都在一起。并且海上经常没有手机信号，要上 WIFI 则需要支付昂贵的上网费用。因此如果领队要通知游客，或者游客有事要咨询领队，一般只能通过船上的电话或者约定时间见面沟通，这样还是造成了一定的不便利性。现在公主邮轮推出的船上局域网服务，就很好地解决了这一问题。只要手上有移动设备，就能互相沟通，同时还不需要支付费用。

　　面对井喷的中国邮轮市场，各大邮轮公司都纷纷加入竞争，除了推出各自有特色的旅游线路之外，很多还大打价格牌。但是，如果你能从细节入手，提供一些客人非常迫切又实际的需要，那么也许不需要增加太多的成本，就能极大改善游客的船上体验。

　　（资料来源：陈积峰. 体验公主邮轮上的无线局域网服务［N］. 江南游报，2016-05-05.）

第一节　国际邮轮登船流程及手续

　　休闲邮轮旅游源于 1835 年，当时的亚瑟·安德森（Arthur Anderson）创建了半岛轮船航运公司，旗下的邮轮来往于英国、西班牙、葡萄牙、马来西亚和中国之间。马克·吐温在创作于 1869 年的畅销小说《傻子出国记》（The Innocents Abroad）中将这种旅行方式巧妙地喻为"巨型野餐"。1904 年 P&O 邮轮公司首次推出豪华级邮轮短途旅行线路，标志着邮轮旅游现代模式的形成。但是从 20 世纪 50 年代开始，乘飞机旅行逐渐兴起，邮轮业的发展因此受到打击。70 年代邮轮业开始复苏，1977—1986 年间播出的美国电视剧《爱之船》（The Love Boat），使邮轮旅游更加充满浪漫色彩。

近年来，邮轮旅游不断发展，乘客人数逐年递增。根据中国交通运输协会邮轮游艇分会的数据统计：2013 年乘坐邮轮的人数已经高达 140 万人次，而 2005 年才 1 万人次。8 年间，游客人数飙升了 140 倍。

中国交通运输协会会长钱永昌曾表示："据测算，2020 年，邮轮市场对我国经济的贡献将达到 510 亿元。成为我国航运业、旅游业的经济增长点。目前，邮轮业发展早已达成共识，中国成全球邮轮旅游业发展最快的新兴市场。"

中国邮轮业的发展已经步入"三步走"的第一阶段（2006－2010）。北京奥运会和上海世博会等国际性大型活动吸引了更多的国际邮轮进入中国，并刺激港口设施的加速建设；邮轮旅游也将受到会展奖励等商务活动的青睐。第二阶段（2011－2015），邮轮旅游的出、入境业务以惊人的速度增长。越来越多的中国内地游客选择邮轮旅行，特别是去亚太地区的目的地。2016 年以后中国邮轮产业将步入成熟阶段，设施与服务均将与国际水准接轨；国内和出境邮轮旅行将成为主流，本土邮轮公司亦将大显身手。

一、领队带领游客登国际邮轮前的注意事项

与常规旅游团不同的是，除了在始发国家和目的国家机场要办理出入境手续之外，邮轮团在邮轮码头上船之前，还要经过一道出境手续。同样，下船时，依然要办理入境手续。需要强调的是，在邮轮码头办理的出入境手续，其检查内容和流程，与陆地出入境是一样的，并不会因为在码头就会简化流程或者放松检查。这就要求领队务必提醒游客做好申报工作，千万不要抱有侥幸心理。

二、办理登船手续及行李托运手续

团队到达邮轮码头以后，一般需要将大件行李交由码头工作人员，由他们将行李直接运送到游客的客房。这就需要出境游领队在赴码头的大巴车上提前将托运步骤告知游客。现在船公司大多采用电子客票，所以一般由旅行社事先帮所有客人打印好船票，交由领队保管，并在邮轮码头登船前，分发给游客。

领队要告知游客，将打印船票中最后一联，印有游客名字和客房号码的那一页粘贴在大件行李上。（码头工作人员会协助用订书机帮助固定）同时领队应提醒客人，千万要将证件和信用卡等重要物品随身携带，以便办理登船手续。

客人随身携带小件行李，通过码头的海关办理出境手续，随后会进入码头的登船大厅。登船大厅会有不同标识引导不同舱房的客人走特定的通道。领队可以要求现场工作人员开通团队通道，方便办理。在办理登船卡时，游客需要出示船票、护照、信用卡、

旅行支票或现金等，并要求填写一张健康免疫申明书。领队这时可以在不同窗口间协助团员办理。

办理完登船手续，客人就会取得船卡。一般情况下，领队需要在正式登船前，向客人简单讲解船卡上的信息。之后，大家就可以正式登船了。如有需要，领队也可以带领团员简单参观一下船上各项设施（为了保护客户隐私和安全，船卡上不会出现房间号）。登船流程如图 7-1 所示。

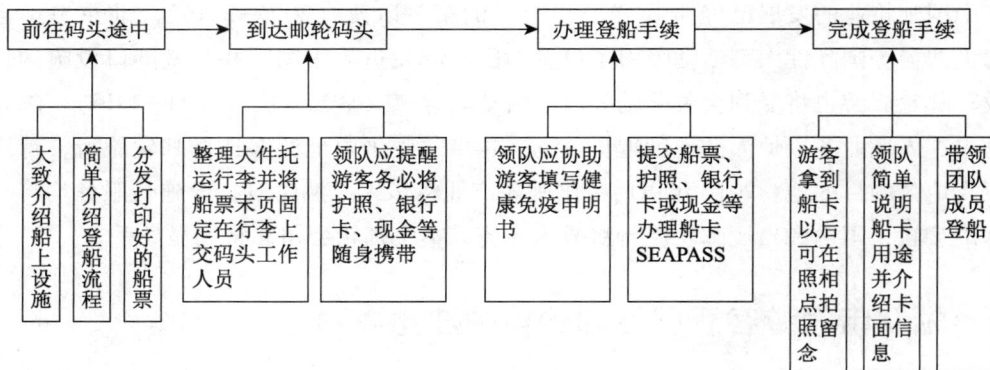

```
前往码头途中  →  到达邮轮码头  →  办理登船手续  →  完成登船手续
```

| 大致介绍船上设施 | 简单介绍登船流程 | 分发打印好的船票 | 整理大件托运行李并将船票末页固定在行李上交码头工作人员 | 领队应提醒游客务必将护照、银行卡、现金等随身携带 | 领队应协助游客填写健康免疫申明书 | 提交船票、护照、银行卡或现金等办理船卡SEAPASS | 游客拿到船卡以后可在照相点拍照留念 | 领队简单说明船卡用途并介绍卡面信息 | 带领团队成员登船 |

图 7-1　登船流程

一般在客人登船之后的 2 小时内，大行李都会陆续送到客房门口。如果较长时间还没送到，可能是因为行李上的标签掉落，无法送达客房；或者行李中有可疑物品，也无法送到客房。这时候，领队可以协助游客去邮轮的公共服务层（一般在 4 层）寻找。

知识链接　🔍搜索

客户服务部门（Guest Service Office）

邮轮上有一个 24 小时全程服务的部门——前厅，也称为客户服务部门（Guest Service Office），主要是向游客提供入住服务、问讯服务、叫醒服务、升级换房服务、行李服务、失物招领、餐厅预订、物品租借、货币兑换、结账服务、投诉处理、会员注册等服务，同时沟通与协调邮轮各部门的对客服务，并为相关部门提供各种信息以供决策参考。当然在邮轮航线行程过程中也会遇到特殊情况，比如舱房超售、乘客误船、行李丢失或破损、突发疾病等，这时候领队要第一时间了解情况，并及时告知邮轮上的客户服务部门，并配合此部门的工作人员进行后续工作。

第二节　出境旅游领队在国际邮轮上的服务

游客登船以后的行程一般包括海上巡游和陆上游览。在船上游客会涉及吃、游、娱、购等环节。

一、邮轮上的饮食

即使是纯粹的邮轮行程，也不是"吃了睡，睡了吃"这么简单的，这期间也是领队充分发挥自己的协调能力和组织能力的过程。

一般来说，一艘大型的邮轮，船上一般会有 2-4 个自助餐厅，基本上一天 24 小时都有食物和茶水供应，游客可以随时进入餐厅用餐。除了酒水饮料，其他都是免费的。同时，船上还会有数量不等的点菜餐厅，如意大利餐厅、日本料理、墨西哥风味餐厅、中华料理等。在这些餐厅用餐都是要游客自行付费的，而且一般需要提前预约订位。游客可以通过餐厅经理或者服务生在餐馆及零点（A La Carte）付费餐厅进行订位服务，领队也可以协助游客办理订位事宜。需要注意的是，在这些餐厅用餐，餐厅都会根据消费金额，收取一定的服务费。而所有的费用，全部通过刷船卡进行，无须使用现金或信用卡。

以上这些餐厅都是游客自由选择用餐地点和时间的，除此之外，船上也为每一位客人安排了固定餐桌的晚餐服务。所谓固定餐桌，就是每位游客都被分配了固定的餐桌和固定的用餐时间（在船卡上标明了用餐时间和地点）。所以，领队要提醒每位团友的用餐时间和餐厅名字。对于那些想要品尝不同风味餐食的团友，领队也需要提前帮他们安排预订。

由于团队预订时订舱时间有先后，所以团队成员可能会被安排在不同时间、不同餐厅用餐。由于并不是每一艘船都提供中文菜单，加上语言问题，因此领队需要尽可能地将整个团队调整到同一时间，在同餐厅用餐。这就需要领队在登船以后，马上带着团队名单，去餐厅预订部门核实团队成员订餐分配情况，如需调整，及时与船方沟通。一般情况下，船方都能满足团队的要求。如能一同用餐，将会使整个邮轮的行程更加顺畅和便利，因为这是领队在船上与游客沟通和联络的最好时机。

二、邮轮上的游览

无论是常规的岸上观光团还是海上巡游团。景点游览始终是整个行程的重点。就目前的邮轮行程而言，一般分以下几类：

（1）船公司已安排了岸上行程套餐，游客在报名时就已经做出选择（以日韩游等短途邮轮线为主）。此类行程，领队不需要做太多的安排，只要协助团友在指定时间跟团即可。

以下为组团社为客人提供的诺唯真邮轮【喜悦号】5天4晚长崎不同线路。

【长崎】以下9条岸上观光行程由［携程国旅］提供

长崎岸上观光A线 轻松购物游 长崎，平和公园+长崎，新地中华街+大村市，大村公园+长崎，JTC综合免税店+长崎，生活广场（免...	查看详情 ∨	总价已含
长崎岸上观光 舒适包车10座（需另购包车附加资源，售价3600元/车） 附加产品+其他可选产品	查看详情 ∨	需补差价+¥0/人
长崎岸上观光 豪华包车8座（需另购包车附加资源，售价3300元/车） 附加产品+其他可选产品	查看详情 ∨	需补差价+¥0/人
长崎岸上观光B线 城市特色线（含长崎必玩景点哥拉巴园） 长崎，哥拉巴园（含门票）+长崎，大浦天主堂（外观）+长崎，长崎新地中华街+长崎，JTC综合免税...	查看详情 ∨	需补差价+¥99/人
长崎岸上观光C线 登稻佐山览长崎全景（限80人） 长崎，稻佐山展望台（含缆车）+长崎，镇西大社谏访神社+长崎，JTC综合免税店+长崎，生活广场（...	查看详情 ∨	需补差价+¥199/人
长崎岸上观光G线 岸上自由行	查看详情 ∨	需补差价+¥399/人
长崎岸上观光D线 欢乐亲子•企鹅水族馆之旅（限80人） 长崎，长崎企鹅水族馆(含门票)+长崎，眼镜桥+长崎，崇福寺+长崎，生活广场（免税店）	查看详情 ∨	需补差价+¥499/人
长崎岸上观光E线 地热奇景·足浴美食之旅（含日式餐）（限40人） 云仙市，云仙地狱谷+长崎，小滨足浴温泉体验+长崎，享用午餐+长崎，生活广场（免税店）	查看详情 ∨	需补差价+¥499/人
长崎岸上观光F线 静谧伊王岛·海景温泉养生（含日式餐）（限40人） 长崎，伊王岛海景温泉体验+长崎，享用温泉午餐+长崎，镇西大社谏访神社+长崎，生活广场（免税...	查看详情 ∨	需补差价+¥699/人

（2）组团社事先安排了岸上行程，每一次邮轮靠港，都有当地的地接导游和车辆来协助完成当日的游程。此类行程，领队的工作也比较轻松，只要陪同团队客人一起下船，与地接会合以后，完成陆上行程。然后按照既定的时间返回邮轮即可。

以下为地中海邮轮【辉煌号】13天热那亚港·跟团游·地中海巡游+迪拜+瑞士团，组团社就安排了罗马+巴勒莫+卡利亚里+帕尔玛+瓦伦西亚+马赛岸上观光行程，邮轮每到一个港口停靠，领队都会带领全团客人进行岸上观光行程。

罗马+巴勒莫+卡利亚里+帕尔玛+瓦伦西亚+马赛岸上观光A线　　　　　　收起详情 ∧　　　　参见【罗马】价格说明

$ 费用信息：¥4500/人
　　　单人价格为罗马、巴勒莫、卡利亚里、帕尔玛、瓦伦西亚、马赛的岸上行程总价，只需支付一次即可享有所有港口的观光。

岸上餐食：不含餐食

此岸上观光行程由上航国旅提供。

亮点推荐：

在领队的带领下午后，离开码头乘车前往帕勒莫西南的蒙雷阿莱，蒙雷阿莱大教堂是世界上现存的诺曼底式建筑，也是诺曼底艺术的巅峰作品。而蒙雷阿莱在意大利语里的意思是王室山，从这里可以俯瞰西西里岛上肥沃的山谷，成片的柑橘、橄榄和杏树。是后我们参观帕勒莫市区参观这座阿拉伯风情浓郁的城市，罗马街和马克达街之间的区域构成了主要的景点区域，行走在这里让人恍惚感觉走入了历史之中。岸上游流时间约5小时。（约11:00-16:00）以上岸上观光行程安排可能因天气、路况等原因做顺序上的相应调整，请您谅解。

早餐：邮轮；午餐：邮轮；晚餐：邮轮；
住宿：邮轮

（3）组团社事先没有统一安排岸上行程，需要团友自行报名参加邮轮公司组织的行程或选择自由活动。这样的行程需要领队向团友介绍行程内容及特色，并协助团友报名，如有可能，还要陪同团友一同参加行程。

由于船上行程众多，而且目前尚没有船公司能提供中文的行程介绍和中文随行导游服务。因此领队需要事先了解不同行程的特点，并向团友介绍。对于一些热门线路，由于很快会报满，因此也要尽早报名。一般邮轮公司都接受领队协助团友报名，因此领队可以事先统计好各个团友想要报名参加的线路，然后一次性在服务柜台帮助团员办理岸上行程的报名工作。具体费用，会分别在团友的账户上扣除。同时，如果大多数团友参加了同一行程，领队最好也能一同参加，便于在岸上观光行程中做好翻译和服务工作。

三、邮轮上的娱乐

邮轮旅游，除去上岸的观光行程，在船上有大量的时间需要打发，而船公司也提供了非常丰富的娱乐活动供游客选择。

邮轮航次的带团领队以及游客，会得到一份旅行的行程表（Daily Program），船公司每天都会提前提供第二天的行程安排，包括适合不同年龄段，不同喜好的游客的各类活动。由于这类活动介绍目前也没有提供中文版本，所以领队也需要在这方面提供服务。有条件的领队，可以事先将行程安排的大致内容翻译成中文，分发给团友，也可根据团队成员的实际情况，重点介绍一些适合他们的活动和安排。例如每天晚上船公司都会有一些大型的表演活动，如歌舞表演、脱口秀、杂技表演、冰上芭蕾等，有些活动需要事先预约，领队可以帮助团队进行安排；如无须预约，领队可以事先提醒团友演出的大致内容和时间、地点等，做好服务。此外，白天船公司还会安排很多适合小朋友的活动，如水上 DISCO、花车巡游、手工制作等。在某些有特殊意义的邮轮上，偶尔也会有穿着奇异的工作人员扮演各类角色随时出来与游客互动，随时可能会有工作人员来宣传娱乐活动，增加气氛；儿童、青年、成年人都有着自己专属的娱乐区域与娱乐活动，这些区域原则上不建议让其他的游客参加。领队也可以事先提醒团员参加。

由于语言沟通不畅和饮食不习惯诸项问题，有很多游客，尤其是年纪偏大的游客会觉得在邮轮上的时间比较无聊。作为领队，如果可以事先帮他们介绍船上的行程，并帮助他们选择一些适合的活动，将能帮助他们更好地打发船上"无聊"的时间，极大地提升他们邮轮旅游的体验。

对于大多数国内游客来说，出境游的很重要一个意图就是购物。相比较常规的陆上行程，邮轮游可能并没有安排太多的购物时间，这对于很多游客来说确实是一个遗憾。好在一般大型邮轮上也都有提供购物的场所，出售商品主要有化妆品、香水、手表、包、纪念品等。虽然没有大型购物店的商品种类齐全，好在船上购物够方便。如果买的东西不满意，只要不影响销售，也可以随时退货。并且船上的物品都是免税的，很多商品的价格比折扣店或大型免税店更低。

不同的商店，在不同的时段都会推出限时打折活动。这些活动都会在船上的行程表中有预告，领队可以事先告知团友，帮他们买到称心又便宜的商品。

知识链接　🔍 搜索

全球最大的休闲旅游公司嘉年华集团（NYSE/LSE：CCL；NYSE：CUK）已与中国电商巨头阿里巴巴的关联公司——蚂蚁金融服务集团签署协议，于嘉年华集团亚洲舰队上提供"支付宝"服务，游客能够在邮轮旅行中以时下最流行的移动支付方式进行消费，更方便快捷地享受嘉年华集团旗下品牌的产品与服务。

基于该协议，嘉年华集团旗下意式文化品牌歌诗达邮轮率先引入支付宝作为全新的船上支付方式选择。游客可在登船时通过扫码将其支付宝账户直接与"歌诗达"卡进行关联，用于船上购物、餐饮、娱乐活动以及岸上观光等消费，并每晚通过支付宝结清款项。

该服务于2017年6月登陆服务于中国市场的歌诗达邮轮·赛琳娜号，之后将陆续拓展至整个歌诗达邮轮亚洲舰队，包括大西洋号、维多利亚号、幸运号，以及新浪漫号。

支付宝是中国最受欢迎的移动支付和生活方式平台，在中国及海外服务超过4.5亿实名用户。此次嘉年华集团与支付宝强强联手，顺应"电子化"热潮将旗下邮轮的船上消费体验拓展至全新领域，将有力助推集团的市场发展。

目前，绝大部分邮轮公司规定在船上的一切消费都是通过船卡进行结算（船上的CASINO赌场可以使用现金）。游客在船上的任何地方消费，都只要出示船卡，然后签字确认就可。所有的消费款项都会在客舱的信息系统内显示，客人也随时可以去服务台打印账单查询。无论是采用现金、信用卡或其他方式支付，客人只要在离船前结清账户即可顺利离船。

四、邮轮上的其他特别服务

相较于传统的岸上行程，邮轮上还特别贴心地推出了拍照服务。

一般来说，游客从大厅登船开始，船公司就会为每一位游客拍照，以后在船上的不同地点和不同时间，都有摄影师提供服务。尤其是需要游客正装出席的船长晚宴，更是拍照的好时机。拍完的照片都会根据拍摄地点和时间，统一摆放在照片廊供游客选择。照片归档编号请参看船卡上相关信息。

船上提供的照相服务都是免费的，无论是餐厅随拍还是定点的摆拍，游客都不需要付费。只是最后如果想要打印好的照片，就需要付费购买了。领队可以事先提醒游客，在摄影师来拍照时不要顾虑太多，高高兴兴拍照就好，事后再决定是否购买。这样就能避免一些摄影师来拍照时，游客扭捏拒绝的尴尬场面。

知识链接 🔍搜索

邮轮的安全问题

往往一次带邮轮团旅游，不少游客对于邮轮颠簸晕船的问题以及邮轮上安全与卫生的问题，有着较高的关注。事实上，在一次常规的邮轮旅游推销中，这是居首要地位的。首先，邮轮的体积很大，并装有重心平衡系统和水下平衡系统，及其他的安全系统，稳定性很高。即使是与20世纪的英式邮轮"泰坦尼克"号一样，在相对较差的天气，也依然非常的平稳，在船上几乎感觉不到太大的晃动。而今的邮轮更是选择在环流与洋流比较稳定的海域，邮轮航行速度也不会太快，很多有晕船史的游客都会很快适应这种感觉，"享受"永远比"痛苦"多也是邮轮公司对于邮轮安全的一种承诺。

第三节 国际邮轮离船流程及手续

一、离开邮轮前的准备工作

离船前一天晚上，邮船公司会将账单送至各房间，团友自行核对即可。一般建议大家使用信用卡结算，好处在于：登船时只需办理预授权，离船时无须结账，只要核对账单无误即可。此外，目前有些邮轮公司不接受人工信用卡预授权，需要游客自行在 ATM

机上操作，国内的某些信用卡可能会遇到一些问题。因此建议客人能携带 2 张以上的信用卡。

在游客离船前一晚，船上工作人员会将以上类似账单送至客舱，上面记录了所有船上消费内容，包括餐饮、购物、岸上行程等。如客人是以信用卡结账，在核对账单无误以后，无须办理任何手续，第二天直接离船即可；如客人是采用现金或旅行支票等支付方式，务必在离船前去服务台结清账户。

离船当天或前一晚往往是结账高峰，所以领队可以事先提醒客人，如果最后一天不再消费的话，可以提前去结账。无论如何不要拖到离船当天才去结账，如时间拖延，可能会耽误后续行程。

一般邮轮公司都会分批安排乘客离船，这样既能提高离船的效率，也能满足不同游客的需求。一般在离船前两天，船方会将如下的离船时间登记表发放到每个客舱。

领队要根据团队的后续行程安排，提前与地接约定接船时间，并去服务台与船公司协调好全团成员离船时间。与登船时一样，一般船公司都会要求游客于离船前一晚的晚上 11 点之前将大件行李放置客房门外，工作人员会在游客上岸之前就将行李提前集中于岸上行李大厅，以便游客领取。因此领队要事先去服务台统一领取全团的同色行李标签，并尽早协助团友填好相应的离船行李条。

友情提醒：如果第二天的行程时间比较紧张，为了节省离船后寻找提取行李时间，也可不需要船公司提前搬运，而是自行携带大件行李下船。领队应视实际情况灵活调整。

离船行李标签。不同时间的离船行李标签会有不同颜色和数字，便于船方提前存放和游客离船后提取行李。

二、离开国际邮轮

邮轮到港以后，领队应带领全团游客在约定的时间和地点统一有序下船。在离船前，务必提醒客人检查下证件、贵重物品等是否已随身携带，不要遗落在船舱内。之前如有寄存在船上的物品，如岸上观光行程中购买的酒水、船方暂时保管的电热水壶等，也不要忘记取回。

三、抵达邮轮码头

下船以后，领队协助团友在大厅找到自己的行李，通过海关办理入境手续。在码头与地接导游会合，开始下一段行程或返程回家。

有些游客会在邮轮游览途中购买一些当地旅游纪念品，请一定提醒游客注意当地国家的海关相关规定。同样，切不可携带大量现金而不申报。例如：中国旅行团在结束加勒比邮轮行程后，在迈阿密港口通过美国海关检查时，团友因为携带大量现金没有事先申报而被带入"小黑屋"询问了 2 小时。

由于缺少了地接导游的协助，出境领队在邮轮团的带团过程中，需要付出更多的努力。一艘大型邮轮上有超过万人的游客和工作人员，就像一个小社会。虽然报了同一个团，但是每个游客的需求又各不相同，加上邮轮的特殊原因导致通讯联络并不如岸上那么方便。有时候一点点小问题会因为沟通不畅变成大问题，轻则影响游客的体验，重则招来投诉。这就要求领队在带团过程中更加注重细节，加强沟通，并且充分利用船上的各类资源，始终将服务理念挂在心间，更好地做好带团工作。

？ 复习与思考

一、问答题

1. 如果你是一名带邮轮团的出境游领队，出团前你应该做些什么准备？

2. 什么是客户服务部门（Guest Service Office）？

3. 请简述国际邮轮的登船流程？

4. 对于在邮轮出行之前，游客提出的财产安全问题，你会怎么解答？

5. 就目前的邮轮行程而言，邮轮上的游览可以分几类？

6. 简述嘉年华集团与蚂蚁金融服务集团签署协议：嘉年华集团亚洲舰队上提供"支付宝"服务的益处。

7. 离船前，领队应该做哪些工作？

二、案例讨论题

坐一艘大船去旅行

邮轮，是一个大型的 Mall。吃，喝，玩，乐，一样都不少。自助早餐、午餐、下午茶、晚餐和夜宵，一天五餐，中西结合，满足挑剔的味蕾。在甲板上，捧本书，来杯茶或咖啡，惬意。玩的项目是最多的：室外游泳池、健身中心、按摩浴缸、夜总会、桑拿浴、蒸汽轮、图书馆、健身课程（有氧气操、伸展运动、舞蹈、踏板操等）还有健身房教练指导；当然日常活动也不少：游戏比赛、寻宝游戏、智力比富、卡拉 OK、主题派对，更有船长参加的鸡尾酒欢迎会及提供特别菜单的联欢晚会，如果愿意，可以日日 High 到极点。到了深夜，剧场还有各种音乐和表演。

　　某国际旅游公司资深领队小菜，通过自己多次带团赴邮轮的经历，总结了邮轮旅游与其他线路不同的三个特点：

　　首先，邮轮能在六天或七天的行程中，游览两个国家，如：意大利歌诗达"浪漫号"（Costa Romantica）邮轮。就能在 5 晚 6 天的时间里，游览两个国家的三个城市，即：日本的福冈、熊本，韩国的济州岛，这是与大部分出境游线路所不同的（一般的线路均是一条线路赴一个国家）。

　　其次，乘邮轮旅行可以免去一路上的汽车长途跋涉的辛苦，免去了飞机在高空的无奈无聊，还可以免去多次更换酒店收拾行李的麻烦。没有 Morning Call，想睡多久就睡多久，想吃几餐就吃几餐，特别适合老人和小孩的出游。在这个连手机信号都没有的世界里人们可以抛开顾虑，远离压力，无拘无束，尽情享受邮轮行驶在海上的悠闲时间，同时在海上感受大自然的浩瀚无边，变幻万千。

　　最后，邮轮旅行的性价比确实很高，价格最便宜的内舱房每人只要 2999 元，加上邮轮港务费，邮轮服务费，全程领队小费，日本签证费（韩国济州岛免签证），以及上岸费，总共大约 5000 元左右。

　　领队小菜的小孩正好是读小学三年级，小孩同学的家长中知道小菜是在旅游公司工作的，就让他推荐暑期的旅游目的地，小菜推荐家长们带孩子赴邮轮旅行并摆出了以上的三条理由。这样，10 户人家（33 人）的甜蜜亲子邮轮假期一下就定下来了。因为是在暑假出发，小菜二三月份的时候就在旅游公司订了船位。满足了大部分家庭欲订内舱房间的需求（往往是越便宜的舱位越早容易订到）。

　　8 月 25 日，10 户人家，30 多人浩浩荡荡的一个大团，按预订的行程在上海国际客运码头登上了歌诗达"浪漫号"邮轮。邮轮上，每天的节目丰富多彩。孩子们在"思高"儿童俱乐部玩耍，大人们则在一旁休息的沙发上交流着育儿的心得。家长们总结出一个邮轮旅游的特点是：无论孩子们在邮轮上怎样"疯玩"，但他们最后肯定能找到他们的家（房间），从中也可以锻炼小孩的自控能力。

　　在选择下船游览的自选线路中，领队小菜根据小孩喜欢的特点，选择了"激情阿苏火山与经典熊本城"、"畅游太宰府天满宫及九州国立博物馆与购物"及"中文度假区–泰迪熊博物馆与购物"三条线路。当大部分小孩看到世界第一复活式火山——阿苏火山（阿苏火山群产生的火山灰超过了全球其他任何火山，也是熊本"火山国"美称的由来），孩子们激动不已。孩子们也从日本导游口头了解到太宰府天满宫相当于中国的孔庙。特别是当孩子看到了因为受到韩剧《宫》的影响，坐落于韩国济州岛的泰迪熊博物馆时，顿时，欢呼雀跃，小朋友不仅拍照，而且也买回了自泰迪熊问世 103 年以来世界各地的多种泰迪熊布偶。

6 天的行程马上就要结束了，当领队小菜在第五天晚上去团员的各房间巡视的时候，发现孩子们都早早地枕着海风睡着了。不知是因为玩累了想回家了，还是期盼着一觉醒过来又到了一个新的国家（城市）。总之，睡梦中孩子们的脸上都挂着甜美的微笑，也许梦中又见到了一艘更大的船带他们去远方旅行。

（资料来源：徐辉. 中国公民出境旅游服务质量解析［M］.

杭州：浙江工商大学出版社. 2017.）

根据上述案例，请回答以下问题：

1. 请思考邮轮旅游与其他旅游不同的三个特点。
2. 意大利歌诗达"浪漫号"（Costa Romantica）邮轮下船游览自选线路是哪些？

三、实训题

请学生实地或电话采访邮轮公司或包邮轮的大型旅行社，了解近五年的邮轮旅游在中国的发展情况。

第八章

带团的操作技巧

　　出境游领队在境外带团期间的主要工作，围绕着为旅游者安排好食、住、行、游、购、娱等几项旅游要素进行。目前有些旅行社出于成本考虑，会让领队担任全程导游，即以领队兼导游的形式来开展工作，在餐饮、酒店住宿、乘坐交通工具、商场购物等环节中提供优质服务。

　　本章介绍了领队在不同活动场合带团操作技巧，介绍了领队在餐饮、酒店、乘坐交通工具、商场购物等环节的具体操作技巧与方法。

学习目标

知识目标

1. 了解在酒店餐饮时的操作技巧。
2. 熟悉乘坐交通工具、商场购物等注意事项。

能力目标

1. 能够掌握领队带团中的实务操作要点。
2. 掌握处理突发事件的技巧。

案 例

维也纳酒店的餐厅经理为何朝客人发怒

2013 年 8 月，一个赴欧洲六国游的旅游团，乘奥地利航空公司的航班飞往奥地利首都维也纳。此团团员大多数为男士，均为某县城的企业家，这次是他们第一次赴欧洲旅游。为了带好此团，领队徐先生亲自去某县城开行前说明会。除了给每位旅游者分发有关资料和讲解行程外，领队徐先生还详细讲解了欧洲各国的宗教习俗、礼仪和有关法律及规定。但即将参团出游的 26 名旅游者中，X 先生等 6 人自称生意繁忙，没来参加行前说明会。

团队出发去机场的路上，领队试图给 X 先生等几位客人补课，但他们却不愿意听，甚至产生了反感，说："中国人到外国去，要挺直腰板，不要低三下四。"团队到维也纳的第二天，用早餐时，餐厅经理向旅游者"发难"了。

此团按费用标准，早餐在酒店用美式自助早餐，食品丰富，各种点心、奶酪、果酱、新鲜水果应有尽有。果酱、奶酪都用漂亮的不同颜色的水果图案包装，客人可以根据自己的喜好来辨认和挑选。X 先生不加选择地拿了一大盘，用餐时挨个打开，闻一下便放在餐桌上。用餐过程中，他的餐桌上放了十多盒已经打开而没有吃过的各种果酱和奶酪。这时走过来一位满头银发，身着黑色西装和洁白衬衫，打着黑色领结，看样子有五六十岁的餐厅负责人。他用很生硬的英语大声问："谁是这个旅游团的领队？"领队徐先生举手示意自己是领队。这位负责人毫不客气地对他说："告诉你的客人，你们中国过去很穷，许多中国人因吃不饱饭而饿死。我也读过许多第二次世界大战时期关于中国的书。现在中国强大了，中国人富起来了，你们就可以如此浪费吗？这样很可耻！走吧！走吧！早餐的时间结束了！"

——资料来源：仉向明，黄恢月．出境旅游领队工作案例解析［M］.

北京：旅游教育出版社．2008.

案 例 分 析

1. X 先生是否有做得不妥的地方？
2. 领队带团在酒店用餐的过程中，还应该注意些什么？

第一节　境外餐饮服务

餐饮服务是领队带出境旅游团队在外旅游期间的基本服务事项。提供优质的餐饮安排，有利于每天行程的顺利开展，更有利于增进与旅游者的信任，获得配合与支持。

一、餐前准备工作

行程中，领队在缺乏导游的情形之下或者担任领队兼导游（Through Guide）的角色，就需要做好餐饮预订的工作。

（一）预约人数、时间、餐饮种类及标准、特殊要求等

团体用餐通常要预约，不管是用电话、电邮、传真等方式，都宜事先完成，以确保团体有座位和给餐厅充足的准备时间。特别是在旅游旺季及有特殊的餐饮需求时，更应提早预订，以免餐厅满员，无法接受预订。提前完成团体用餐预订，可避免旅游者等待时间过久，耽误下一站行程和影响旅游者心情。订餐流程为：

（1）先报旅游团体名称、团号和领队姓名。

（2）告知团体人数（团体+小孩+领队、导游、司机）。

（3）告知素食者或其他特殊饮食限制者的人数。

（4）确定订餐的规格，包括：几菜、几汤与多少价位的菜单。

（5）告知大约抵达餐厅用餐的时间。

（二）旅游中的订餐时间

最好能够在48小时之前订妥。在旅游旺季排队用餐的情况经常发生，等候时间甚至超出1小时。领队更应提早安排妥当。

（三）订餐的变更

一经预订，尽可能不要变动，也不可在抵达当天取消；如因故无法前往用餐，请于抵达前24小时，委婉地通知对方，并请求谅解。

（四）确定餐厅的位置

了解餐厅的正确位置，以免司机不熟悉时，浪费太多时间来找餐厅，影响旅游者用餐时间。

温 馨 提 示

目前，我国去欧洲、北美洲等地区的出境旅游团较多。通常整个行程中基本上以安排中餐为主。在国外华人开的餐馆特别多。这些华人大多来自浙江温州地区的瓯北、鹿城、文成、瑞安、丽水青田，还有福建和山东等。老一代开餐馆的华侨则以广东人居多。

二、用餐过程的服务

在餐厅时，尤其要注意团体用餐礼节与个人贵重物品的保管。第一，要让旅游者吃得有礼；第二，要让旅游者吃得安心。领队的具体工作内容如下：①认清餐厅方向。②事先说明集合时间及上车地点。③指出紧急出口及厕所位置。④介绍餐厅内用餐礼节。⑤告知哪些费用包含在团费之内。⑥运用菜单说明今日餐点及特别餐，并注意菜量及菜色是否相符。⑦预留出让旅游者上洗手间的时间。

团体用餐不同于自由行旅游者，随团服务的领队负有教导的责任，故于用餐时要一再提醒游客注意如下事项：

（一）服装

团体若在中式餐厅享用中式餐食，旅游者着行程中的一般服装即可。但若安排在西式餐厅用餐，领队应事先告知旅游者，普通西式餐厅要求旅游者不能穿凉鞋、短裤；如为正式晚宴或晚餐秀，则须依各秀场规定，最低要求不可穿牛仔裤、布鞋或无袖之上衣。除在休闲度假的饭店或海滨，一般不宜穿着短裤、拖鞋或无袖上衣进入餐厅，特别是进入正式西餐厅或晚餐秀等场合。

知识链接 🔍搜索

帆船酒店用餐时的着装要求

打开帆船酒店（Burj Al Arabi）的官方网站时，就可以看到网站上有对用餐旅游者的着装要求：

午餐：帆船酒店用餐者的着装应是休闲风格的。男士要穿带领衬衫、长裤或者休闲牛仔裤、皮鞋。女士要穿套装或者连衣裙，长裙或短裙，较为讲究的轻便上衣。阿联酋民族服装在这里也是很受欢迎的。男士若穿短裤、汗衫、拖鞋和运动鞋等，都是不允许进餐厅的。

正餐：帆船酒店的正餐着装是半正式化的。男士要穿长袖的带领衬衫，长裤（牛仔裤除外）和皮鞋，还需要穿一件夹克外套。女士要穿套装或者连衣裙，以及或长或短的裙子，但也要较为松弛，并且注意修饰。阿联酋民族服装在这里也是很受欢迎的。男士若穿短裤、汗衫、拖鞋和运动鞋等，都是不允许进餐厅的。

（二）入席

团体进入餐厅应保持安静。在中式餐厅用餐时，领队应先向餐厅确认自己团体所分配的桌次，请旅游者依序就座。西餐厅也是先确定团体位置并告知预约与否、用餐人数，不可自行寻找位置就座，应等待服务生领位。应将大衣、手提行李寄存在衣帽间。应告知旅游者遵循女性优先原则，并从左侧就座。通常旅游者来自不同的地方，旅游初期旅游者彼此不认识，入席时宜机动调整，为其提供彼此认识的机会。另外，若有素食者、小孩子等入席安排，要特别告知餐厅服务人员。

（三）菜单

团体菜单通常是套餐方式，虽然如此，但仍应告知旅游者套餐之菜单内容。如果旅游者中有不吃牛肉或不吃猪肉者，可以事先避免误吃。

（四）用餐礼节

一般我国旅游者会很习惯中餐用餐礼节；但用西餐时，尤其是法国餐、瑞士火锅、意大利餐等特殊餐饮时，领队则必须事先告知旅游者正确的用餐礼仪。

1. 饮料

普通团体用餐时，饮料通常不包含在用餐费内。领队宜事先告知旅游者饮料费用包含与否，如不含则告知费用多少。尤其是西式自助餐、自费活动的表演场所，以及国际航班上的含酒精饮料等。

2. 餐具

餐具礼节通常在享用西餐时会用到。对于法式西餐，旅游者一般较不熟悉。团体用餐必须入乡随俗，尤其是在国际性场合，例如国际邮轮、赌场旅馆等。领队宜事先讲解西餐餐具的使用方法。

餐巾不可夹在领子上或塞在腰带上，通常平放在双腿上。餐巾一般用来擦拭嘴与手，绝不可拿来擦桌面。中途离开时，不可将餐巾吊在椅子上，可放在椅子扶手上或椅背上，用餐完毕后应放回桌上。

餐厅通常会将刀叉摆放好，左叉右刀是一般规则，若切好菜肴后，也可将叉换至右手持用。若中途用餐停止要进行交谈时，应将叉柄朝下放，与刀成八字形。餐毕，则将刀叉平行放置于盘中，刀刃向内。除非是特殊餐点，如吃鱼或瑞士火锅，否则在西餐中，每道菜都需要灵活更换合适的刀叉，服务生会在每一道菜吃完后收去相应餐具，并按需添加刀叉。原则上有以下几点要注意：

（1）首先请务必认清每一项餐具之功用，不同饮料使用不同酒具，不同的主菜也使用不同的刀叉，切勿张冠李戴，失礼又失身份。

（2）叉子为大部分主食、前菜、甜点送入口的主要餐具；刀的主要功能为切割食物，不可用刀送食物入口。

（3）西餐中，汤匙种类非常多，因不同餐点搭配不同形状的汤匙，各有其功能，同一把汤匙不可从头用到尾。例如咖啡匙主要功用在搅拌，并非送入口的餐具，用完后不可放在杯中，应置于咖啡碟上。

（4）餐具使用一般按照由外而内的原则。例如，前菜先是一道汤，接下来是一道海鲜，则摆放顺序为汤匙、鱼刀、鱼叉；或主菜为肉类，其对应餐具应为置于最内侧的那组刀叉。领队宜事先告知旅游者用餐顺序与菜单的内容。

3. 西餐饮酒的搭配

按照惯例，西餐中红肉配饮红酒，而品尝海鲜则以白酒相配即可。这是一般用餐的规则。但也有些特殊餐食的搭配则不然，如鹅肝酱配红酒或白酒都可。喝酒时最易产生的困扰是将酒杯拿错，或一个杯子被倒入多种酒。

4. 汤类与面包食用原则

在国际礼仪中，喝汤时应用汤匙把汤在碗内自内往外舀出，再用汤匙送入口。喝汤忌发出声音，使用匙尖送入口中，不可用吸入方式，以免发出声音。若碗内汤所剩不多，则可将汤碗向外稍斜，再用汤匙舀出。面包通常是点菜后服务生才会送来，但面包非主食，而是配合不同菜式换口味的副食。吃面包时，应先在面包篮内将面包撕成小块再取食，不可在菜盘中撕面包，也要避免将面包蘸汤食用，在高档西餐厅尤其不可以做出这样的举动。

（五）小费

通常团体在中餐厅用餐，一般如无特例无须再给小费；但若在西餐厅，一般需支付一定小费。午餐小费通常为总花销的10%，而晚餐为15%，但非绝对的，如团费已包括则不必给。但不管中式还是西式餐厅，如服务生服务非常好，或旅游者要求的服务内容超出正常服务范围，则须酌情再给服务生小费，以免失礼。国内通常有所谓的服务费（service charge）；国外也有，称作 cover charge，一般都属于餐厅的利润。建议旅游者给予服务员真正属于他的小费。总之，团体用餐通常含有小费，除非旅游者是在自由活动时自行用餐或喝饮料，或是在赌场旅馆享用自助餐时。此外，若是参加晚餐秀（Dinner

Show）或演艺船（Show Boat），需告知旅游者，对于演艺人员的特殊表演或接受点唱时，应酌情给予小费。

（六）自助餐

团体旅游通常在旅程中会安排自助餐。自助餐符合旅游者消费心理，且在无中式餐厅的旅游地区也不失为一个好选择。自助餐通常会摆满各式主菜、副菜、甜点、水果等，菜式非常丰富。领队也应事先向旅游者告知用餐礼节，诸如：

• 女士优先是国际惯例，请依序排队礼让女性。

• 虽是自助形式，但仍有前菜、主菜、甜点、咖啡或茶等顺序，告知旅游者用餐顺序，忌逆向获取食物。

• 冷盘与热盘、甜食与咸食应分开盘子盛装，以免影响食物的味道与卫生。

• 取量宜衡量本身食量，不可一次拿足所有食物，包括前菜、主菜、甜点、饮料全摆在桌上。

• 饮料有时会由服务生服务，若自取时也依照一次取用一杯的原则，不可一次倒数杯放在桌上。

团体旅游安排自助餐方式，具有方便性和自主性的双重优点。领队应提醒旅游者按量取用，杜绝浪费。此外，领队应注意素食者的菜量是否足够，并告知旅游者用餐时若有服务生服务时也应酌情给予小费。

应事先熟记与餐饮相关的专有名词。因为领队不论为旅游者服务还是与餐饮业沟通联络时这类名词都十分有用。

知识链接 🔍 搜索

餐饮业常用词汇

餐食			
英文名称	中文名称	英文名称	中文名称
starters；appetizers	开胃餐	spaghetti	意大利面
roast beef	烤牛肉	smoked salmon	烟熏三文鱼
vegetarian	素食者	scrambled egg	炒蛋
lobster	龙虾	escargot	田螺
omelet egg	煎蛋卷	cheese	奶酪

续表

饮料			
英文名称	中文名称	英文名称	中文名称
mineral water	矿泉水	espresso	意式特浓咖啡
wine cooler	葡萄酒冰桶；酒柜	cocktail	鸡尾酒
Manhattan	曼哈顿鸡尾酒	Bloody Mary	血腥玛丽鸡尾酒
Screwdriver	螺丝刀鸡尾酒	decaffeinated Coffee	无咖啡因咖啡
latte	拿铁咖啡	chamomile	甘菊茶

蔬果			
英文名称	中文名称	英文名称	中文名称
pineapple	菠萝	papaya	木瓜
mango	杧果	carrot	胡萝卜
coconut	椰子	pumpkin	南瓜
watermelon	西瓜	mangosteen	山竹
durian pear	榴梿	passion fruit	百香果

调料			
英文名称	中文名称	英文名称	中文名称
pepper	胡椒	salt	盐
sugar	糖	soy sauce	酱油
vinegar	醋	chili（hot pepper）	辣椒
tabasco	辣酱	sauce	酱汁
dressing	调味品	ketchup	番茄酱

其他			
英文名称	中文名称	英文名称	中文名称
chewing gum	口香糖	finger bowl	洗手盅
service fee	服务费	serving trolley	服务推车
cashier	收银员	wine list	葡萄酒单
salt shaker	盐罐	rice cooker	电饭煲
napkin	口布	drink list	饮料单

三、离开餐厅时

　　团体用餐完毕，如是午餐，则会继续下午的游览行程；如是晚餐，则回酒店休息。此时旅游者一般精神较放松，所以经常忘记随身物品。又或，有些旅游者的节俭美德使其惯于在用餐后将剩余的食物外带，但这在国外是非常不妥的行为，尤其是在享用自助餐时，将食物外带的情况最容易发生，也最不合适。因此，离开餐厅时领队的重点工作为：

（1）提醒旅游者是否已经携带随身物品。

（2）请勿外带餐具及未食完的食物。

（3）为司机准备打包盒。

总之，在餐饮时领队应善于把握时机，介绍用餐的礼节与各国的特殊餐饮习惯，使旅游者用餐时，不仅填饱肚子，而且能增长旅游餐饮的知识。

第二节　境外酒店服务

领队在安排酒店住宿时应细致周到，增进与旅游者之间的感情，将酒店单纯的住宿功能提升至休闲旅游的更高层次。

一、办理酒店登记手续前

（1）掌握正确的酒店位置，可以节约进酒店时间。

（2）如因行程延误，时间过晚，宜事先打电话告知酒店。

二、登记住宿时

在酒店办理住宿登记的同时，应向旅游者说明酒店住宿的注意事项，以免造成领队自身与旅游者的困扰。通常应注意以下几点：

（1）向酒店总台确认是否有酒店附属设施，如游泳池、健身房、桑拿浴、赌场等娱乐设施等。

（2）协助酒店礼宾部领班（bell captain）清点行李，使行李能够尽快被分送到旅游者房间。

（3）若旅游者为亲朋好友同行，尽量安排临近房间（adjoining room），或询问有无连通房（connecting room），以满足旅游者需求。

（4）旅游者进房后，应告诉旅游者如何使用房间内的各项设施，并告知紧急逃生通道。

（5）说明大陆式早餐与美式早餐的不同。欧洲旅行团一般提供大陆式早餐，如欲吃美式早餐，须请旅游者另行付费。

（6）请旅游者离开房间时记得带钥匙，外出请携带印有酒店名称、地址、电话的卡片，以防迷失。

在住宿登记时，领队可向旅游者说明次日行程携带的物品及服装，如进教堂不宜身着短裤、短裙、拖鞋，上高山宜加件外套，海滨旅游宜涂防晒霜及携带太阳眼镜等。

知识链接 🔍搜索

酒店常用词汇

序号	英文名称	中文名称	序号	英文名称	中文名称
1	front desk	前台	24	bikini	比基尼
2	bell service	行李服务中心	25	stockings	袜子
3	tour information desk	旅游咨询服务中心	26	handbag	手提袋
4	executive floor	行政楼层	27	cosmetic case	化妆箱
5	business center	商务中心	28	shopping bag	购物袋
6	duty free shop	免税店	29	purse	皮包
7	house keeping	客房部	30	necklace	项链
8	room service	送房服务	31	pendant	坠子
9	laundry service	洗衣服务	32	key holder	钥匙包
10	beauty saloon	美容中心	33	doorknob	门把
11	hotel voucher	饭店住宿券	34	keyhole	门孔
12	personal bill	个人账单	35	sandals	拖鞋
13	rooming list	分房名单	36	shoehorn	鞋拔
14	complimentary fruit	免费招待水果	37	shoe polish	鞋油
15	welcome drink	免费招待饮料（欢迎饮料）	38	shoe brush	鞋刷
16	meal coupon	餐券	39	coat hanger	衣架
17	wake-up call	叫醒电话	40	comb	梳子
18	pay TV	付费电视	41	hair dryer	吹风机
19	safety box	保险箱	42	battery	电池
20	master key	万能钥匙	43	blanket	毯子
21	shuttle bus	穿梭巴士	44	sheets	床单
22	evening dress	晚装	45	pillow	枕头
23	wedding garment	结婚礼服			

备注：

1. 前台（front desk）：包括登记处（registration）或接待处（reception）、问讯处（information）、收银处（cashier）、预订部（reservation office）、礼宾部（concierge）、夜间核算（night auditor）。有些酒店设有独立的团体登记处（group check in counter）。

2. 行李服务中心（bell service）：包括行李员（porter）、门童（door man）。

三、酒店退房时

离开酒店结账时，领队需留意旅游者是否付了自身的私人费用。行李及贵重物品是否已带；特别是要确定团体行李件数和是否已被带上车。为确保万无一失，开车离开饭店时，领队应再次提醒旅游者亲自确认行李携带上车与否。

（1）早上集合时，领队应提早至集合地点，协助旅游者退房，并与收银员核对私人账单是否已付。

（2）全团行李搬至大厅后，领队应立即清点件数，并请旅游者再确认一次行李数。待办理退房后，再通知司机将行李搬上巴士。在旅游治安较差的地区，应配合司机装卸行李。

（3）开车离开酒店前，领队应再次确认旅游者随身物品携带与否，饭店钥匙是否归还。

（4）请保存所有酒店的分房表，回国后再销毁，以备旅游者万一遗失物品时有资料可查。

总之，在酒店时，领队可通过向旅游者介绍酒店的附属休闲功能，并且鼓励旅游者加以利用，来改变旅游者认为酒店仅仅是睡觉的地方的观念。

案例

为取回一副昂贵的眼镜

领队陈先生所带的"法、意、瑞 10 日游"团体顺利地完成了法国和意大利的行程，接下来前往瑞士游览。游客 S 女士在瑞士酒店退房时，将眼镜遗忘在酒店客房。等她意识到这个问题时，团队已经离开酒店半个多小时车程了。S 女士告诉领队，此眼镜价格昂贵，是他先生买给她的结婚礼物，恳求司机掉头返回酒店取回眼镜。领队和司机同意了她的要求，开着大巴载着全团游客返回了酒店。但是大巴返程中遇到了交通高峰时段，来回耗时一个多小时，耽误了行程，并引起了同团其他旅客的不满。

——资料来源：作者编写．

案例分析

1. 领队在客人离开酒店时所做的工作是否正确？

2. 除了案例中的办法以外，是否还有别的办法取回 S 女士的眼镜？

第三节　境外交通服务

一方面，乘坐交通工具是到达旅游目的地的手段与方式。另一方面，在旅途中，领队的解说，更使乘坐过程成为旅游的一部分。以下就乘坐飞机、乘坐旅游大巴、乘坐火车或船舶，分别介绍如下：

一、乘坐飞机时

出境旅游中，乘坐飞机是旅行中很重要的一个步骤，包括座位、餐饮、机上过夜、飞行娱乐、下飞机后的通关顺利与否，全要在飞机上妥善解决。飞机东西向飞行，旅游者生理时钟必受影响。出发前，领队应说服旅游者要预先睡觉。因为飞机落地后，旅游者不能马上前往酒店休息，而要开展行程和购物。这对旅游者的精神与体力影响甚大。因此，要建议旅游者善用乘机时间进行休息。

此外，旅游者有时会抱怨，团体座位被安排在后面，抱怨旅行社、领队安排不周到。领队应事先耐心说明，因旅行社购买的是团体折扣票，所以通常座位会被安排在飞机的后翼区域。解释清楚后旅游者乘飞机才能舒畅顺利。一般旅游者对何种身体状况不适合搭机仍无明确认识，领队宜事先排除旅游者是否患有不宜乘飞机的疾病。

（一）不宜乘机的疾病

（1）缺氧类疾病。例如，控制不良的肺部疾病、心脏疾病、六周内曾心肌梗死、血红素小于 8 的重度贫血、三周内曾患中风者及控制不良的癫痫症等。

（2）因压力变化可能引发的疾病。例如，急性中耳炎、急性鼻炎、10 天内动过肠胃手术、3 周内曾发生肠胃道出血、动过胸腔手术、眼球手术、石膏固定及肢体水肿等。

（3）其他。例如，水痘、肺结核、红眼病等传染疾病、怀孕 36 周以上的孕妇、出生 14 天内的婴儿、大小便失禁或慢性支气管炎患者等。

总之，切忌因乘坐飞机而导致旅游者身体不适，进而影响后续行程活动，或因少数人而影响其他旅游者情绪。

（二）操作技巧

（1）集合时间之前应清点人数及行李。旅游者尚未到齐时，可先请已到的旅游者自由活动，规定于一定时间返回原地集合。这样有利于领队处理事务，并同时避免已到旅游者无所事事，觉得无聊。

（2）行李转送海关检查，领队须告知旅游者要等行李通过检查后才可离开柜台，以免海关人员要求开箱检查时找不到旅游者，领队又无行李钥匙或密码。

（3）通常超过集合时间一小时后，若仍有旅游者未到，将未到旅游者的护照、机票、登机证交予送机人员处理。

（4）告知旅游者重要事项时，特别是登机时间、登机门，须确保每个人都知道。

（5）请旅游者于飞机起飞前半小时务必到登机门。通常航空公司在起飞前 15 分钟关闭登机门，后果由乘机者自负。

（6）有关机上座位安排，宜事先说明由于登机牌上姓名按英文字母顺序排列。因此，可能造成夫妻或同行的人无法坐在一起（宜事先说明），尤其是对蜜月旅行的新婚夫妇。领队可在登机前候机室内略做调整，并根据旅游者的选择，加以协调与安排。

（7）领队的座位须在邻近团体座位附近的走道边，并告知旅游者，以便旅游者在需要协助时能方便找到领队。

（8）领队可向空乘服务员询问相关资料之后，向旅游者再一次解说飞行路线、飞行时间和时差。

（9）如乘机时间正巧接近用餐时间，先确认公司有无预订，是请旅游者在机上用餐还是上机前先自行用餐，应事先告知。

（10）应在上机前提醒旅游者携带简单的洗漱用品。以避免经过长途飞行后旅游者大多数一脸疲惫的样子。

（11）应利用转机空当，教旅游者几句当地常用语言表达。

知识链接 🔍搜索

航空业常用词汇

序号	英文名称	中文名称	序号	英文名称	中文名称
1	normal fare	普通机票	8	downgrade	座舱降等
2	infant fare（INF）	婴儿机票	9	frequent flyer program	常客优惠计划
3	no seat（NS）	婴儿无占座	10	in-flight service	客舱服务
4	first class（F class）	头等舱	11	non-endorsable	不得转机
5	business class（B class）	商务舱	12	non-refundable	不得退票
6	economy class（E class）	经济舱	13	non-reroutable	不得更改航程
7	upgrade	座舱升等			

（三）出入境时的操作技巧

领队应该掌握旅游者心理，做好出入境时的工作，使旅游有一个好的开始与完美的结束。在出入境时，领队要注意如下几点：

1. 境外机场入境程序

（1）团体抵达目的地机场后，下机前宜先请旅游者在飞机上去厕所，以免在机场等候旅游者上洗手间而浪费时间；下飞机后待清点人数后即可通关，以免耽误通关时间。

（2）在机上宜填妥旅游者通关的相关表格，于下机前交由旅游者于出关时使用。

（3）领队及旅游者应配挂旅游团队卡片，以利于当地旅行社人员接机。

（4）务必请旅游者在入境卡及海关申报单上亲笔签名，以确认旅游者完全了解申报单的内容，并且提醒不可造假。领队也不能替旅游者代签。

（5）通常第一站会有当地旅行社的代表接机，有时在首站饭店须再次检查行程表和英文行程表。点清门票张数或车票等，若未取得，须尽快与当地代理旅行社联络，以确定在何时何地可拿取。

2. 目的地国家（地区）机场离境与国内机场入境程序

（1）若发生旅游者回程的特殊情形，领队应在可能的范围内协助旅游者，并帮助其事先做好回程确认机位的相关工作。

（2）回国时，切勿替别人携带未经检视的行李返国，更不可携带违禁品。

二、乘坐旅游大巴时

旅游者出国旅游时都充满期待，希望开阔眼界、增长见识。对旅游者而言，国外一切都是新鲜的，令他们感到愉快。这时领队也必须下功夫，尽可能使讲解既全面又生动。此外，初次与当地司机见面合作时，领队应与司机建立良好的关系，要告诉司机本团特殊性与偏好，以利于增进彼此的了解与后续合作的顺畅度。

乘坐旅游大巴时，领队应注意下列事项：

（1）应事先按照行程列出一份沿途领队自行订餐的城市、餐厅名称、地址、电话、用餐时间等资料，提供给旅游大巴司机参考，以方便其找出正确位置。

（2）给司机行程内各大城市街道地图各一张，以及国外各大城市使用餐厅一览表，以供其参考。

（3）对团队里高龄者、晕车者，要适当给予照顾，安排坐在靠前几排的位置。

（4）在解说行程时准备相关录音带或 CD 光盘。这样既可以强化讲解效果加深旅游者印象，也可以帮助旅游者消磨旅途中的行车时间，达到双重乐趣。

（5）司机后第一排的座位为领队或导游专用。旅游巴士的第一排位置也较危险，先向旅游者解释清楚后，旅游者会配合空出位置来。

（6）除注意行车安全之外，随时提醒旅游者下车时一定要随身携带贵重物品与护照，以防犯罪盗窃事件发生。

（7）若有当地导游时，领队宜先将导游介绍给旅游者，再将团体正式交给导游，但领队必须坐在导游旁边提供必要的协助，绝不可独自在车后睡觉。通常清点人数的工作应由领队执行。

（8）每日上车前先请旅游者确认随身行李、证照是否已携带且存放妥当；每天搬运团体行李必须再确认一次，记得提醒旅游者增减行李一定要告知领队。

（9）行车时，领队应注意车内温度，请司机随时保持最适宜温度。

知识链接 🔍 搜索

旅游巴士常用词汇

序号	英文名称	中文名称	序号	英文名称	中文名称
1	rear tires	后轮轮胎	6	wiper	雨刮器
2	entrance door	入口	7	turn signal light	转向灯
3	rearview mirror	后视镜	8	front bumper	救生气囊
4	front tires	前轮轮胎	9	headlights	车前灯
5	windshield	挡风玻璃	10	baggage compartments	行李箱

案 例

旅途中车辆出故障影响后续的行程

2013 年 9 月 23 日午餐后，领队小李带 25 位客人乘大巴从西班牙马德里出发赴塞哥维亚古罗马引水渠参观。一路上，大巴车时好时坏，司机后来发现是离合器出了问题。旅游大巴开了 30 分钟，还没有开出马德里市区，就停靠在路边进行维修。领队小李与当地导游立刻联系地接旅行社，得到的答复是，另派一辆车来替换。估计需要一个多小时才能到达。

无奈 25 名游客只好在马德里格兰比亚大街逛街。领队与团友约定了 1 小时后集合。1 小时以后新派的旅游大巴来了。但是，领队发现有两名客人始终没有归队。领队一边打电话，一边去附近的商店寻找。半小时以后才见到了这两位游客。原来他们找不到集合地点了。等参观完塞哥维亚古罗马引水渠后，返程的路上堵车严重，回到马德里市区时已经是晚上 19 点了。本来大家都想去自费观看晚上 19 点的斗牛比赛，但由于回马德里的时间太晚，就无法实现这个愿望了。客人们都感觉非常遗憾。

——资料来源：作者根据带团时的经历编写而成．

案例分析

1. 领队在遇到车辆出故障等意外事故时，应采取一些什么弥补措施？
2. 本案例给你带来什么启示？

三、乘坐火车或船舶时

乘坐火车或船舶时，安全是最基本的要求，无论旅游者人身还是行李的安全，特别是旅游者中儿童及年长者的安全，是领队格外需要注意的地方。此时，领队须特别注意的事项为：

（1）遇到语言不通或路途不熟悉等情况，可请酒店或餐厅派人协助。

（2）乘船时，须再三强调船上救生衣及逃生小艇的存放位置；在船上浏览风光、倚靠船边拍照时，要注意安全；夜间船上活动，宜告知旅游者结伴同行，不可单独行动。

（3）提醒旅游者遵守船只航行安全规定，勿携带禁品入内，以免影响航行安全。

知识链接 🔍搜索

火车与船舶常用词汇

序号	英文名称	中文名称	序号	英文名称	中文名称
1	express	快车	6	ticket machine	售票机
2	underpass	地下道	7	message board	留言簿
3	platform	月台	8	clutch pedal	离合器踏板
4	MRT；metro	地铁	9	ticket examiner	检票处
5	tram	电车	10	cruise	邮轮

第四节　境外游览服务

出境旅游团在境外旅游期间，行程中通常会安排参观目的地知名的旅游景点、著名博物馆、美术馆等场所。领队必须针对不同的参观场所提供相应的服务。

一、参观博物馆与美术馆

参观博物馆对领队人员而言是一件劳心又费力的事情。领队既要提醒旅游者在参观途中注意个人财产安全，又要使博物馆之行变得有意义、有趣味性，还要使参观行程时间快速而有效果且不累人。领队应该做好以下相关准备工作：

（一）参观前准备工作

领队需要大致了解景点的背景资料。对于博物馆、美术馆内的背景资料了解越多，就越能诠释艺术品的真谛以及补充馆内讲解员的不足。在出团前宜阅读相关资料，熟记相关字词，以利口译需要及翻译的正确性。

知识链接 | 🔍搜索

博物馆等常用词汇

序号	英文名称	中文名称	序号	英文名称	中文名称
1	bishop	主教	9	light source	灯源
2	nun	修女	10	coffin	棺材
3	charcoal	木炭	11	cardinal	〈不宣传〉
4	gallows	绞刑架	12	guilotine	断头台
5	engravings	版画	13	minister	牧师
6	tombstone	墓碑	14	stained glass	彩色玻璃
7	oil painting	油画	15	crossbow	石弓
8	water color painting	水彩画	16	armor	盔甲

（二）在博物馆或美术馆内

在博物馆或美术馆内，领队要注意以下几项工作：

（1）认清方位，规划参观线路。

（2）事先说明集合时间及地点。

（3）指出紧急出口及厕所位置。

（4）告知馆内规定。

（5）运用说明书及地图。

（6）知晓馆内镇馆作品。

（7）预留自由活动时间，让旅游者购买纪念品。

（8）在馆内解说时，应根据旅游者多寡调整音量大小，但不能影响其他团体或个人参观。

（三）掌握相关的规定事项

领队在入馆前，应将馆内相关规定事项向旅游者介绍。主要有以下几点：

（1）告知旅游者展品位置变动情况。艺术作品可能在巡回展出、外借，也可能在外修复或馆内正在做内部展示调整。领队要清楚这些变动，以免带着旅游者到处寻览。

（2）进入馆内时，索取楼层分布图。

（3）如无随行导游或馆内游览员，可咨询馆内服务台，确认该作品的正确位置。

（4）如因语言不通或找不出位置，可将该作品的图片提供给馆内工作人员参考，请求其指示出位置。

（5）告知旅游者参观时间变更情况。博物馆、美术馆的参观时间，会因季节性、淡旺季、罢工或特别假日等因素而改变开放时间。领队应事先多询问相关单位或人员。

（6）告知摄影规范。多数博物馆、美术馆内可以照相，但未经申请许可，不可使用闪光灯或三脚架。因闪光灯会使艺术品受到破坏，并且造成其他参观者的不便。

（7）协助旅游者检查个人物品。出于对馆内收藏的安全考虑，参观人员通常要经过安全检查，并要求不可带入大型个人背包。每个博物馆、美术馆在出入口都设有衣帽间，可多加利用。领队应和导游一起在旅游大巴车上宣布以上注意事项。

（8）告知饮料及餐食食用原则。若馆内规定参观过程中不得进食，领队应提醒旅游者在参观前上厕所及饮水，并于参观结束后适当安排购物。

（四）离馆后

（1）再次确认人数及是否携带个人贵重物品。

（2）掌握正确的搭车位置及事先约定接待时间。

（3）如场地、时间适宜，可拍摄团体照。

总之，参观博物馆或美术馆时，由于容纳量的限制、团体参观活动时间有限及旅游者参观需求不同的情况，容易造成有些旅游者稍嫌不足，有些旅游者稍感太长的两极现象。领队应在入馆前说明参观时间、相关限制及重点参观文物的注意事项。

二、参观名胜古迹与游乐场等

参观名胜古迹或游乐场对领队人员来说是一件费体力的事情。领队须提醒旅游者在参观途中注意财物、人身安全；领队应使名胜古迹、游乐场之行具有教育性、娱乐性，使其兼具知性与感性，以及让参观行程时间快速而有效率。通常要做好以下几点：

（一）参观前准备工作

领队应收集并阅读相关背景资料。对名胜古迹、游乐场内部背景资料了解越多，就越能诠释其真正内涵以及补充名胜古迹解说员的不足。在出团前宜阅读相关资料、图片及熟记关键词以利于口译需要及保证翻译的正确性。

知识链接 🔍搜索

名胜古迹与游乐场等常用词汇

序号	英文名称	中文名称	序号	英文名称	中文名称
1	octopus	章鱼	11	rhinoceros	犀牛
2	dolphin	海豚	12	hippopotamus	河马
3	catcher	捕手	13	giraffe	长颈鹿
4	jellyfish	水母	14	peacock	雄孔雀
5	sea horse	海马	15	karate	空手道
6	yacht	游艇	16	seesaw	跷跷板
7	skiing	滑雪	17	merry-go-round	旋转木马
8	electric torch	手电筒	18	roulette	轮盘
9	compass	指南针	19	statue	雕像
10	sleeping bag	睡袋			

（二）掌握相关规定事项

（1）进入名胜古迹内时，先索取各景点分布图。

（2）如无随行名胜古迹解说员，可咨询园区服务中心，确认相关景点的正确位置。

（3）告知旅游者参观时间变更情况。名胜古迹参观时间会因季节性、淡旺季、罢工或特别假日及特殊因素而改变开放时间，可事先多询问相关单位或人员。

（4）告知旅游者景区参观规范。在景区内参观时，有些动植物不仅会破坏并且影响其他动植物的生态，也可能会影响旅游者安全。事先应告知旅游者保持适当的警觉性。

（5）告知旅游者个人物品检查及携带出入景区的标准。基于保证景区商业利益及名胜古迹安全考虑，景区工作人员通常要求旅游者不可携入外食，或每个名胜古迹在出入口设有检查站，检查是否携入或携出相关违禁品。领队应在下车前宣布以上注意事项。

（6）告知旅游者餐食及饮料食用原则。参观名胜古迹过程不宜随地停车进食。景区内都有何处停车、何处可用餐的规定。可以在进入参观前先让旅游者上厕所及饮水，并于参观结束时适当安排购物。

（三）出景区后

（1）再次确认人数及是否携带个人贵重物品。

（2）在游乐区掌握搭车的正确地点及约定的接待时间。

（3）在名胜古迹内，不可破坏任何自然生态，亦不可带出或购买野生动植物及其相关制品。

总之，在名胜古迹或游乐场内，由于地域较广，旅游者容易迷失方向，更因为名胜古迹野生动植物有时具有危险性，或游乐园内游乐设施并非老少皆宜。领队除事先要告知安全注意事项外，应随时照料年纪稍长或幼小的旅游者，绝不能带入景区后就任其自由活动。

案　例

因减少景点引发的投诉

徐女士一家 6 口参加了某出境社组织的东南亚旅游。按照合同约定，旅行社将为游客提供观夜景的服务项目。旅游团到达该目的地后，由于当时天下着雨，能见度很低，一部分游客担心晚上能见度更低，加上旅途较为疲劳，提出取消该景点。地陪在大多数游客同意的前提下，取消了该景点的安排。当时徐女士向领队明确表示不同意，他们全家坚持必须前往景点参观。但领队以大部分游客同意取消行程为由，拒绝了徐女士一家的要求，并声称旅行社只能满足大部分游客的需求，至于个别游客的要求，要根据实际情况给予考虑。徐女士回到国内后立即投诉，要求旅行社对领队进行处分，并给予赔偿。

——资料来源：仉向明，黄恢月. 出境旅游领队工作案例解析［M］.

北京：旅游教育出版社. 2008.

第五节　境外购物服务

《中华人民共和国旅游法》第二章第九条明确规定："旅游者有权自主选择旅游产品和服务，有权拒绝旅游经营者的强制交易行为。旅游者有权知悉其购买的旅游产品和服务的真实情况。旅游者有权要求旅游经营者按照约定提供产品和服务。"第四章第三十五条规定："旅行社不得以不合理的低价组织旅游活动，诱骗旅游者，并通过安排购物或者另行付费旅游项目获取回扣等不正当利益。旅行社组织、接待旅游者，不得指定具体购物场所，不得安排另行付费旅游项目。但是，经双方协商一致或者旅游者要求，且不影响其他旅游者行程安排的除外。"

领队必须要有一定的法律意识，按照规范操作，不得违反《旅游法》的规定。旅游行程中顺道前往购物或向旅游者介绍当地的特产时，如果明知所购的物品有假冒之嫌，应提醒旅游者，最好能于行前说明会时强调一下，应该避免购买哪些物品。另外，领队亦应注意，有些国家对于旅游者的购物有退税的规定。有的是当场登记护照信息当场扣除，但离开该国时，须将退税单经由海关盖过章后寄送该公司以便其办理手续；有的是须待其办好退税手续之后，才会寄来退税额度的支票；也有在离开该国时于边界或机场办理退税手续。因此，领队应该协助旅游者办理相关退税手续。

随着我国出国旅游者数量不断增加，出国旅游的规模越来越大，出国旅游变得相对容易。但并非每一次的旅程都能使人拥有美好的回忆，航班的突发状况、领队与导游人员的服务态度、旅游者间的融洽度都会影响行程的完整性。其中，购物事件亦占相当大的一部分。就旅游者的立场而言，出国旅游时总是希望能带一些纪念品回国与家人好友们一同分享。因此，领队人员需要掌握购物环节的处理原则与操作技巧。具体如下：

一、团体出发前

团体出发前，计调人员会将此次行程中的购物地点事前先在工作日志或出团单中标示出来，并转交给领队。因此，领队应事先了解其团队购物的需求与地点。

二、团体行进中

（1）若旅游者有需要，领队人员应按照旅游者的要求安排购物，做好服务工作，不可擅自在行程中额外增加购物点。这是领队与导游人员都应具备的基本职业道德。

（2）在一天的行程开始之前，领队应在前往目的地的途中告知旅游者当日计划参观的景点及旅游者全体同意的购物点。不要让旅游者有突然被领队带去买东西的感觉。

（3）应事先告知旅游者该购物点有何值得购买的纪念品。若领队人员知道该购物点可能有欺骗旅游者等不实的行为，应事先告知旅游者，不可为一己之私利使旅游者吃亏上当。有些产品无法在国内使用，也必须在旅游者购买之前告知，以免旅游者事后后悔，引发不必要的争端。

（4）不强迫推销。旅游者有自由购买的权利与意愿，领队与导游人员不应强迫推销，使旅游者有被迫购物的感觉。

（5）要让旅游者体验到愉快购物的美好感觉。

三、购物完成之后

（1）当旅游者有埋怨时，应尽快真诚地为其处理，不应让旅游者有不被重视的感觉。

（2）若发现购物点有刻意的欺骗行为，应竭尽所能地帮助旅游者讨回公道。

（3）不认真的服务态度容易使旅游者产生误解。因此，要认真服务每一位旅游者，避免给自己惹上不必要的麻烦。

四、操作技巧

（1）领队在行前说明会中应预先告诉旅游者各目的地值得购买的物品，使旅游者有一定的正确认识，还应教导旅游者合理地分配自己的资金。

（2）为了确保旅游者购买到货真价实的物品，领队要负起监督的责任。在物品打包时，宜请旅游者亲自确认无误再装入，以免回国后产生不必要的纠纷。

（3）旅游者对所购物品不太有把握时，在合理的情况下，领队应协助旅游者处理，做好后续服务。

（4）提醒旅游者不知行情不买、不贪图便宜、不盲目购物。站在旅游者立场易取得旅游者信任。领队要下功夫研究商品价位、功能、各地行情，令旅游者产生购买意愿。

（5）如有当地导游，应事先与其沟通购物时间、地点、次数、品质、内容等。

（6）宣布购物中心汇率与店外的差异，使旅游者了解优惠情况。

五、处理购物的原则

购物可以令旅游者达到另一层面的满足，相反地也可能导致旅游的纠纷。关键是领队角色的扮演。领队是最后旅游品质的监督者。领队不能让当地导游牵着鼻子走。通常要注意以下几点购物原则：

（1）事先告知原则。对所要前往的购物地点、时间、内容、应注意事项，必须事先告知旅游者，例如欧洲及其他国家的退税规定、折扣计算方式等。

（2）签字原则。根据我国《旅游法》的相关规定，旅游者购物应遵循自愿的原则。为避免今后的纠纷，建议领队在征得旅游者同意购物时，让其签字确认作为自愿购物的凭证。

（3）货真价实原则。购物点物品的品质及价位应合理。旅游者咨询购买意见时，领队应保持客观，不强迫旅游者购买，亦不可吹嘘物品价值。

（4）恰到好处原则。要将购物适量、适宜、自然地安排在行程中。不能因购物影响既定行程及用餐时间。

（5）售后服务原则。所购买的物品如遇瑕疵或旅游者对其不满意，领队应协助旅游者获得相应的售后服务（退货、调换等）。

总之，领队应该尽力为旅游者提供购物帮助，使旅游者有一趟完美且愉快的购物旅行；领队要用心学习服务旅游者购物的技巧与经验。

知识链接｜　🔍搜索

购物常用词汇

序号	英文名称	中文名称	序号	英文名称	中文名称
1	pharmacy	药房	6	quartz watch	石英手表
2	shopping mall	购物商场	7	money exchanger	货币兑换服务
3	duty free store	免税商店	8	foreign exchange rate	外汇汇率
4	optical store	眼镜店	9	mobile recharger	充电宝
5	digital camera	数码相机	10	adaptor	转换器

案例

不适当的购物引致的麻烦

杨女士参加了某出境社组织的出境旅游团。一路上领队为游客提供了周到的服务,并声称会保护游客的利益,游客提出的任何要求,只要她能够办到,一定尽力而为。领队和杨女士等游客关系十分和谐,彼此信任。在境外旅游商场购物时,领队竭力向游客推荐商品,并帮助游客挑选珠宝首饰,同时大力宣传外国珠宝如何便宜、美观等。结果游客购买了大量的珠宝首饰。杨女士回国后担心所购商品质量有问题,就向有关鉴定部门提出鉴定申请。经鉴定,部分商品质量的确存在瑕疵。杨女士要求旅行社和领队承担赔偿责任,但协商未能取得满意的结果。杨女士于是向有关部门反映:领队和游客搞好关系,目的就是推销商品。由于轻信领队的介绍,导致自己上当,购买了质次价高的商品,领队应当负全部责任。旅游期间,旅游团在商场的时间很长,而花费在景点的时间很短,没有达到旅游的目的,要求管理部门责令领队赔偿的同时,对其进行行政处罚。

——资料来源:作者编写.

案例分析

1. 领队在此次向游客推销商品时有哪些违反《旅游法》规定之处?
2. 在旅游购物服务中,领队应该遵循什么原则?

复习与思考

一、问答题

1. 为出境旅游团体订餐的方式具体有哪些?
2. 出境旅游团体在西餐厅用正式晚餐时,对其服装有何要求?
3. 使用西式自助餐时应注意哪些礼节?
4. 出境旅游领队应做好哪些工作以保证团队在酒店入住登记时不会出现差错?
5. 旅游者患有哪些疾病时不宜乘飞机?请至少列举 5 种。
6. 领队处理旅游购物的原则有哪些?

二、案例讨论题

退房时遭遇盗窃

2013 年 9 月，一名跟团的青年女游客在西班牙巴塞罗那的一家酒店退房时，遇到一个当地惯偷。他拿着一把钥匙问青年女游客是否是她丢的。该游客懂英语，回答不是。惯偷狡猾地让该女游客问问其他人。单纯善良的女游客接了钥匙转身去问其他人。就那么几秒钟，女游客昨晚刚买的香奈儿包不见了，价值 23500 多元人民币，而且包里还有护照和个人信用卡等。

女游客扑在沙发上哭泣，在其他旅游者的提醒下，才赶紧将信用卡挂失，并在领队的陪同下立刻报案。经过了一系列的手续办理，中国驻巴塞罗那领事馆为这位女游客加急办理了临时护照这才避免了无法回国的情况发生，万幸没有发生滞留，最终整团返回国内。但是这次事件造成了整团人员的紧张与不安。与此同时，该游客的经济损失也无法挽回。

——资料来源：作者根据带团经历整理而得．

请根据上述案例，回答以下问题：

1. 领队在旅游者离开酒店时需做哪些工作？

2. 领队发现旅游者丢失了护照和其他财物，应立即采取哪些紧急措施？

三、实训题

1. 请学生分组模仿领队带领团体入住境外酒店登记的服务环节。

2. 请学生网上查询法国巴黎卢浮宫或中国台北故宫博物院的资料，模拟领队讲解参观上述景点应注意的事项。

讲解的技巧

第九章

　　旅途中的领队讲解是领队人员以境外丰富多彩的社会活动和美妙迷人的自然景色为题材，以兴趣爱好不同、审美情趣各异的旅游者为主要对象，对自己掌握的各类知识进行整理、加工和提炼，用简要明快的语言进行一种意境的再创造。领队讲解涉及许多方面的知识。当然最重要的是语言、旅游心理学、旅游文化、公共关系学、讲解技巧等。

　　本章主要围绕领队人员的讲解展开叙述。在第一节阐述了领队人员讲解的基本原则和要求。第二节说明了领队人员在讲解过程中需要与之配合的其他因素。第三节介绍了领队人员的讲解技巧，其中主要指领队在旅游车上的讲解技巧和在景区景点的讲解技巧。第四节为本章的重点，详细分述了领队人员在境外的参观游览地需要应用的讲解方法。

学 习 目 标 >>

知识目标

1 了解领队人员讲解的原则和要求。

2 掌握领队人员在讲解中需要顾及的相关因素。

能力目标

1 正确运用领队人员讲解的基本技巧。

2 能运用领队人员讲解的方法和技巧进行讲解。

案例

在伦敦充当导游的杭州领队

2007 年，我又一次带团赴英国，充当了一次伦敦导游的角色，至今仍记忆犹新。

晚上 19 点，团队在伦敦唐人街用完晚餐后，天空才开始慢慢变黑。虽然白天团友们游览了全世界唯一仍在使用的城堡——皇室的驻地温莎堡、展示人类文明发展辉煌历史的大英博物馆以及伦敦的象征泰晤士河等，但仍然恋恋不舍地在唐人街旁欧洲最大的哥特式建筑——国会大厦的大本钟前留影。

等行程全部完成后，已经将近晚上 20 点。伦敦导游告诉我，伦敦很大，他的家离我们住的酒店有一个多小时的车程，第二天一早我们又要乘坐火车赴法国巴黎。所以，他提出当晚就不送我们回酒店，第二天早晨在伦敦市区的火车站送我们上火车。

我同意了他的要求，在回酒店的路上我担当了导游的角色。一路上，我带领团队一起回忆了当天的行程，同时对地陪讲解不够全面的地方加以补充，还把第二天的行程及相关的注意事项做了简要的介绍。这不仅让大家进一步了解了目的地国家的文化，而且为第三天的行程做好了充分的准备。

因为第二天早上我们要坐 8：10 的"欧洲之星"从伦敦赴巴黎，而酒店离火车站较远，所以我们的叫早被安排在 5：30，早餐也需要打包带走。当晚，我向总台接待生说明了这一要求。她听后只是轻描淡写地给了我一个很不明确的答复，"这也许很难办到。"那一刻我对她的态度非常不满，然后很镇定地对她说："我想与你们餐饮部经理谈谈。"餐饮部经理出来后，我向他说明了这一情况。他听后欣然答应。

第二天早上 6 点，当所有的团员在大厅等候准备出发时，饭店不仅准备好了热腾腾的早餐，而且提供了热咖啡，与早餐一起精致地打包好送到团员的手里。就这样，我们愉快地踏上了去巴黎的火车。

案 例 分 析

伦敦、巴黎、罗马这些国际大都市，由于城市特别大，出国领队往往会遇到行程结束后当地导游不送客人回酒店的情况。这时，领队在征得客人同意后，应马上充当当地导游的角色。在回酒店的路上或者早晨从酒店赴景点的途中做一些补充的介绍。让客人感觉到领队在整个带团过程中能提供全方位的服务。这是优质服务的一种体现。

要做到这一点，需要领队平时有各方面的积累。例如，对目的地国家的了解，包括景点、讲解的技能等。也就是说，出国领队有时需要充当导游的角色。那也就是国家旅游局要求出国领队需要双证齐全（导游证与领队证）的原因。

　　带中国公民出国旅游，各国不同国籍、不同肤色的服务人员对领队的态度难免会不同。领队不但要具备与人沟通的技能，而且需要对某些机构的组织结构（例如酒店）比较熟悉。案例中，早餐盒的配送，前台接待员不能解决，领队马上找到了酒店餐饮部经理，这样解决了酒店内部之间（前厅部与餐饮部）沟通不畅所引发的矛盾。此类处理方式，显示了一名职业领队所要具备的综合能力。

——资料来源：徐辉．国际旅游业对客服务艺术案例［M］．
杭州：浙江科学技术出版社，2008．

第一节　出境旅游领队讲解应该遵循的原则和要求

一、领队讲解应该遵循的原则

（一）客观性

　　客观事物是指独立于人的意识之外，能为人的意识所反应的客观存在，它包括自然界和人类社会的各种事物。其中，有的是有形的，有的是无形的。前者比如说是名山大川、文物古迹；后者可能是社会制度、旅游目的地居民对旅游者的态度等，它们都是客观存在的。领队人员在进行讲解时，无论采用何种方式或者技巧，都必须以客观存在为依据。也就是说，领队的讲解坚决不能凭空捏造，胡编乱造，要建立在自然界或人类社会某种客观现实的基础上。

（二）针对性

　　领队人员要根据不同旅游者的具体情况，选择不同的接待方式、服务形式、导游内容、语言运用、讲解方式等。

　　领队必须事先了解团体出国出境旅游的目的，才能针对不同的对象采取不同的接待方式。领队在旅游公司交接时，就应先了解团体的属性。例如，"游学团"、"工商考察团"、"夕阳红银发老年团"、"亲子团"、"同业旅游线路考察团"（FAM Tour）等。

　　领队人员进行讲解时，讲解内容的广度、深度及讲解内容的结构都应该有比较大的差异。领队人员讲解的内容应该是旅游者希望知道的、能够理解而且感兴趣的内容。通俗地说，领队人员要投其所好。讲解内容的结构安排，要符合旅游者的需求，要注意旅游者在接受能力上的差异。领队人员如果不能针对每一特定的旅游者群体量体裁衣地传递信息，就无法成为一个合格的领队人员。

　　法国卢浮宫、凡尔赛宫，一般安排团体入内的参观时间只有 2 小时左右。但 2 小时的时间，实在无法仔细欣赏这类景点的精华。因此，对于此类范围大、内容丰富的旅游景点，由于时间有限就更需要领队或导游在有限的时间和地点下，对重点中的重点、精华中的精华进行导览解说。例如，在法国卢浮宫内重点介绍微笑的蒙娜丽莎、胜利女神和断臂的维纳斯。

（三）灵活性

　　所谓讲解的灵活性是指领队人员的讲解要因人而异、因地而异。其讲解内容可长可短、可深可浅、可断可续，但是都应该依照具体情况而定，千万不能千篇一律、墨守成规。

　　领队的讲解贵在灵活、妙在变化的原因是由于旅游者的审美情趣各不相同，各个旅游景点的美学特征也千差万别，大自然也变幻无穷、阴晴不定，游览参观的气氛、旅游者的情绪也在随时变化。所以，即使游览同一景点，领队人员也要根据季节的变化，时间、讲解对象的不同，采用不同的讲解方式。

　　例如，领队当带团至苏格兰享用烟熏鲑鱼之前，就应该先解说鲑鱼与鳟鱼的差异性、鲑鱼的习性与全世界鲑鱼分布区、为何苏格兰烟熏鲑鱼是世界最佳的产品。平时将上述相关资料整理好，不仅带"纯英团"用得上，"北欧团"、"加拿大团"、"新西兰团"，甚至"日本团"都运用得上。因此，领队平时要注意积累。

（四）计划性

　　所谓计划性就是领队人员按照参观游览需要的时间、地点等条件，有计划地进行讲解。领队人员应该在计划性原则要求下，在特定的工作环境和时间空间条件下，正确发挥主观能动性，有计划地按步骤对旅游者进行有效的讲解。

　　一般来说，旅游者在某个景点的逗留时间是有限的。如何在有限的时间里让旅游者对参观游览的内容有比较深刻的了解，全靠领队人员有计划地讲解。某些参观的景点景物内容比较贫乏，这个时候领队人员就要旁征博引，努力拓展景点的深度和广度。

　　总之，领队人员在讲解时，要考虑时间和空间条件，事先做出计划性安排，努力让讲解效果为旅游者所接受，使其感到细而不烦，短而不略。计划性原则实质上就是领队人员的讲解必须讲究科学、逻辑、系统和目的性。

知识链接　🔍搜索

景点替换的处理

　　冬季赴欧洲地区旅游常因气候或罢工因素，导致某些旅游景点关闭或交通工具停驶。此时领队就应该发挥带团技巧，在征得旅游者同意的情况下，进行弹性处理。如卢浮宫罢工，可考虑凡尔赛宫、枫丹白露宫；或甚至所有博物馆都关闭，也可以参观巴黎埃菲尔铁塔。避免以退门票的方式处理，那样不仅对旅游者效益不高，而且增添了公司内部操作的困难。最高原则为现场弹性处理，不要把问题带回国内、带回组团社再处理。那样不仅代价很高，而且旅游者的感受也不佳。

　　——资料来源：黄荣鹏．领队实务［M］．台湾：扬智文化事业股份有限公司．2012.

二、领队讲解的基本要求

　　据说，古希腊的演说家经常研究表达形式的成分和结构，以寻找愉悦耳朵、眼睛和心灵的方法。他们研究的科学后来发展成为今天的修辞学。领队人员的讲解实际上也是一种公共演讲，所以应该做到：

　　（1）领队人员的讲解的信息来源一定要可靠，要具有权威性和可信度，而且要保证讲解的内容和知识是实事求是的。最主要的是，不能用过时的信息。现在资讯非常发达，旅游者可以从多种渠道获得各种信息，例如网络、报纸、书籍、电视、广播、杂志等。许多旅游者在出游以前都做了攻略。没有什么比领队人员传递不正确的信息更能降低领队人员的可信度了。

　　（2）领队人员的讲解要具体。有关景物的长度、高度上的精确性容易引发旅游者的兴趣，增强旅游者对导游人员专业技能的信任。一位美国华盛顿的导游人员说："我每接一个团的最开始都要强调华盛顿纪念碑的确切高度是 169.294 米，确切花费是 1187710.31 美元。目的是让我的游客知道我在说什么。从那次讲解以后，我会削减事实，因为效果已经达到了。"

　　（3）领队人员的讲解要做到简单明快，突出重点。在正常情况下，人们在运用口语时，会注意考虑自己的本意表述，而一般并不在意具体的表述形式。加上口语交际的有关方面都是相对而言，对于其中一方正在口头表述的内容及含义，有关方面往往可以通过当时特定的环境心领神会。所以，运用口语进行讲解自然不需讲究逻辑严密，修饰完美，长句、复句陆续不断。实际上，口语大多一句一意，但求词能达意就好。

应该强调的是，领队人员当然还要注意讲解的内容、表达的信息一定要是健康向上或者轻松愉快的，不要传递庸俗、无聊的信息。

第二节　把握讲解配合要诀

一、肢体语言与口头语言相配合

领队人员运用口头语言进行讲解时，还需要肢体语言配合。领队人员的讲解应该是生动、活泼、引人入胜的。呆板和生硬的讲解，毫无表情的表达，会使旅游者听起来索然无味。在讲解时如果以手势、动作和表情帮助说话，就可以增强语言的生动性。尽管它们不是领队讲解的主体，但是同样可以直接影响领队人员讲解的效果。此外，领队人员的讲解要有节奏感，抑扬顿挫。讲解速度要快慢得当，发音、吐字要清晰，坚决不要带不良口头禅。

二、讲解和游览相配合

旅游是一项审美活动，旅游者听领队人员的讲解可以欣赏到肉眼见不到的东西。但是领队人员的讲解也不能完全代替旅游者的游览。所以，领队人员不是讲解得越多越好，有时候可以娓娓而谈，有时候则应该让旅游者独自体会。这样可以使讲解和游览相得益彰。以领队人员的讲解为主，以旅游者的独自欣赏为辅，可能会产生更好的效果。

三、讲解内容和讲解时机相配合

对于领队人员来说，什么时间与地点讲解什么内容，应该有所选择，就是要将讲解的内容和时间、地点完美地结合起来。领队人员在讲解景点的历史、规模、传说、今日状况等内容时要选择好时机和地点，要根据季节、气候变化灵活掌握。

领队人员讲解的时机与地点把握得好，就能提高旅游者的观赏意识，增加游兴，获得较好的审美效果。这就要求领队人员对景点的特色、旅游者的心理变化、行车路线及日程安排等做统一考虑。在最佳时机和地点进行有条不紊的讲解，从而加深旅游者对景点的印象。

四、讲解景观与注意旅游者反应相配合

领队人员在进行讲解时，应该随时注意旅游者的反应，并根据旅游者的反应调整自己的讲解速度和内容，实现与旅游者的互动。因此，善于察颜观色，注意旅游者的动作、表情和言语细节及细微变化，表达旅游者最想知道的内容是非常重要的。

领队人员工作的复杂性和特殊性要求其不但要有口才，而且要有稳定的注意力，具备合理分配注意力和把注意力迅速从一个客体转移到另一个客体的能力。一个旅游团由许多名旅游者组成。领队人员必须照顾到每个旅游者。因此，没有高度的注意力以及注意力的分配能力是做不到的。同时，领队人员还要根据活动的安排及时转移自己的讲解重心。只有这样才不会顾此失彼。如果领队人员不具备这种能力，往往可能影响讲解的效果。例如，领队人员在景点讲解时，不善于观察旅游者的反应，把所有精力都集中于讲解之中，而不注意旅游者的情绪反应，等他讲解完毕，可能会发现旅游者早就不耐烦了，或者根本就没有听其讲解。这样的讲解效果是可想而知的。

五、讲解景观与讲解知识相配合

领队人员没有丰富的知识，在工作中就不会感到得心应手。领队人员接待的旅游者的身份、阶层、职业、年龄、爱好、生活习惯都有相当大的差别。没有丰富的知识是难以完成带团任务的。首先必须具备渊博的知识和良好的外语水平，其次才是领队技巧及语言艺术。

领队人员在进行知识性讲解时，应该结合历史知识讲解不同风景名胜的由来，具体讲解其历史、现状、发展情况，对自己不太了解的情况可以少讲或者不讲。在讲解中，应将名胜古迹的典故传说和讲解内容密切结合，并注意风趣、生动、形象。

第三节　出境旅游领队人员讲解的技巧

领队人员的讲解技巧主要指领队行车途中的讲解技巧和在景点的讲解技巧。

一、在旅游车行驶过程中

（一）注意讲解的节奏和信息传递量

一般来说，交通状况、道路路况都会对领队人员的讲解产生影响。所以，领队人员

要根据这些情况适当调整讲解内容的长短。此外，领队没有必要在整个行车过程中不间断地讲解。讲解时间占整个旅途时间的 60%～70% 为最佳，超过这一比例，旅游者可能会产生厌烦情绪；如果少于 60% 的时间，旅游者容易忽视领队讲解，开始倾向于与相邻同伴攀谈。

（二）指向应明确

在讲解中，常见的错误是领队人员指着经过的景点说"请看窗外"、"在那边"、"请看我的左手边"。而此时旅游者可能正看着景物而不是领队本人。领队人员应使用能够准确地表示方向和指示物的语言，如"在你们的左边"、"在你们的右前方"、"你们左边的棕黄色的建筑物是……"。当旅游者把视线投向领队人员所讲的景物时，景物正好在旅游者的视线之内。这就要求领队人员要把握好讲解的时机，让旅游者在心里有所准备，产生期待感。

（三）内容要充分

长途陆路旅行，可能要经过城市、地区，各个地方可能都有值得讲解的风景名胜、文化古迹。领队人员即使做不到如数家珍，也应该非常熟悉。旅游团每经过一地，虽然因为时间等原因不能下车游览，也要顺便介绍。如果路程较短，比如从下榻的酒店至景区，从机场至市区，领队人员也要熟悉沿途情况，尽可能进行有效的风光讲解，使旅游者增加兴趣。领队人员不仅要动嘴，而且要动脑子，同时要利用眼睛的余光，既要随时注意沿途的景物，也要观察旅游者的面部表情变化，把握旅游者心理，灵活地进行讲解。如同交响乐队的指挥一样，让旅游者的思维一直随着领队人员的讲解行走。

二、在景区景点内

游览风景名胜是旅游者在境外的主要活动项目，也是领队人员讲解任务之所在。从旅游地理学的角度看风景名胜，可分为自然景观和人文景观。从美学角度看，它有美的特征和审美价值；对于旅游者来说，游览的目的就是对美的追求，但是追求美并不能直接发现美。所以，领队人员的任务就是促使他们发现美，去激发他们的审美意识，从而获得美的享受。领队人员在讲解时，应该涉及的内容有：

（1）历史知识。有关风景名胜的历史知识，以提高观赏价值。

（2）地理知识。对于风景名胜，领队人员不仅要讲其特色，而且要讲其成因以提高旅游者的审美效果，当然也显示了自己的博学多才。

（3）文学知识。凡是与风景名胜相关的神话典故、逸事传说、诗词歌赋、雕刻塑像都应该进行讲解，以丰富内容使旅游者体会到当地的风景美和文化美。

（4）其他知识。另外，对于涉及的古建筑、宗教、民俗等方面，也应该适当地进行讲解。

由于景区景点环境变化比较大，领队人员要通过不断变换声音和位置来吸引旅游者的注意力。一种方法是领队人员站在台阶上进行讲解，另一种方法是让旅游者站成半圆形。只有这样，才能让旅游者听清讲解内容并有利于集中注意力。

第四节　出境旅游领队人员讲解的方法

目前，大部分出境团的导游讲解工作是由境外导游来担任的。但随着中国出境旅游业的迅猛发展，领队兼导游的模式会逐渐地在不同的线路上发展起来，例如澳大利亚、新西兰线等。因此，领队应该熟练掌握一些讲解方法。

一、概述法

概述法是指领队人员接到旅游者后，在旅游车驶往下榻的饭店途中对当地的情况做概要叙述。旅游者初到一个城市或一个地区，急于了解有关的情况，导游领队人员有必要将本城市（本景区）的地理、历史、面积、人口等概况向旅游者做一些交代，使旅游者大致了解即将游览的城市（景区）。这种方法好比是交响乐中的序曲、一本图书的序言，能引导旅游者开始进入特定的旅游意境。概述法用得好，可为以后的行程导游做好铺垫。因此，有经验的领队人员都非常重视概述法的应用。

例如，参观法国诺曼底旧战场时，带领旅游者至海边沙滩上，先介绍诺曼底登陆时间、参战人数以及战争发生前因后果关系，再由旅游者自行在沙滩散步，想象当时战争登陆情景。领队与导游人员只是平铺直叙地介绍诺曼底登陆的情况，由旅游者自己在头脑中想象当时的画面。

二、分段讲解法

分段讲解法是指将一处大的景点分为前后衔接的若干部分来分段讲解。对比较小、次要的景点，导游员可采用平铺直叙法进行导游讲解；但对规模大的重要景点就不能面面俱到、平铺直叙地介绍，而应采用分段讲解法。领队人员首先在前往旅游景点途中或在景点入口处的示意图前，用概述法介绍景点，主要包括历史沿革、占地面积、欣赏价值等；并且介绍主要景观的名称，使旅游者对即将游览的景点有一个初步的印象，然后进入现场按照顺序游览。领队人员在讲解一处景观时，不要过多地涉及下一处景观的内容，但是在快要结束的时候可以适当地提及下一处景观。其目的是引起旅游者对下一处景观的兴趣，还可以使讲解环环相扣，带来意想不到的效果。

例如从荷兰阿姆斯特丹往比利时布鲁塞尔，在进城前先概括地介绍比利时国情，再至"中国亭"前逐一介绍比利时的国王、皇宫。旅游车进入布鲁塞尔后再逐次介绍典故历史，述说布鲁塞尔第一公民——小于连的故事。先有开场白，然后按照行程线路与景点依次进行各景点解说。

三、突出重点法

突出重点法是指导游、领队人员在讲解中要避免面面俱到，而是突出某一方面的讲解方法。如果导游、领队人员讲解模糊，没有突出重点，游览结束后，肯定不会给旅游者留下深刻的印象。所突出的内容应是：

（1）有代表性的。对游览规模大的景点，领队人员必须做好周密的计划，确定重点景观。这些景观既要有自己的特征，又要能概括全貌。到现场游览时，领队人员主要讲解这些具有代表性的景观。

（2）与众不同的。即突出一个"特"字。例如佛教寺院，其历史、宗派、规模、结构、建筑艺术、供奉的佛像等各不相同，领队人员在讲解时应突出介绍其与众不同之处，以有效吸引游旅游者的注意力，避免产生雷同的感觉。

（3）旅游者感兴趣的内容。领队人员在研究旅游团的资料时，要注意旅游者的职业和文化层次，以便在游览时重点讲解旅游团内大多数成员感兴趣的内容。

（4）突出"……之最"。面对某一景点，领队人员可根据实际情况介绍这是世界（某国、某省、某市、某地）最长（最大、最古老、最高、最小）的……有时第二、第三也值得一提。

四、虚实结合法

虚实结合法就是导游、领队人员在讲解中将典故、传说与景物介绍有机结合，即编织故事情节的导游讲解方法。就是说领队人员将讲解故事化，从而产生艺术感染力，使气氛变得轻松愉快。这里的"实"是指景物的实体、实物、史实、艺术价值等，"虚"是指与景点有关的民间传说、神话故事、趣闻逸事等。"虚"与"实"必须有机结合，以"实"为主，以"虚"为辅，并以"虚"加深"实"的存在。

五、问答法

领队讲解问答法主要有四种形式：自问自答、我问客答、客问我答和自问不答法。

（1）自问自答法。即由领队人员自己提出问题并做适当停顿，让旅游者猜想，但不期待他们回答。这样只是为了吸引旅游者的注意力，促使旅游者思考，激起他们的兴趣，然后领队人员才做简洁明了的回答或做生动形象的介绍，给他们留下深刻印象。

（2）我问客答法。这种方法要求领队人员善于提问题，所提的问题旅游者不会一无所知，但会有不同的答案。领队人员要诱导旅游者回答，但不要强迫其回答，以免尴尬。旅游者的回答不论对错，领队人员都不应打断，要给予鼓励，最后由领队人员讲解补充。

（3）客问我答法。领队人员要欢迎旅游者提问题，当旅游者提出某一问题时，证明他对某一景物产生了兴趣。即使旅游者提出的问题是幼稚可笑的领队人员也不能笑话他们，更不能显示出不耐烦，而要善于有选择地将回答和讲解有机地结合起来。注意不要让旅游者的提问打乱领队人员的讲解，不能他们问什么就答什么，一般只回答一些与景物有关的问题。

（4）自问不答法。在旅游者倾听博物馆、美术馆或葡萄酒庄园工作人员介绍之前，领队人员采取该种方法可以使旅游者更聚精会神地去听专业人员的介绍。例如，领队带团至法国酒窖参观前可提出问题：世界上最好的葡萄酒出产国为哪一个国家？采用我问客答的方式鼓励旅游者回答。接下来再采用自问自答的方式问稍微深入一点的问题——葡萄酒分为哪几类？等到入园参观时，再以自问不答的方式询问旅游者：不同种类葡萄酒的制作过程有何不同？待入园由专业人员解说完毕后，再补充解说人员的不足，避免领队所说的与专业解说人员互相矛盾；并预留思考空间给旅游者，增强旅游者的参与感；旅游者答对时给予的奖励，可增加趣味性与吸引力。

六、知识渗透法

领队人员在讲解景物或者事件时，可以介绍一些对旅游者理解讲解对象有帮助的相关背景知识和材料。背景知识渗透得好，可以加深旅游者对景观的概括性把握并能了解更多、更深层次的知识。这种讲解方法适用于有一定文化层次的旅游者。

例如，由米兰至威尼斯，从离开米兰后，领队先介绍意大利北部的地形、气候、雨量。沿途见到葡萄园，再延伸介绍葡萄、葡萄酒的种类及如何选择葡萄酒等。至威尼斯，再讲述世界最有名的水晶、水晶的制造过程、为何威尼斯的水晶值得购买及如何选购水晶等。搭上水上交通船后，可立即介绍世界运河及威尼斯为何会出现地层下陷。如此，由不同的情景逐一发挥，旅游者不仅可以知其然，而且可以知其所以然。

七、阐述见解法

阐述见解法，即对于景点中尚存在的疑难问题，领队人员提出自己的独到见解的讲解方法。使用这种方法要求领队人员必须具有丰富的专业知识。在为旅游者，特别是专业、学术团体，讲解景点中某些专业内容和问题时，领队人员应在大量事实及论据的基础上，以科学的态度，分析和讲出自己的独到见解。领队以"我认为……""我的看法是……"的方式去讲解，不仅会引发旅游者浓厚的参观学习兴趣，而且会赢得他们由衷的尊敬和信赖，从而加深双方的感情，促进工作的顺利展开。

八、制造联想法

制造联想法是指领队在讲解中就所见景物制造意境，使旅游者产生联想而领略其奥妙和内涵的技巧。意境，大多是靠人们的想象而呈现的，所以美丽而超脱现实。如果领队人员能使旅游者进入意境，达到探索美、欣赏美的境界，从而产生比现实更美好的感觉，那么领队工作就是成功的。一处名胜古迹，在经过领队讲解和实地观赏之后，旅游者在思绪中就会产生种种印象和概念，处于将要形成而尚未形成深一层的意境之际。这时领队人员如能予以启发，使旅游者的情绪进入特定的意境之中，将会收到非常好的效果。

例如，至澳大利亚悉尼塔，领队可以提出问题。例如，世界上哪些城市有类似的高塔？先引出"高塔"的主题，令旅游者参与互动。最后再告诉旅游者世界前三大高塔的名称与南半球最高的塔。

九、引而不发法

领队人员的讲解不应表现为纯粹的单方灌输，而应让旅游者也参与进来，让他们积极去思考、领悟。这样才能更深层次地激发起旅游者探索的兴趣。引而不发法就是领队人员为启发、引导旅游者自己去回味、思索、判断，而先不说出答案的一种讲解技法。这种方法鼓励旅游者积极思考、主动参与，常使其置身景物之中，营造一种非常活跃的气氛，使大家参观、游览得更愉快。总之，"引"就是指点要领，引入门径，使旅游者入门；"不发"就是在讲解中不全盘托出，不一吐为快地说尽，而是给参观者留有思索、回味、体会、欣赏的余地，让他们自寻答案、自找余兴。当然到最后，如果旅游者实在不知答案，还是要"发"的。

例如，到美国尼加拉瓜瀑布时，提出问题：世上界有哪七大奇景？引发旅游者的思考。总之，胃口不能乱吊，关子不能乱卖，虽然以激发旅游者的兴趣为主要目的，但是不能任意发挥，必须因地制宜。

十、类比说明法

所谓类比法就是以熟喻生，达到触类旁通的导游讲解方法。领队人员如用旅游者熟悉的事物与眼前的景物相比较，定会使其感到亲切和便于理解，达到事半功倍的讲解效果。使用类比法，切忌作不相宜的比较，否则会遭到旅游者耻笑。类比法分为同类相似类比和同类相异类比两种。

（1）同类相似类比。即将相似的两物进行比较。例如，中日两国在历史上、文字语言、风俗习惯等方面均有相似之处。虽然目前在原来的基础上，各自都有了发展。领队人员在讲解时，也可以利用这些相似之处来向旅游者进行讲解，可能旅游者会觉得很有趣，很容易理解接受。

（2）同类相异类比。即将两种事物比出规模、质量、风格、水平、价值等方面的不同。类比法可在物与物之间以及时间与时间之间进行比较。类比的功能在于比出不同的质量、价值和风格。通过类比，可看出不同风格代表不同文化传统和文化时代，还可让旅游者产生"他乡遇故知"的亲切感。

例如，当领队人员带旅游者至巴黎埃菲尔铁塔时，可以讲解巴黎铁塔的重要性，好似东方明珠电视台在上海、天安门广场在北京的地位。这样，客人就可以理解埃菲尔铁塔的重要性。在讲解境外的风土人情、历史典故的时候，插入一些国人熟悉的谚语、成语典故，有时能达到事半功倍之效。

总之，领队人员的讲解方法是多种多样的，各种方法又是相互渗透和联系的。领队人员在学习众家之长的同时，要结合自己的特点融会贯通，在实践中形成自己的讲解风格，这样才能获得不同凡响的效果。

？ 复习与思考

一、问答题

1. 领队人员在讲解时应该遵循哪些原则？

2. 领队人员的讲解有哪些基本要求？

3. 领队人员在讲解时如何与肢体语言配合？

4. 领队人员在景点讲解时可能会涉及哪些内容？

5. 领队人员的讲解主要有哪些方法？

二、案例讨论题

"袋鼠"玩具的魅力

带团去澳大利亚旅游的经历，我至今记忆犹新。尤其是澳大利亚不同城市导游的敬业精神，给我留下了深刻而又难忘的印象。

澳大利亚的第二大城市墨尔本为行程中的第一站。团员们前往墨尔本观赏了企鹅岛上企鹅回巢的壮观景色，参观了维多利亚金矿厂及淘金活动，体验早年矿工们艰难的生存状况。结束了墨尔本的行程，旅行团飞往昆士兰州的州府布里斯班。当时带领我们的是一位台湾人导游李先生。他风趣幽默的讲解、敬业的态度给人留下了难以忘怀的记忆。在黄金海岸的"梦幻世界游乐园"，导游李先生安顿好客人后，带我走进了一家玩具礼品商店，买了许多澳洲特有的袋鼠、考拉的小玩具。我觉得很奇怪，问他："你不是生活在澳洲吗？为什么还要买这些动物玩具？"他神秘地笑了笑："明天你就知道了。"

我们结束了布里斯班的行程后将赴悉尼游览。在赴机场的路上，导游李先生和客人们做起了小游戏。通过小游戏回忆旅途中印象最深刻的事情，回答特别好的客人将能获得一个动物玩具。游戏激发了客人的积极性，客人争先恐后地回答李先生的提问。大家带着小动物玩具恋恋不舍地离开了黄金海岸。

——资料来源：徐辉. 国际旅游业对客服务艺术案例［M］.

杭州：浙江科学技术出版社. 2008.

根据以上案例，回答以下问题：

1. 澳大利亚导游在讲解时使用的是哪种讲解方法？
2. 请思考在讲解澳大利亚悉尼塔时，可以使用何种方法进行讲解。

三、实训题

邀请资深的领队人员来校举办讲座。了解其如何在讲解中运用所掌握的知识。

第十章

事故的处理与预防

出境旅游领队人员在境外带团过程中，可能会面对各式各样的天灾人祸、突发性事件等。此类事件处理难度比较大，这就对领队人员的工作提出了挑战。要想处理好类似的问题，需要领队人员有快速的反应、良好的沟通能力、对目的地国家和地区深入的了解、对当地的法律法规有相当深入的研究以及与其他旅游服务部门的协调能力。一名资深的出境旅游领队人员应该掌握在境外旅游活动中预防、处理各种事故和突发性事件的能力。

本章第一节概述了构成突发性事件的各种常见要素。第二节介绍了领队因忽视航班或住宿等出境游技术性事项可能导致的后果。第三节描述了在某些目的地国家或地区可能发生的不可抗力性危害性事件，以及领队应该掌握的常见的处理方法。第四节重点介绍了目的地国家或地区在旅游过程中发生的交通意外事故的预防和处理方法。第五节阐释了预防出境游紧急事件的重要性以及常用的预防措施。第六节讲述了领队面对各种自然灾害的应急处理能力。第七节具体介绍了出境游过程中常见的需进行急救的情况及救助方法。

学习目标

知识目标

1 了解在出境旅游过程中突发性事件的种类。

2 掌握自然灾害的基本常识。

3 明确领队在整个处理过程中的主要职能。

4 把握旅游者在紧急情况中的心理特征。

能力目标

1 培养在紧急状况下对现场的控制能力。

2 按照规范的流程把损失降到最低。

3 做好取证工作、保留原始凭证。

案 例

行李真的丢失了吗

2006 年 5 月，2006"美国·中国浙江周"如期在美国纽约及芝加哥举行两场公务活动后，部分团友开始对洛杉矶、旧金山等地进行考察，与当地的华人、华侨商会举行了座谈会。我带着 12 名客人由洛杉矶乘坐美国联合航空公司的 UA1152 次航班前往旧金山。

飞机在旧金山国际机场着陆后，客人们马上按照显示屏上的信息，找到了取行李的转盘。10 分钟之后，几乎所有的乘客都拿到了行李，唯独我的一名客人等了半小时还是没有拿到行李。客人焦虑不安，目不转睛地盯着行李转盘。我一边安慰客人，一边核对客人手中的行李牌，发现并没有产生任何错误，航班号也与我们乘坐的航班一致。于是，我与客人来到了行李问讯处，并将这一情况反映给柜台小姐。当柜台小姐通过计算机查询后，告知我们，这位客人的行李在下一趟从洛杉矶飞往旧金山的航班（UA 930）上，而且此航班目前已经到达机场。如果愿意再等一会儿，只需再等 10 分钟便可拿到行李。如果现在想离开，那么请将所下榻的酒店地址、电话留下，以便将行李送到酒店。客人想了想，还是选择了等待。

10 分钟以后，那位客人的行李出现在同一个转盘上了。看到自己的行李，客人也轻轻地松了一口气，安心地离开了机场。

案 例 分 析

美国的航空业是相当发达的，其运作体系是"丢包式"的模式。例如，洛杉矶至旧金山每隔 1 小时就有一趟航班。由于城市间航班密度大，有时，为了避免飞机超重，行李与客人不在同一航班抵达的现象司空见惯。在整个团体的运作过程中，领队应该起到指挥官的作用。每一个环节的处理都是决定客人满意与否的关键所在。

此案例中，一方面，领队遇事冷静；另一方面，基于领队多次赴美国的经验，他对美国的航空运作系统相当熟悉。因此，整个处理过程显得从容不迫，给客人一种安定感和依靠感。客人们身处异国他乡，心底深处有一种对外界的防备心理与紧张心理，这个时候领队起到了关键性的作用。他不仅仅是客人们的"生活委员"，也是客人们的"教导主任"，从容、冷静、微笑，才是领队的真正魅力所在。

总之，一位优秀的领队不仅要对目的地国家的知识、业务相当熟悉，而且要熟悉航空业、酒店业等相关国际行业的运作模式。这样才能在出现问题时有的放矢地去寻找处理问题的关键人物。

——资料来源：徐辉. 国际旅游业对客服务艺术案例［M］.

杭州：浙江科学技术出版社，2008.

第一节 突发性事件的处理

对于境外旅游过程中发生事故和突发性事件，旅行社的领队人员作为处于第一线的工作人员，有责任代表旅行社处理和解决所发生的事件和由此引起的问题。所以，一个专业的领队人员应该掌握事故发生前的预防、事故发生时的处理及事故发生后的善后的技巧和方法。

一、人身安全方面

（一）旅游者在境外迷路脱队

在境外旅游过程中旅游者最容易迷路的地方是赌场周围、饭店、古城区、机场、地铁、博物馆、大型购物中心与主题乐园等。面对此类事件，出境旅游领队的操作技巧如下：

（1）旅游者在自由活动中单独外出时，出境旅游领队应向其发放酒店名片，并叮嘱随身携带。一旦迷路可请出租车送回。

（2）为了避免旅游者在参观游览途中走丢，出境旅游领队人员应该与旅游者事先约定好处理办法，或者在行前说明会上就与旅游者对此进行沟通。一般的做法是迷路者应该在原地等待，直到领队人员出现。如果长时间没能找回迷路者，领队人员应该考虑在当地报警。

（3）处理走失个案时，领队人员应该考虑整个旅游团的利益，不能因为少数人的走失而影响整个旅游团的行程。必须完成计划和合同上规定的游览项目。

（4）领导人员可发动热心旅游者协助找寻，但要注意人员的挑选，避免发生参与找寻的旅游者走失情况，或迷失旅游者已回，而找寻者尚未回来。

（5）如果全团将乘飞机（坐船、渡船等）离开该城市时，领队人员应将走失者证件、机票、签证等留置在当地旅行社或其分支机构内。请导游先将其他旅游者带往下一站，领队则留下继续寻找。

总之，最重要的原则是领队不可以顾此失彼，不能为了找寻迷失者而忘记其他大多数旅游者的权益；更不可以自行离开团体，除非有当地导游全程随团服务。

（二）旅游者在途中生病

旅游者生病，不仅会影响全团行程，而且有时传染性疾病（如感冒）可能会扩散至其他旅游者身上，造成全团游兴大减。领队应细心观察与照料患病的旅游者。具体工作步骤如下：

（1）领队人员及时送旅游者赴医院诊疗，不可擅自给予药品服用。因为每个人对药物的反应是不一样的。否则，易产生旅游纠纷。外伤可依情况使用随身药品先做处理。

（2）旅游者住院治疗后，非经医生同意，不得出院随团行动。

（3）旅游者须继续住院治疗的，领队应妥善安排照料员，并告知旅行社及患者家人前来处理，再继续带团完成下站旅程。如领队无法走开，则必须在当地寻找友人或当地导游协助。一方面，不可置生病旅游者于不顾；另一方面，必须安排其他旅游者完成景点行程。

（4）如有必要，领队人员应通知使馆人员，请求必要的协助与帮忙。

（5）患者恢复后，导游或领队本身及旅行社方面，均应出面前往探视，给予必要的协助或慰问。

（三）旅游者在途中病危

旅游者病危时，领队应立即协同导游或亲友送病人去急救中心或医院抢救，或请医生前来抢救。患者如系某国际急救组织的投保者，领队还应及时与该组织的代理机构联系。在抢救过程中，领队应要求患者亲友在场，并详细地记录患者患病前后的症状及治疗情况。同时，领队应随时向当地接待社及国内组团社反映情况。领队还应通过组团社及时通知患者亲属，同时妥善安排好旅游团的其他旅游者的活动。

（四）旅游者在途中死亡

旅游者在游览过程中突然死亡，虽然此类情况发生得少之又少，但是如果领队人员事先没有做好预案，与有关方面沟通不及时，手续办理得不完备，处理得不恰当，就会留下极大的隐患，给日后弥补造成困难。按照日本旅行社关于每组织5万名旅游者就会出现1例死亡的概率统计，同时参照实际情况，旅游团中出现旅游者死亡，应该在预想之中。旅行社应提前做好相应的处理预案，具体步骤如下：

（1）旅游者若是病故，应取得医院开具的死亡证明，并立即向警方报案；同时，取得法医的验尸报告及警方的相关证明文件。

（2）领队人员应向我国目的地国家或地区的使领馆报备，包括：死者姓名、出生日期、护照号码、发照日期、死亡原因及地点等，并请其出具证明文件和遗体证明书。

（3）领队人员应通知旅行社详述所有情节及转告其家属，并向保险公司报备，还要取得家属处理方式的承诺书。

（4）领队人员应协助家属处理善后事宜，或经家属正式委托处理善后事宜。

（5）应点交清楚死者遗物，并请其他旅游者见证，方便日后交还家属；并且向其他旅游者简要说明处理的经过。

（6）取得有关证明文件，如埋葬许可证、死亡证明书等，以利善后工作的处理。

（7）如旅游者系非正常死亡，领队应与导游一起商量，注意保护现场，及时报告当地有关部门。

旅游者死亡的原因有很多种，如伤病所致、交通意外、自然天灾等。不管哪种原因，凡出现旅游者死亡的事件，领队人员都应将其作为重中之重的大事对待，尽全力处理好。同时，领队人员应稳定其他旅游者的情绪，并继续做好旅游团的带团工作。

二、证照安全

（一）护照、通行证遗失

护照、港澳通行证或台湾通行证在旅游过程中无论是乘飞机（坐船、渡船等）、过移民局/中国边防、酒店住宿、购物退税、兑换外币都是必备的文件。在旅游过程中，旅游者偶会因一时疏忽将这些重要证件遗忘在旅游车上、酒店等地。有时甚至会在治安状况不好的目的地国家或地区发生被偷窃或抢劫的情况。

根据中国公安部门的有关文件，在境外旅游时，护照应由护照持有人自己保管。领队必须时时提醒旅游者注意护照证件，下车或离开饭店时须再一次叮咛。但为了避免证件遗失，旅行团的领队可在征求客人同意的情况下统一保管。若不幸遗失，基本处理流程如下：

（1）由当地的导游协助到地方接待社开具护照遗失证明。然后持当地接待社的遗失证明尽快到就近警察局报案，取得警方开具的具有法律效力的报案证明。

（2）持当地警察机构的报案证明和遗失者照片及旅行团的护照资料（团队名单表）到中国驻所在国的使（领）馆办理新护照（或者临时通行证）。

（3）持取得的新护照或临时通行证及有关资料到所在国移民局办理签证。办理上述手续的费用完全由旅游者自理。

（4）如果因时间紧，护照一时无法办妥，而旅游者因故又必须回国，领队可持上述的遗失报案证明及领队备用的有关资料请求外国移民局和海关放行（请求中国驻外机构协助）。入境时，可要求其家属持户口簿及遗失者身份证到机场办理入境手续。

总之，护照遗失的处理原则，事先多提醒旅游者注意，并备齐所属旅游者照片及复印件，方便遗失时能迅速处理，以缩短滞留国外时间。

（二）机票遗失

虽然如今已经开启了电子机票的运作，但是一旦旅游团的机票遗失还是会给旅游者带来麻烦。旅游者只要出示护照，并不一定需要提供票据或定位代码，即可至航空公司柜台办理登机手续。然而事实上，仍有部分航空业者提供的是传统纸质机票。所以，领队应该掌握纸质机票遗失的处理方法。具体处理流程如下：

（1）向当地所属航空公司申报遗失，并请其代为传真至原开票的公司确认。

（2）填写"Lost Ticket Refund Application and Indemnity Agreement"表格，并在表格中注明补购一张新机票，作为日后申请退款的凭证。

（3）将遗失机票的持有人姓名、机票号码、行程、票价依据告知航空公司。

（4）如全团机票均遗失，应取得原开票航空公司的同意，经过授权，由当地航空公司重新开票，领队暂不需支付票款。

领队在通关前就可以将机票先发放给旅游者。有时移民官员会审查旅游者是否携带回程机票及停留时间。通过移民关后领队再收回机票统一保管或将内陆段先行撕下，只留下回程国际段由旅游者自行保管，以利通关或办理购物退税时所需。通常并无一定原则，完全取决于领队个人承担风险的意愿。如果从头至尾都由领队代为保管，当然领队责任就更重；如果早已发放给旅游者，虽领队风险相对较低，但万一遗失，则后续补救措施还是要由领队人员处理。利弊得失由个人权衡。

（三）钱包遗失

旅游者在旅途中个人财物的遗失虽不会对行程造成太大影响，但对其心理层面的冲击，根据损失金额的多寡及个人所能承担的能力而有所差别。领队和旅游者事先应多准备相关资料与备份，如信用卡紧急挂失电话、旅行支票流水码及收据等，多使用信用卡，少带现金。万一不幸还是遗失钱包，处理程序如下：

（1）旅行支票遗失。立即至当地警察机关报案，取得证明，同时说明款项、付款地点、票号等，请付款银行止付。

（2）银行支票遗失。立即向当地警察机关报案，并至当地银行或代理旅行社办理挂失手续。如果及时提供明细金额及号码信息，将可取回限定额数的还款。

（3）信用卡遗失。马上打电话给该信用卡公司24小时客户服务热线，请求挂失，告知卡号、姓名、身份证号码等个人信息，可在一定期间内获得新卡。

（4）现金。如果遗失现金，找回的机会甚微。个人应提高警觉，坚持"财不外露"的原则，并尽量以携带旅行支票或者信用卡为宜。

（5）旅行支票务必与挂失单分开存放，以备遗失时可立即申办补发。

领队服务人员的举止行动很容易引起歹徒的注意。因此金钱与证件千万不能离身。不论是领队与导游均须格外注意以下事项：第一，每至一处酒店，最好把金钱及重要证件置于保险箱。第二，千万不要有拿小皮包的习惯。如有此习惯，也不要将金钱或重要证件置其中。第三，最好背个小背包，容量的大小刚好可以放置重要证件，且分秒不得离身。第四，时常提醒旅游者财不露白，贵重金饰不可太张扬。

（四）行李遗失

行李的遗失会给旅游者在旅游途中带来非常大的不方便。因为生活必需品是每天都必须使用的，且有些个人用品或药品是不易在异地买到的。若在返国途中发生行李遗失，其无形伤害会大于有形损失。因为行李中有在旅游途中购买的所有纪念品或拍摄的照片或录影带等。这些物品不是金钱可以弥补的损失。

如果旅游者在出发前购买行李遗失险，则可减少金钱损失。在旅游途中，领队应随时提醒旅游者注意行李，且应随身携带太过贵重的个人物品，切记不能将货币放入行李箱，以免行李遗失造成财务损失过大。遗失行李的处理原则如下：

（1）班机抵达后托运行李未到，可请航站地勤向机上货舱查询，如仍未寻获，应填写《航空公司行李延误报告表》（airline delayed baggage report）或《行李意外报告表》（property irregularity report），同时说明行李式样、最近行程、当地联络地址和电话等。

（2）详述行李时可参阅《航空行李识别表》（airline baggage identification chart），尽可能选择接近其式样、颜色、旅行团行李的标示牌等。表格内资料均应详细填写，特别是行李特征、颜色。

（3）记录承办人员单位、姓名及电话，收好行李收据，以便继续联络追踪。

（4）带领遗失者购买洗漱用品及相关生活应用物品，于离境时向航空公司呈交收据并请求支付。

（5）离境时如仍未寻获，应留下近日内行程据点及国内住址，以便航空公司找到后送到遗失者的居所。

（6）回国后如仍未寻获，应协助旅游者向航空公司请求处理或赔偿。申报时应备妥护照、机票、行李收据。

总之，行李遗失所造成的是心理和财务的损失，对旅游满意度是一大伤害。领队要小心谨慎地安排行李。特别是在乘坐各式交通工具或酒店住宿时，要提醒旅游者随身携带贵重东西。

知识链接　　🔍搜索

预防行李意外遗失的措施

（1）请旅游者准备坚固耐用，并备有行李绑带的行李箱。

（2）全团都应在行李上挂上带有旅行社统一标志的行李牌，并注明旅游者姓名、电话。

（3）行程中，旅游者的行李件数若有增减，请及时告知领队，并挂上相同标志的行李牌。

（4）每抵达一地，请旅游者自己检查一下行李是否完整无缺。

（5）在治安不良的地方，恳请旅游者一起帮忙照顾行李。

（6）进住旅馆后，帮助行李员记录每件行李所属的房间。在可能的情况下，监督行李进房。

（7）在机场收集行李时，须确认所拿到的都为本团所有，而无别团的，以免领队误认件数已足够而与其他团队的行李混淆。

（8）遵守行规，及时付给行李员足够的小费。千万不能因小失大。以免遇上别有居心者，会故意将旅游者的行李藏起来或偷取行李中的物品。

第二节　技术性事件的处理

一、机位未确认就出团

出境旅游领队身为第一线服务人员，在与计调人员交接时应谨慎小心。计调人员有时会因操作失误、团体人数临时增加或航空公司不能保证所有预订的机位等而导致机位不足或需要候补的情况。如遇此种情形，一般旅行社都不会冒险出团，可能会损失团体利润改开散客票；或跟旅游者事先说清楚，让旅游者更改出发时间，但给予旅游者一定的折扣；或根据旅游合同，向旅游者支付赔偿。少数旅行社仍会冒险出团，请该团领队在行程中边走边等好消息，或让领队在境外自行确认机位。碍于旅行社的压力，领队有时有口难言。但无论如何，领队人员要与计调交接清楚，在行程中努力与航空公司协调解决所面对的问题。

二、航空公司超额订位

如果是团体机位，一般必须依航空公司规定再确认机位。有时因为领队带团无暇做确认，可以委托当地代理旅行社代为确认，但领队也必须追踪确认，可当天早一点到机场确认。平时多与旅游相关行业建立关系，遇到困难自然有朋友及时相助。所谓在家靠父母，外出靠朋友。领队应深刻体会这句话的含义。

如遇因航空公司超额销售机位（over sold），领队应坚持与团体一起行动，要坚定抗争的意念和决心，争取到底。通常可赢取合理的权益保障。总之，如有任何变动，必须随时机动地通知当地代理旅行社，以配合行程改变做相应的调整与获取必要的协助。

三、饭店超额订房

一般旅行社出团前理应已确认行程中所有的酒店。有时组团社向国外代理旅行社预订团体住房稍晚，或团体人数临时增加或拼团，导致临时加房不易。也曾有到当地登记住宿时饭店房间数不足，团体一部分必须住到其他饭店，或因房间不足，司机、领队改住到其他饭店的情况。这些情形都是可能发生的。处理此情形时，一定优先处理旅游者的问题，司机其次。万一旅游者要分住在两家饭店时，应争取隔天一定要换到同一饭店及对旅游者进行一定程度的补偿。

案 例

一间房换回的信任

农历大年初二，领队小杨带领 35 位游客赴港澳进行为期 5 天的旅行。游客乘坐早晨 7：40 起飞的 CA181 次航班抵港后，便展开了第一天迪士尼乐园的游览。游客于先生第一次携带他的妻子以及两个女儿来香港游玩。一家人非常高兴。

一天的游览，使大家十分疲惫。小杨把客人送回观塘丽东酒店后，便按事先分好的房号，把房卡分到客人手中，但于先生只分到一把房间钥匙。于先生气愤地质问小杨，他们一家共有四口人，怎么只分到一间房。小杨向于先生解释：由于春节期间是访港高峰，酒店客房紧张。原则上 12 岁以下的旅游者是不占床位的。于先生的两个女儿都在 9 岁以下，所以没有额外的房间。于先生非常恼怒，他拿出旅游合同给小杨，证明当时他为了让小孩能够睡得舒服，所以额外多订了一间房。小杨看了于先生的合同，的确属实。于是跟于先生商量，先把剩余的房卡发完，然后来想办法解决，因为其他客人也非常疲倦了，并且也让于先生的妻子和小孩先去房间休息。可是这个建议遭到了于先生的拒绝。于先生开始大声斥责小杨以及小杨所属的旅行社，一度因为影响了酒店的正常营业而招致酒店保安人员将其带走。

小杨和酒店经理进行了沟通和解释，找回了于先生。于先生很不高兴，并表示如果不安排妥当就坚决罢睡并投诉。可是临时让酒店腾出房间来实在是不可能的。因为多数团队都是提前订房的，当天的客房早就爆满了。这时小杨也意识到了问题的严重性。在和组团社联系后，小杨发现的确是组团社无法安排而产生了错误。可是，组团社一时也无法拿出解决的方案。此时小杨急中生智，想到了何不先让出自己的房间给于先生，解决今晚的矛盾，再处理接下来的问题？小杨马上告诉于先生，愿意把自己的房间让给于先生一家。于先生显得有些不好意思，但在小杨的坚持下还是接受了。小杨代表旅行社再次致歉并告知于先生一家组团社已经在处理这个问题。回到大堂，小杨又一次拨通了组团社的电话。这时组团社也已经订好了接下来几天行程中于先生的用房，并安排小杨到尖东的日航酒店和社内另一位在香港带团的领队拼住一个房间。时间已经接近晚上12点，小杨虽然非常疲惫，但是至少解决了客人的问题。他心里仍感到非常欣慰。

接下来的几天中，行程都非常顺利，客人们也很信任小杨。多天的接触也使小杨了解了于先生的性格脾气。其实于先生是一个很坦诚的人。一旦得到了他的肯定，便很好相处。于先生也多次向小杨道歉，承认自己当时确实太冲动。旅游途中，我们需要的也正是这种相互理解和相互体谅。

？ 案 例 分 析

案例中，虽然旅行社计调人员出了差错，或者说是由春节期间房间不够所造成的。问题产生时，小杨非常镇定，不慌不忙，并且掌握主动权，而不是被动地被客人牵着走。但同时，他也高度关注发生的问题，尽心尽力地在为客人处理。当损失自己的利益，却可以满足客人的要求的时候，小杨也是毫不犹豫、坚定地让出了自己的房间。宁可自己辛苦赶路，也要保证旅游者的利益。这也是每一位领队都应该做到的。

危机管理的定义有三条：第一，最大限度地减少危机对社会、组织或者机构的潜在伤害；第二，帮助组织、机构控制局面；第三，尽最大可能保护组织、机构的声誉。小杨也正是围绕着这三条展开工作的。小杨让出自己的房间给客人，客人的心里在一定程度上是感激并愧疚的。这样就避免了客人投诉和理赔的要求，减少了对组团社潜在的伤害。同时，让房的这个举动也缓解了当时组团社无处寻房的窘境，很好地控制了局面。再者，小杨多次代表旅行社向于先生致歉，其实就是为了维护旅行社的声誉。定义中的三条，小杨都出色地完成了。带团过程中，领队时时刻刻都会碰到各种各样的问题。提高服务质量，学好危机管理，是当前形势下领队所应该做的。也只有这样，才能出色地带好每一个团队。

——资料来源：徐辉. 一间房换回的信任［N］. 江南游报，2010-12-03.

第三节　目的地国家或地区突发事件的处理

无论何种原因造成预订行程的延误或更改，领队都必须通知目的地地接社以协助配合调整相关的安排。遇到其他情况：如无法前往预订的餐厅用餐等，也应通知对方。旅游目的地出现突发情况，是显示出境旅游领队本身专业技巧的最好时机。处理得当，不仅可以得到旅游者的谅解，化解旅游纠纷，而且可以塑造领队人员专业的形象与地位，提高旅游者对旅行社旅游品质的满意度。常见的突发事件如下：

一、目的地国家罢工事件

罢工在西方国家为劳资双方沟通意见的一种方式，但在团体旅游行程中，如遇交通运输业员工罢工，则将深受影响。因为团体行程早已经安排，环环相扣，一处脱节，全程波及受害，故领队不可不谨慎处理。

（1）航空公司罢工。出境旅游领队应立即联系其他航空公司确保机位，并要求原航空公司给予转乘其他航空公司的证明。否则，应要求原本所搭乘的航空公司给予合理的安排，并保证航班恢复正常后，首先让团体客人乘坐飞机离开。

（2）陆上运输罢工。如果铁路工人、旅游大巴司机罢工等，领队人员可立即协调目的地地接社租用其他交通工具代替，如市区出租车、学校校车、公司接送车等。

（3）饭店员工罢工。可能会造成团体无法用餐及无行李人员搬运行李。领队人员可事先请求团体旅游者配合，如另觅餐厅或自提行李等，以共渡难关。

二、酒店火灾事件

火灾会对游客生命造成威胁，尤其是在深夜游客都已就寝时。领队人员在酒店办理完团体入住手续后，应告知游客房间相对应的逃生出口及紧急逃生设备摆放的位置。酒店一旦发生火灾，领队应按照以下步骤冷静应对：

（1）立即报警，拨打火警电话。

（2）迅速通知全团旅游者。与现场工作人员一起通过安全通道疏散旅游者。千万不要让旅游者乘电梯，应该从安全通道或楼梯逃生。

（3）引导旅游者自救。如果只是衣服着火，可以马上脱下衣服拍打。若一时不方便脱下，可就地打滚将火压灭。如果旅游者被大火围困，即使衣服着火，也不要脱下衣服。因为衣服可以保护身体不被烧伤。遇到浓烟、一氧化碳、有毒气体时，应该注意让旅游者避免呛烟，可用湿手巾捂住口鼻，并尽量贴近地面匍匐前行。另外，可挥动色彩鲜艳的衣物呼救。

（4）处理善后事宜。组织抢救受伤者；若有死亡者，则按有关规定处理；安顿好其他旅游者，设法使旅游活动继续进行。领队还应协助处理好善后事宜，写出书面报告。

为避免火灾事故的发生，领队人员应提醒旅游者不要携带易燃、易爆物品，不乱扔烟蒂和火种，不得将易燃、易爆物品夹带在行李里托运等。总之，领队人员在登记住宿之后，应养成巡视安全设备及逃生出口的习惯，以备不时之需，并于分房时事先向旅游者宣布。

三、治安事件

在出境旅游过程中，旅游者遇到歹徒行凶、诈骗、偷窃、抢劫等，致使身心及财产遭受不同程度的损害，称为治安事件。出境旅游领队陪同团体参观游览过程中，遇到此类治安事件，应做如下处理：

（1）坚决保护旅游者的人身和财产安全。如歹徒向旅游者行凶，在场的领队应毫不犹豫地挺身而出，保护旅游者的生命安全及财产安全，迅速将旅游者移到安全地点，并配合当地警察人员和当地群众捉拿罪犯，追回赃物。如旅游者不幸受伤，应立即送往医院治疗。

（2）协助警察迅速破案。事故发生后，如罪犯脱逃，领队应立即向当地警察机关提供案件发生的时间、地点、经过、作案人的特征（性别、年龄、体形、长相、穿着等），受害旅游者的姓名、性别、年龄、国籍，损失物品的名称、件数、大小、型号以及特征，并努力协助办案人员迅速破案。

（3）及时向主管部门报告。案件发生后，在向当地警察机关报案时，仍须及时向组团旅行社主管部门报告事故发生的基本情况，即出事地点、时间及旅游者姓名、性别、年龄、受害情况、现在何处、现状如何、领队以及其他旅游者现在何处、状况如何、受理案件部门名称、地点、电话号码及联络人姓名，并请主管部门提出处理意见。

（4）迅速写出事故情况报告。书面报告的内容，要求详细、清楚，包括受害者的姓名、性别、年龄、受害情况、脱险情况、已采取的紧急措施、案件的性质、是否已及时报案、作案人的基本情况、侦破情况、受害者以及团体中其他人目前的情绪、有何反应和要求等。

治安事件发生时，轻者只是个人财产蒙受损失，重者将影响旅游者与领队生命安全。旅行业者安排旅行团时，宜事先避开旅游高风险的国家或地区；领队也须在治安相对比较差的国家与地区，事先告知旅游者安全注意事项，同时应督促旅游者将贵重物品与现金存放在保险箱内，并劝旅游者分组同行，切勿单独行动。

案　例

杭州旅游团南非约翰内斯堡历险记

2011 年 11 月 3 日"南非阿联酋 9 天游"的旅游团在南非结束了所有的游览行程，正乘坐旅游大巴前往约翰内斯堡机场，准备离境回国。当时旅游大巴上共有 32 人：29 位旅游者，一位浙江中青旅的领队，一位当地导游和一位当地旅游司机。全团人员从约翰内斯堡市中心的一家商场出来后，取道布鲁玛区的 Ernest Oppenheimer 大街，前往机场。

当时已经是晚上 19 点左右。就在旅游大巴开往机场的途中，突然从后面传来了警笛声。司机注意到从后面跟上来一辆闪着警灯的平民车。警车内的警察示意他们停车。车上的旅游者觉得很奇怪，但是因为在国外，且又不懂当地语言，也就没有注意，以为只是例行的临时检查。在大巴停下后，几个穿着警察制服的男人登上了旅游大巴。这时，坐在最前排的领队和两位旅游者发现，几个穿警服的男子全都手拿枪械。有三个看似警察的人就上车问了司机团队的情况和目的地，要求司机出示证件，然后开始审查司机和客人的证件。通过这些"警察"的言行和行为，领队和旅游者很快就明白了一个事实：他们遇到了抢劫。

女领队首先对劫匪进行了阻挠。这个身材高挑的姑娘一开始并没有被吓倒。但是，接下来的一幕，不得不让这位女领队感到恐惧。因为其中一位持枪劫匪伸手对着女领队的脸就是狠狠的一巴掌。其余的男性客人被电棍电击。目睹劫匪的粗暴行为，回想以前发生的抢劫事件，领队首先想到的是旅游者的安全，劫匪们都有枪，所以绝对不可以激怒劫匪，否则旅游者们可能有生命危险。

女领队很快反应过来。她用英语和劫匪交涉。她告诉劫匪："请不要动手。我们会主动把值钱的东西交出来。请你们不要伤害任何人。"对于劫匪来说，最重要的就是钱财，但是他们没有想到的是，眼前这位女领队却利用他们听不懂中文，对旅游者进行了"教育"。女领队转身对旅游者解释了整个情况，让他们不要惊慌，现在最重要的是人身安全，要尽量配合劫匪。但是她同时告诉旅游者，把自己的护照、现金和贵重物品放好，尽可能把自己装杂物、零食的袋子交给嫌疑犯。这个提示很重要。因为不少客人刚刚在购物点购买了钻石。但是坐在大巴最前排的两名乘客和领队本人，因为形势紧迫只得将所有的东西如数交出，其中包括他们的护照一并被洗劫。坐在旅游巴士后面的旅游者，全部将护照迅速藏了起来。绝大多数的贵重物品，也没有被抢走。一些旅游者甚至从后面把自己的包主动递给劫匪。不过，这些包里大多是些水果、衣服等不值钱的物品。匆忙中，劫匪无暇仔细检查袋子里面的具体内容。

最后在清点损失时，共有 16 位旅游者被劫走了财物，包括钻石 1 颗，现金近 20 万。包括领队在内的三位成员被抢走了护照。随后，女领队拨打了报警电话，并通知旅游公司相关负责人。

中国驻南非共和国大使馆和驻约翰内斯堡总领馆对此事也相当重视，非常关心杭州的这些旅游者。

当地时间11月3日晚9点（与北京时间相差6小时），未被抢走护照的27位旅游者按原计划搭机回国。护照被抢的领队跟两位旅游者滞留在南非机场。在使领馆的帮助和浙江省公安厅的配合下，女领队和另外两名旅游者的护照，在4小时内补办完毕。当地时间11月4日晚，滞留的领队跟两位旅游者搭机回国。

案 例 分 析

案例中，旅游公司派出的女领队遇事镇定、反应灵敏。否则，可能不仅旅游者的贵重物品会被洗劫一空，也有可能会发生伤亡的惨剧。领队的专业知识和语言能力在这次的事件中发挥了很大的作用。领队良好的语言能力帮助她在第一时间内理解了劫匪的意图。同时，领队掌握的专业知识能够使她及时地做出正确的反应。提醒旅游者以人身安全为重，并用不值钱的物品打发劫匪。因为劫匪没有这么多的时间去检查行李袋里的物品。领队用娴熟的英语与劫匪交流时能够适时地转移匪徒的注意力，让旅游者能够有更充分的时间来整理自己的东西，最大限度地降低旅游者的损失。

——资料来源：徐辉. 杭州旅游团南非约翰内斯堡历险记 ［N］.

江南游报，2012-07-26.

第四节　目的地国家或地区非正常交通情况的处理

交通工具是进行旅游活动的重要工具，但是在很多情况下不少旅游者无法忍受长时间乘坐长途飞机、旅游大巴或其他各种交通工具，更无法忍受航班延误或旅游途中的堵车等情况。领队是第一线的服务人员，如何一边安抚旅游者焦虑的心情，一边最大限度地完成旅行社给予的带团任务？一名合格的领队人员必须具备在目的地国家或地区突遇非正常交通状况时的危机处理能力。

一、航空公司

出境旅游领队与航空公司在本质上虽同属服务者，但在航空公司遇班机取消、班机机位不足或班机延迟起飞时，领队就要以公司及旅游者利益为出发点，向航空公司争取最大权益。常见突发状况及相应危机处理方式如下：

（一）航班临时取消

（1）尽可能联络最近起飞的其他航空公司，查询是否仍有机位，以及机票是否可以改签。

（2）是否可改乘其他交通工具前往下一目的地。

（3）与该航空公司交涉，要求其按规定负责团体善后事宜。

（二）航班机位不足

（1）除特殊情况不可将团体旅游者分批行动，但不得已进行分次行动时必须安排通晓外语的旅游者担任临时领队，并应关注团体持有 ADS 签证或团体签证是否能分开行动。

（2）应随时与地接社保持联络，以调整团体活动时间及地区，尽可能减少损失。

（3）与航空公司协调，以争取对团体行程做最有利的安排。

（三）航班延误起飞

（1）如果延误的时间不多，领队人员应及时通知目的地地接社做适当的调整，其他不必做太多的变动。

（2）如果延误太久，影响到下一站住宿及游览行程的变动时，须提早做一些安排，例如酒店的取消费用问题，剩下的时间是否足够完成游览行程？是否须马上退还旅游者受损的费用？或是否要以其他方式弥补旅游者的损失？或是否要与旅行社协调延长用车时间？

（3）任何的变动领队人员都应通知当地地接社。

（4）领队人员应视情形尽量同航空公司争取等候期间的餐饮住宿，甚至安排短暂的额外观光，以弥补旅游者受到的损失。

最后，领队人员如遇以上状况，也并非一定要求航空公司完全配合旅游团体，但必须在合情合理的原则下，争取旅游者最大的权益。所谓合情合理，也就是依《国际航空法》及案例，争取到的对航空公司、旅游者及旅行业者都可以接受的平衡点。

二、旅游车辆未及时赶到

在团队已抵达目的地时，如果接待该团体的旅游车辆未按规定时间到达，就会影响到旅游者旅游的兴致，并造成领队带团时的困难。更糟糕的情况是：旅游途中车辆发生状况导致行程无法完成，或旅游者因意外受伤必须送医院治疗。以上都考验着领队处理紧急情况时的能力与技巧。其具体处理方式可归纳如下：

（1）立即联系车队，说明事故地点。请求迅速派车支援。

（2）尽快联系航空公司，说明事故原因，请求延长登机办票时间。

（3）请地接社协助先到机场办理登机办票手续。

（4）请团体旅游者集中于路侧等候支援车辆，不可零星分散，以免再发生意外。

（5）做好全团安抚工作。事故发生后，除领队、受伤旅游者的亲属及旅行社一名导游服务员陪同伤员留在医院外，应尽可能使其他旅游者继续完成原定行程。随团的导游或领队要向其他旅游者做好精神上的安抚工作，帮助他们消除心理上的不安。事故查明后，应协同将伤员的抢救情况一并向该旅游者做出交代，并向组团旅行社报告说明原因。

（6）保护现场，查明事故发生原因并理清责任，作为事后处理的依据。在既有领队又有导游时，除了抢救受伤旅游者外，应留下一人处理现场后续情况。

（7）将受伤旅游者安排就绪后，领队应立即写出事故发生情况及处理的书面报告。其内容包括时间、地点、事故的性质、事故的原因、处理经过、司机的姓名、车型、车号等，旅游团名称，受伤旅游者的姓名、性别、年龄、受伤情况、医生诊断结果、亲属、领队及团内其他旅游者的情况和对事故发生与处理的反应等。

如车辆未按时到，领队除应事先准备相关联络电话与车队信息外，每日带团前也应督促司机检查车况并亲自参与。行车途中也应随时掌握司机开车状况及车辆仪表显示状况，对任何意外都做好充分心理准备，多注意观察，则可以避免发生此类事故。

第五节　各种事故的预防

事故发生的原因是多方面的。大部分是由外界因素所造成。对出境旅游领队或者旅游者来说，都是无法预料的。事故发生时，双方都处于被动地位。但是，只要领队人员一丝不苟并善于用心，就能有效地防范事故的发生。

一、洞察旅游者及其周围环境的风险因素

领队人员在和旅游者相处的过程中，须时时刻刻注意观察旅游者和周围环境的动态，对于任何异常现象都不能掉以轻心，以便及时采取措施，防患于未然。例如，了解患病旅游者病情并及时处理，可以减少对方的痛苦，也可防止病情恶化。提早发现旅游

者所处周围环境中的呆傻、癫疯等精神不正常者，及时采取防范措施，避免发生意外事故。

二、做好各项预防工作，使旅游者对意外做好充分的心理准备

领队人员在接待工作的每一个步骤中都要设想可能出现的事故及防范措施。做好各项预防工作，可使旅游者及早做准备，这是防止发生意外事故的有力措施之一。例如，根据天气预报，领队人员可先预告旅游者是否需要增减衣服、携带雨具，穿戴适宜的鞋、帽等，防止因天气变化而引起的不便甚至病痛。根据地理地势环境预报，旅游者可以衡量各自身体的实际情况，量力而行，防止摔伤等意外事故。同时，预报游览路线、出发集合地点和时间，可以防止旅游者走失。预先告知行李托运的方法和收交行李的时间。提前告知手提物件与托运行李如何分开处理，以及易碎品应随身携带等事项，可以防止或减少行李的遗失和损坏。

三、执行旅行社所指定工作程序和规章制度

遵守出境旅游接待工作程序和规章制度是防止事故发生的重要保障，也是领队工作负责的表现。但领队人员不是对规章制度负责，不能简单地照章行事，而应懂得随机应变来处理各类人身安全事故。

一般来说，预防事故的重点工作如下：

（1）领队人员应与司机密切配合。为了防止发生车祸，应提醒司机做到行车不超速，不闯红灯，十字路口要小心，不酒后开车，开车精神集中等。随时检查车况，多照顾司机的饮食、住宿；将心比心，事先多沟通，过程中多配合，结束时表示感谢。

（2）留意天气预报。遇到大雨、降温、大风、大雪天气时，应改变行程，或做好安全驾驶的预防。如遇天气不佳，应努力营造气氛，使旅游者保持愉快的心情。

（3）计算好行车时间。往返机场时，不要因时间紧迫而开快车，也不可把时间抠得太紧。万一碰上堵车、车祸，一切可能都来不及。特别是在有退税的国家或旅游地区应预留更多时间，以利旅游者办理退税。

（4）不随便离开。带团活动时，应随时和旅游者在一起，注意四周环境和人群，防止旅游者走失。在境外有导游时，出境旅游领队角色则着重于服务与保护的功能。

（5）了解楼层的防火设备。告知旅游者火灾时的逃离线路、方向，做好预防措施；领队人员至公共场所，应随时随地了解紧急逃生设备与窗口所在方向与位置。

（6）水上活动的准备。领队或导游人员应与安全人员先行联系，做好准备工作，以确保安全。应事先告知旅游者开放时间与水域，在非开放时间则应禁止下水。

（7）倡导旅游者之间互帮互助。登山、爬高、涉水等活动，要请旅游者扶老携幼，彼此协助，特别是雨天、雪天，更要提醒旅游者注意安全，以防因跌倒、滑落而受伤。

第六节　自然灾害应急处理

一、自然灾害

遇到台（飓）风、地震、冰雹、水灾等自然灾害，领队、导游及其他旅游从业人员应保持镇定和冷静，运用自然客观规律常识，迅速对情况做出准确的判断，采取一切有效措施保护旅游者，及时与旅游公司和有关方面取得联系，并带领团队撤离灾区或危险地带，沿途照顾好伤病员，尽最大努力减少团队伤亡，不得弃团自行逃生。

当自然灾害影响到旅游团队的人身安全时，随团领队、导游必须按以下步骤操作：

（1）在第一时间与当地有关部门（110、120等）取得联系，争取救援。

（2）及时向当地旅游行政管理部门和境外地接社或组团社应急指挥小组汇报情况，并在现场积极主动采取必要的救援措施，力争在最短时间内把损失降到最低。

（3）稳定旅游者情绪，保护现场，等待救援。

（4）积极主动配合有关部门的救援工作，并及时保存有关票据和书面材料。

（5）积极主动配合公司应急指挥小组对此次灾害或事故的善后处置，做到有始有终。

二、暴风雪事故的救助处理方法

（1）在发生暴风雪事故后，领队人员应迅速确定旅游者的伤亡情况，与外界展开联系，汇报事故情况及可能的发展趋势，请求救援。此外，领队人员还要及时与当地的中国使领馆联系，让他们帮助督促当地政府和救援机构加紧救援。领队应该与组团社领导保持联系，报告通报事故的基本情况和最新进展，通报旅游者的反应及自己对处理事故的想法，接受领导指示。在救援未到达前，指导和实施救治。

（2）旅游者应保存体力，不要盲目地耗费体力。如果被围困在车上，待在车中最安全；贸然离开车辆寻求帮助是十分危险的行为。开动发动机提供热量，注意开窗透气，燃料耗尽后，尽可能裹紧所有能够御寒的东西，并在车内不停地活动。如果在茫茫雪原或山野，露天受冻、过度活动会使体能迅速消耗，此时为求生应减去身上一切不必要的负重，在合适的地域挖个雪洞藏身。只要物资充分，这种方式可以坚持几天时间。

（3）旅游者应调整心态，适时休息。遭遇暴风雪时，由于恐惧、孤独、疲劳，易造成生理、心理素质下降，此时领队要帮助旅游者保持稳定的心态。正确判断方位和决定路线极为重要。疲劳时适时休息，走到筋疲力尽时才休息十分危险，许多人一睡过去就不再醒来。正确的方法是走一段，停下来休息一会儿，调整呼吸，休息时手、脚要保持活动并按摩脸部。

（4）旅游者应相互激励，保持"兴奋"。暴风雪中必须保持"兴奋状态"。此时领队要鼓励旅游者，让他们树立希望，发扬团队精神。同行者相互搀扶、相互激励，才更有希望获救。

（5）旅游者获救以后，领队要及时将伤病员送往医院进行救护，及时通知伤亡者亲属。领队要安顿其他旅游者的食宿，安抚旅游者的情绪。根据领导指示，要求地接社配合处理好善后事宜。

（6）写出书面报告。在事故处理以后，领队应在书面报告中将事故的起因、处理经过、抢救过程、伤亡情况、旅游者的反应和满意程度救治结果阐述清楚。

三、海啸事故

（一）海啸的预防

领队人员要在海啸发生前采取预防措施。一般来说海啸与海底地震有关，可引发高达 30 米的巨浪，在沿海地带会造成巨大破坏。

感觉强烈地震或长时间的震动时，需要立即离开海岸，快速到高地等安全处避难。如果收到海啸警报，没有感觉到震动也需要立即离开海岸，快速到高地等的安全处避难。通过收音机或电视等掌握信息，在没有解除海啸警报之前，勿靠近海岸。

不是所有地震都引起海啸，但任何一种地震都可能引发海啸。当你感觉大地发生颤抖时，要抓紧时间尽快远离海滨，登上高处。不要去看海啸——如果你和海浪靠得太近，危险来临时就会无法逃脱。领队要迅速组织旅游者有秩序地登上高处避难，抓紧时间指导旅游者携带贵重物品和所需物品，放弃多余的行李。及时与地接社、中国使领馆和当地紧急救援部门联系，了解海啸的情况，在得到海啸危险解除的消息后组织旅游者返回。

（二）海啸中的自救

如未能提前躲避海啸，在经历海啸时，领队应稳定旅游者的情绪，迅速指导他们做好自救准备，尽量牢牢抓住能够固定自己的东西，不要到处乱跑。因为海啸发生的时间往往很短，人是跑不过海浪的。在浪头袭来的时候，要屏住一口气，尽量抓牢不要被海浪卷走；等海浪退去后，再向高处转移。万一不幸被海浪卷入海中，仍要保持冷静。关键要确信自己一定能够活下去。同时，尽量用手向四处乱抓，最好能抓住漂浮物，但不要乱挣扎，以免浪费体力。尽量放松，努力使自己漂浮在海面。因为海水的浮力较大，人一般都可以浮起来的。

如果在海上漂浮，要尽量使自己的鼻子露在水面或者改用嘴呼吸。如果当时旅游团队乘船在海面上，领队应要求船只往深海里跑，跑得越远，危险就越小，不能向港口或浅海行驶。海啸的波高跟水深成反比，所以在深海什么也看不出来，只有到近海，速度减慢，能量才积累起来，形成一堵几十米高的水墙。待到海啸危险解除后，迅速登陆上岸。

等到海啸过去以后，领队应及时寻找失散的团队旅游者，确认他们的情况，对受伤情况严重的旅游者进行救治。及时与当地救援部门联系，与中国使领馆联系，向国内组团社领导汇报情况。组织旅游者等待救援，指导进行自救。

四、地震灾难的处理方法

当发生地震时，领队应保持清醒的头脑，千万不能盲目行动。破坏性地震从人感觉振动到建筑物被破坏平均只有 12 秒钟。在这短短的时间内，领队一边要安慰旅游者不要惊慌，一边要根据所处环境迅速做出保障安全的抉择。若处于室外环境，站立于空旷处，不要慌张地往室内冲；注意头顶上方可能有如招牌、花盆等掉落；远离兴建中的建筑物、电线杆、围墙、未经固定的贩卖机等；若在桥上或地下道，应迅速地离开；若旅游车辆正在行驶中，勿紧急刹车，应减低车速，靠边停，疏散旅游者到空旷处；若正行驶于高速公路或高架桥上，应小心迅速驶离；若在郊外，远离崖边、河边、海边，找空旷的地方避难。若处于室内环境，则应保持镇定并迅速关闭电源、自来水开关；打开出入的门，随手抓个垫子保护头部，暂避到洗手间等跨度小的地方，或桌子、床铺等下面，或靠建筑物中央的墙站着；切勿靠近窗户，以防玻璃被震破扎到；切记不要慌张地往室外跑；震后迅速撤离，以防强余震。

震后要迅速召集旅游者，查看是否有伤亡情况。如有伤亡应立即采取救治。立即联系地接社、当地救援部门和使领馆，及时向国内组团社报告情况。安顿旅游者，保障他们的正常生活。对旅游者的伤亡进行相关的善后处理。写书面报告。

第七节 出境旅游急救知识

《中华人民共和国旅游法》第十二条指出，旅游者在人身、财产安全遇有危险时，有请求救助和保护的权利。第八十一条指出，突发事件或者旅游安全事故发生后，旅游经营者应当立即采取必要的救助和处置措施，依法履行报告义务，并对旅游者做出妥善安排。为此，作为旅行社的一线人员，出境旅游领队应该掌握一定的急救知识，在遇到各种事故中最有效地保护自己和旅游者，从而把损失降至最低。

一、意外伤害急救原则

（1）遇到意外伤害发生时，不要惊慌失措，要保持镇静，并设法维持好现场的秩序。

（2）在周围环境不危及生命的条件下，一般不要随便搬动伤员。

（3）暂时不要给伤病员喝任何饮料和进食。

（4）如发生意外，而现场无人时，应向周围大声呼救，请求来人帮助或设法联系有关部门，不要单独留下伤病员无人照管。

（5）遇到严重事故、灾害或中毒时，除急救呼叫外，还应立即向有关政府、卫生、防疫、公安、新闻媒介等部门报告。报告时要讲明现场在什么地方、病伤员有多少、伤情如何、都做过什么处理等。

（6）对呼吸困难、窒息和心跳停止的伤病员，迅速将其头抬高到后仰位，托起下颌，使其呼吸道畅通，同时施行人工呼吸、胸外心脏按压等复苏操作，实施原地抢救。

（7）现场抢救一切行动必须服从统一指挥，不可各自为政。

二、急救现场处理的主要任务

任何急救工作都必须首先关注被救助人员的生命征象维持，应当遵守通风、呼吸和循环的原则。

（一）急救现场处理的主要任务

（1）镇定有序地指挥。要临危不乱，如果现场人员较多，一方面要马上分派人手迅速呼叫医务人员前来现场，另一方面对伤病员进行必要的处理。

（2）迅速排除致命和致伤因素。应让伤病员立即脱离重压物；撤离中毒发生现场；切断电源；保持其呼吸道通畅等。

（3）检查伤员的生命体征。检查伤病员呼吸、心跳、脉搏情况。必要时进行心脏按压和人工呼吸。

（4）止血。用各种有效方法及现有材料帮助出血者止血，同时尽快送往医院。

（5）进行简单保护处理。如有腹腔脏器脱出或颅脑组织膨出，可用干净毛巾、软布料或搪瓷碗等加以保护。有骨折者用木板等临时固定。神志不清者，未明了病因前，注意其心跳、呼吸、两侧瞳孔大小。发现有舌后坠者，应迅速请医生将其舌头拉出来或用别针穿刺固定在口外，防止窒息。

（6）迅速而正确地转运。按不同的伤情和病情，按轻重缓急原则选择适当的工具进行转运。运送途中，随时注意伤病员病情变化。

（二）急救的几项禁忌

（1）急性腹痛者忌服用止痛药。

（2）腹部受伤内脏脱出后忌立即复位。

（3）使用止血带结扎忌时间过长。

（4）昏迷病人忌仰卧。

（5）脑出血病人忌随意搬动。

（6）小而深的伤口忌马虎包扎。

（7）腹泻病人忌乱服止泻药。

（8）触电者忌徒手拉救。

（9）心源性哮喘病人忌平卧。

三、事故的现场处理

事故现场处理的要点是：帮助病人保持最舒服的姿势，以减轻痛感；移动病人不要勉强硬搬，可以叫人帮忙，要小心、协调；让病人躺倒或移动时，注意不要加重病情；对意识清楚、脸色正常者，注意保暖。

要垫低枕头，找平坦的地方，让病人躺倒。对脸色正常者，只要盖棉毯保暖就行。对意识清楚、无休克症状者，可让病人保持原有姿势，不宜多搬动。

（一）出血的急救处理

对出血急救处理的要点是：用清洁的毛巾等压迫止血；迅速探明出血点；呼吸急促

且无力时，预示着危险，应马上叫救护车。

1. 手脚出血

如果伤口被泥沙污染，应首先用消毒凉水或冷开水冲洗，切忌用肥皂洗涤。出血伤口周围的血块、血浆等不要擦洗；伤口内的玻璃片、小刀等异物也不要勉强拔出，因拔出后可能引起大出血，应马上送医院处理。

用清洁的布块、毛巾（最好是消毒纱布）等垫在伤口上，直接压迫 10~20 分钟止血。血止住后，用包带轻轻包扎，注意别包得过紧，以能压住出血为度，然后上医院处理。切忌用脱脂棉花、草纸垫在伤口处，也不能在伤口上涂药物。要在 6 小时内进行消毒处理，以防伤口感染化脓。

出血、受伤后应马上用净水器过滤的自来水或消毒井水、冷开水清洗，无须进行特别消毒。伤口污染后，只要在 6 小时内能进行充分的消毒，一般不会出现化脓。但是，如果是刃物刺入等引起的伤口，以及刺入物残留体内，又未在 6 小时内作充分清创处理，会出现伤口化脓。另外，要记住，无论什么东西导致的伤口，都有发生破伤风的可能，要立即采取预防措施。

2. 体表动脉出血

要迅速探明出血部位，用手掌按住伤口约 20 分钟。如还不能止血，可用包带缠绕压迫止血，同时找到伤口至心脏段内离心脏近、能感觉搏跳的部位，用手指用力压迫（间接压迫法）止血。若手指、脚趾出血，则可用布垫着再用手指握紧止血。头部、腹部的出血，可用直接压迫法，边压迫止血边上医院。通常是脉搏每分钟 120 次以上、呼吸每分钟 20 次以上（成人）、人体血液丧失 1/3 以上就有生命危险了。

（二）休克的急救措施

（1）放置平卧位。下肢应略抬高，以利于静脉血回流。如有呼吸困难可将头部和躯干抬高一点，以利于呼吸。

（2）保持病人呼吸道通畅，尤其是休克伴昏迷者。方法是将病人颈部垫高，下颌抬起，使头部最大限度地后仰，同时头偏向一侧，以防呕吐物和分泌物误吸入呼吸道。

（3）保暖或降温。注意给体温过低的休克病人保暖，盖上被、毯。但伴发高烧的感染性休克病人应给予降温。

（4）必要的初步治疗。因创伤骨折所致的休克可采取止痛措施，对骨折部位进行简单固定。

（5）迅速将病人运送至医院。需尽快将病人送往有条件的医院抢救。对休克病人搬运越轻越少越好。应送到最近的医院为宜。在运送途中，应有专人护理，随时观察病情变化，最好在运送中给病人采取吸氧和静脉输液等急救措施。

（三）野外活动中事故的处理

（1）中暑。正确的处理方式是迅速将病人转移到凉快的地方，然后让病人躺下，解开衣服，或用冷毛巾擦身，或边用酒精擦身边用口吹，促使酒精快速挥发散热。可以给患者喝凉开水或盐水。重症中暑出现抽搐者，应马上叫救护车送医院。

（2）晒痛。该症状是皮肤被晒发红并出现疼痛。此时可用冷毛巾敷在患部，直至痛感减轻或消失为止。也可以涂上防晒油脂。出现水泡时，不要挑破，应用冷水毛巾敷着去医院处理。

（3）冻伤。可以用37℃左右的温水慢慢浸泡患部，若出现红肿，用纱布包后去医院处理。注意冻伤后不能用火烤或用热水洗，也不可以按摩患部。

（4）食物中毒要以手指挖喉，引起反射性呕吐，迅速让病人吐出毒物。如果是毒性强的毒水，应马上送医院灌洗胃肠。

（5）接触性皮炎斑疹。当接触某些物质而致皮肤出现奇痒、红肿时，要赶快离开引起过敏的物质，并用水清洗患部，马上更换衣服。红肿厉害时，可以涂肾上腺皮质激素软膏。容易引起斑疹的物质多种多样，例如化妆品、染发剂、洗涤剂、涂料、野漆树、银杏树、各种花粉等。

（6）晕车。晕车者可与他人调换座位到晃动轻微的位置，打开窗户呼吸新鲜空气，解开衣服，想吐时可吐入塑料袋中。晕车有相当一部分是心理因素引起的，所以要尽量分散晕车者的注意力。必要时也可以事先服用药物来防止。

（7）被狗或猫咬伤。被咬后应迅速用净水涂肥皂冲洗干净，包上纱布再去医院检查。被狗咬伤的伤口，容易化脓，所以必须进行彻底的伤口处理，并及时注射疫苗。

（8）被蛇咬伤。应首先将被咬的肢体放低位置，在伤口靠近心脏的一端用领带等轻轻地扎起来。口内无舌、龈溃破或唇裂伤口者，可以用嘴对伤口猛吸多次，每吸一口后马上将吸出的血吐掉，最后还须漱口。被蛇咬伤后，伤口部位应保持不动，如是脚伤，应抬着去医院。被毒蛇咬伤是很危险的。即使是被无毒蛇咬到，也必须去医院处理。

（9）蜂刺。被蜂刺伤后，首先要把毒刺拔出，用手挤出毒液，然后涂上氨水和抗组织胺软膏。如果被刺后出现恶心、抽搐等症状，是危险的预兆，要赶紧上医院。若被刺后20分钟以内无异常反应，一般来说问题不大。

（10）被毛虫刺伤。被带有毒腺的毛虫刺伤后，伤处立即变红肿，并有痛感。此时可用手挤出毒汁，并用肥皂、自来水擦洗干净。

（11）被蜈蚣咬伤。被蜈蚣咬伤后局部马上会出现红肿，并伴有剧烈疼痛。此时应马上用力将伤处的毒液挤出，在伤口的近心端部位用领带等扎起来。并用自来水冲洗，进行冷敷，涂上抗组织胺软膏，然后马上去医院。

❓ 复习与思考

一、问答题

1. 出境游中人身安全和财物安全方面各有哪几种紧急事件的类型？

2. 危机管理的定义有哪些内容？

3. 《中华人民共和国旅游法》第八十一条的具体规定是什么？

4. 出境旅游领队应该如何与司机密切配合预防交通事故？

5. 请举出急救过程中的 4 种禁忌。

二、案例讨论题

意外车祸敲响安全警钟

2011 年 9 月，由中国××旅行社组织，京王府国际旅行社具体实施接待的中国商业联合会一行 14 人赴非洲访问。途经肯尼亚时，旅游车与一辆卡车发生追尾，造成三名旅游者死亡、两名旅游者受伤。车祸前，因路途有点颠簸，坐在后排的一名旅游者与导游调换了座位，原本坐在副驾位置的导游坐到了后排（通常情况下，导游应坐在离司机最近的位置，如司机身后或者副驾的位置，便于工作及提醒司机安全驾驶等）。根据事故鉴定调查结果，旅游车与其他车辆发生追尾，属旅游车全责。

——资料来源：http://www.10yan.com/html/News/lyxw/2009-5/21/155229755.html

根据上述案例，回答以下问题：

1. 该旅游团在肯尼亚出车祸时，导游是否有不当行为？

2. 领队或导游应采取哪些措施来预防出境旅游中的车辆安全事故？

三、实训题

请拜访当地的卫生局急救行政管理部门，了解急救的一些基本实战方法和技术。

参考文献

［1］李天元．旅游学概论［M］．天津：南开大学出版社，2003．

［2］黄荣鹏．领队实务［M］．台湾：扬智文化事业股份有限公司，2012．

［3］徐辉．国际旅游业对客服务艺术案例［M］．杭州：浙江科学技术出版社，2008．

［4］徐辉．中国公民出境旅游服务质量解析［M］．杭州：浙江工商大学出版社．2017．

［5］中国旅游研究院．中国出境旅游发展年度报告2015［M］．北京：旅游教育出版社．2015．

［6］中国旅游研究院．中国出境旅游发展年度报告2016［M］．北京：旅游教育出版社．2016．

［7］中国旅游研究院．中国出境旅游发展年度报告2017［M］．北京：旅游教育出版社．2017．

［8］北京凤凰假期国际旅行社有限公司．出境旅游操作实务［M］．北京：兵器工业出版社，2006．

［9］曹银玲．出境领队实务［M］．北京：旅游教育出版社，2012．

［10］黄荣鹏．观光导游与领队［M］．台湾：松根出版社，2013．

［11］饶华清．中国出境旅游目的地概况［M］．北京：中国人民大学出版社，2014．

［12］石定乐，孙嫘．旅游跨文化交流［M］．北京：旅游教育出版社，2014．

［13］王建民．出境旅游领队实务（第四版）［M］．北京：旅游教育出版社．2013．

［14］周彩屏．导游技能训练（第二版）［M］．北京：高等教育出版社．2015．

［15］杨天庆．沿途导游掌中宝［M］．北京：旅游教育出版社，2007．

［16］张瑞奇，刘原良．领队与导游实务［M］．台湾：扬智文化事业股份有限公司，2013．

［17］潘海颖，王菘．酒水服务与酒吧经营［M］．武汉：华中科技大学出版社．2015．

［18］仇向明，黄恢月．出境旅游领队工作案例解析［M］．北京：旅游教育出版社．2008.

［19］国家旅游局．中国旅游年鉴［M］．北京：中国旅游出版社．1997—2016.

［20］徐辉．出境旅游领队实务［M］．北京：中国财政经济出版社，2016.

［21］马继兴．旅游心理学［M］．北京：清华大学出版社，2010.

［22］薛群慧．现代旅游心理学［M］．北京：科学出版社，2011.

［23］贾娟，黎娜．世界通史［M］．北京：中国华侨出版社，2010.

［24］张延，张迅．超越完美－国际导游理论与实务 *Beyond Competence－Professional Operations of International Tour Guiding*［M］．北京：中国科学文化出版社，2003.

［25］姚宝荣．模拟导游教程 *A Simulated Course for Tour Guides*［M］．北京：旅游教育出版社，2007.

［26］徐辉，潘海颖．公民道德视域下的中国出境游客素质提升研究［J］．杭州电子科技大学学报（社会科学版），2016，（4）.

［27］Alan A. Lew, Lawrence Yu, John Ap, Zhang Guangrui. *Tourism in China*［M］. American：The Haworth Hospitality Press，2003.

［28］Haiyan Song, Kaye Chon. *Experiencing China*：*Travel Stories by Tourism Experts*［M］. Hongkong：The Hong Kong Polytechnic University School of Hotel & Tourism Management，2008.

［29］http：//baike. baidu. com/link？url＝96HnIUzlwZfKrkekqaCaMh9t89j_vF－w6sNUhPn3Qfcbq5pIcEdu8IE3aFMZlroZ.

［30］http：//www. cnta. com. 2016.

附　录

附录一　旅行社行前说明服务规范

前　言

本标准按照 GB/T 1.1—2009 给出的规则起草。

本标准由国家旅游局监督管理司提出。

本标准由全国旅游标准化技术委员会（SAC/T 210）归口。

本标准起草单位：国家旅游局监督管理司、北京众信国际旅行社股份有限公司。

本标准主要起草人：王怡静、王春峰、赵锐、潘丽华、彭志凯、张海燕、唐兵、汪黎明、段国强、遇宏、闻清琰、董超。

旅行社行前说明服务规范

1　范围

本标准规定了旅行社为旅游者提供行前说明服务所涵盖的相关要求。

本标准适用于中华人民共和国境内旅行社提供的、签订包价旅游合同且包含行程游览服务的旅游产品。

2　规范性引用文件

下列文件对于本文件的应用是必不可少的。凡是注日期的引用文件，仅注日期的版本适用于本文件。凡是不注日期的引用文件，其最新版本（包括所有的修改单）适用于本文件。

GB/T 19001 质量管理体系要求

GB/T 16766 旅游业基础术语

GB/T 31385 旅行社服务通则

GB/T 31386 旅行社出境旅游服务规范

3　术语和定义

GB/T　16766 界定的以及下列术语和定义适用于本文件。

3.1　包价旅游合同 package tour contract

指旅行社预先安排行程，提供或者通过履行辅助人提供交通、住宿、餐饮、游览、导游或者领队等两项以上旅游服务，旅游者以总价支付旅游费用的合同。

注：引用《中华人民共和国旅游法》，第十章，第一百一十一条，第三款。

3.2　行前说明服务 pre-tour explication service

旅行社与旅游者签订包价旅游合同、约定的旅游活动成行前，就约定的服务内容，向旅游者告知重要信息、有助顺利完成旅游的活动，是旅行社提供的包价旅游产品中不可缺少的服务环节之一。

3.3　行前说明服务提供方 pre-tour explication service supplier

与旅游者签订包价旅游合同的旅行社，包括：招徕、组织、接待旅游者并提供全程旅游服务的旅行社；销售批发商的包价旅游产品且自行与旅游者签订包价旅游合同的旅游代理商、旅游零售商。

4　基本要求

4.1　主动服务

行前说明服务区别于售前服务中的产品说明服务、旅游行程中对旅游者的提示和告知活动，旅行社应主动为旅游者提供该项服务。

提供全程旅游服务的旅行社应主动为其代理商、零售商提供行前说明服务方面的有效支持。

4.2　注重实效

旅行社应根据经营状况、产品特征、旅游者群体差异等因素，选取方便旅游者参与、服务质量易于控制的行前说明服务形式。

4.3　资源保障

旅行社应为行前说明服务提供必要的资源保障，包括：

a）建立符合旅行社实际情况的行前说明服务管理制度，明确服务流程及服务标准；

b）设置专门岗位，对行前说明服务所要达到的目标负责；

c）对行前服务人员进行培训，确保其具有为旅游者提供相关服务的专业知识及技能；

d）为行前说明服务提供场地、设备、设施等方面的支持。

5　服务形式

5.1　一般服务形式

为保证行前说明服务的质量及效果，旅行社应优先采取以下服务形式：

a）出行前且非出发当天，旅行社、旅游者双方见面的行前说明服务形式；

b）出行前且非出发当天，不见面形式的行前说明服务：旅行社利用互联网等技术或服务手段，向旅游者送达行前说明内容的电子版本、音、视频资料并取得旅游者接收确认，且有专门渠道、专门人员解答旅游者疑问；

c）上述两种形式的结合。

5.2　应急措施、补救手段

当旅游者因故未能接受行前服务时，旅行社可采取以下服务形式作为应急措施或补救手段：

a）行程开始当天，在机场、车站、码头等公共区域临时举行；

b）前往旅游目的地的交通工具上临时举行；

c）在旅游过程中，通过播放音频、视频资料或由履行辅助人宣讲等进行。

6 服务内容

6.1 交付资料、物品

6.1.1 基本资料、物品

旅行社在行前说明服务环节向旅游者交付的资料、物品应符合 GB/T 31385、GB/T 31386 中的相关要求。

6.1.2 与旅游安全、文明旅游相关的资料

对与旅游安全、文明旅游相关的重要事项，应当向旅游者交付书面文件等形式的资料。重要信息在资料中应以加大字号、醒目色标注等处理方式以引起旅游者重视。如：可能严重危及旅游者人身、财产安全的旅游风险提示、多发旅游风险的提示、安全避险措施等重要安全提示内容。

6.1.3 旅行社认为应当交付的其他内容

旅行社认为应当交付的其他内容取决于旅行社自身管理需求和产品特点。

6.2 告知内容

6.2.1 出发信息

旅行社应向旅游者重点解读旅游行程，特别注意说明双方在签订包价旅游合同时尚未明确的要素，包括：交通工具的营运编号（如飞机航班号等）、集合出发的时间地点、必要的履行辅助人信息、团队标志（如导游旗、游客标志物）等。

6.2.2 重要联络信息

旅行社应告知旅游者，并提醒其在旅游过程中全程携带的重要联络信息：

a）旅行社操作部门、销售部门相关工作人员、团队领队或全陪姓名及联络方式等信息；

b）地接社及其工作人员（如地陪导游员）联络方式等信息；

c）为游客提供保险产品的保险公司联络信息；

d）遇到紧急情况时的应急联络方式。出境旅游产品还应向旅游者告知我国驻外使、领馆应急联络方式；

e）应该或能够在行程中为旅游者提供安全保障的其他机构或人员信息。

6.2.3 行前准备事项

告知旅游者国内、外运输管理相关法律、法规、行李托运须知、出入境物品管理相关法律、法规等对旅游者乘坐交通工具、托运行李、出、入国境有影响的事项，提示旅游者提前做好相应准备。

6.2.4 旅游目的地相关信息

提示旅游者旅游目的地（国家或地区）历史、地理、气候、人文风俗等信息及相关

注意事项。

6.2.5　文明旅游提示

对旅游者进行的文明旅游提示应包括：

a）旅游者应当注意的旅游目的地相关法律、法规和风俗习惯、宗教禁忌等；

b）易因不了解而引起误会、冒犯、争端或遭受非议的其他事项；

c）除上述提示外，出境旅游团队还应提示国家出入境管理相关法律、法规，以及依照中国法律不宜参加的活动。

6.2.6　旅游者不适合参加旅游活动的情形

除一般旅行安全注意事项外，旅行社应根据产品行程设计内容，有针对性地提示行程中存在一定风险的旅游项目，再次询问旅游者健康状况，提示旅游者不适合参加旅游活动的情形。

6.2.7　重大安全警示

旅行社应根据旅游目的地、行程安排的差异性，就以下事项对旅游者进行说明：

a）行程中旅游者可能接触到的、操作不当有可能造成旅游者人身伤害的相关设施、设备的正确使用方法；

b）必要的安全防范和应急措施；

c）行程中未向旅游者开放的经营、服务场所和设施、设备；

d）为保障安全，部分旅游者不适宜参加的活动。

6.2.8　突发事件应急处理预案

旅行社应：

a）告知旅游者，旅行社对突发事件的处理流程；

b）告知旅游者，有危及人身或财产安全的意外发生时，旅游者应联络的人员的顺序；

c）如旅游者为旅游活动投保了保险，应告知旅游者保障内容及出险时可采取的措施；

d）突发事件发生时，有利于旅游者保护自身安全的其他信息。

6.2.9　争议和投诉受理渠道

告知旅游者，当有争议发生时旅游者可通过何种渠道与方式维护自身利益，包括：

a）旅行社受理投诉的渠道及流程；

b）政府相关部门受理投诉的渠道及流程。

7　服务流程

7.1　告知并获得旅游者确认

旅行社应在合同签订时告知旅游者行前说明服务提供的方式、时间等信息，并申明服务的重要性，促使旅游者参与。

7.2 获取旅游者参与记录

行前说明服务过程中，旅行社应获取旅游者参与活动的签字证明或其他形式的到场记录。

7.3 宣讲及交付相关资料

交付资料、物品和宣讲告知内容见本标准的6.1，6.2。

对所有交付给旅游者的书面告知内容，旅行社宜向旅游者收取接收确认，以保证信息能有效传达。

7.4 答疑

就旅游者提出的与产品或服务有关的问题，旅行社服务人员予以解答。

采取非见面服务形式的，可由旅行社在团队出发前按约定方式对旅游者提出的疑问予以解答。

7.5 存档

旅行社应指派专人对行前说明服务过程中的重要资料、记录进行整理、存档。存档要求应符合《中华人民共和国旅游法》对旅游者资料保存的相关规定。

8 服务改进

旅行社应按照GB/T 19001的要求，建立符合质量管理体系要求的服务监督和持续改进机制，从旅游者意见调查、旅游者投诉与建议信息中识别出与行前说明服务有关的信息，对服务流程、服务内容进行定期评审，使服务得到不断改进。

当以下情况发生时，旅行社还应立即组织对行前说明服务流程、标准进行针对性评审，以确保服务的有效性：

a）国家相关法律、法规、行业管理规定颁布或发生变化时；

b）旅游目的地国家或地区局势发生重大变化时；

c）旅游经济形式发生重大变化时；

d）行业管理部门或其他政府机构有要求时；

e）旅行社经营组织结构和质量管理体系发生重大变化时；

f）行前说明服务质量引起投诉或造成旅游者人身、财产损失等情况发生时。

中华人民共和国国家旅游局

2015年4月2日发布

附录二　领队导游引导文明旅游规范

前　言

本规范按照 GB/T1.1—2009《标准化工作导则　第 1 部分：标准的结构和编写》给出的规则起草。

本规范由国家旅游局提出。

本规范由全国旅游标准化技术委员会（SAC/TC 210）归口。

本规范起草单位：国家旅游局监督管理司、中青旅控股股份有限公司。

本规范主要起草人：李京　李广　葛磊　赵晓宇　吕倩　李任芷　彭志凯　唐兵　汪黎明　孔磊　陈晨　熊涛　杨柳　秦明　王业娜

导游领队引导文明旅游规范

1　范围

本规范规定了旅行社组织、接待旅游（团）者过程中，导游员、出境旅游领队引导旅游者文明旅游的基本要求、具体内容和相应规范。

本规范适用于旅行社组织、接待的旅游（团）者，包括中国公民境内旅游、出境旅游，以及境外国家或地区到中国境内旅游的旅游（团）者。

2　规范性引用文件

下列文件对于本文件的应用是必不可少的。凡是注日期的引用文件，仅注日期的版本适用于本文件。凡是不注日期的引用文件，其最新版本（包括所有的修改单）适用于本文件。

GB/T 15971-2010 导游服务规范

LB/T 005 旅行社出境旅游服务规范

LB/T 008 旅行社服务通则

3　术语和定义

3.1　导游员 tour guide

符合上岗资格的法定要求，接受旅行社委派，直接为旅游团（者）提供向导、讲解及旅游服务的人员。导游员包括全程陪同导游员和地方陪同导游员。

本定义依据 GB/T 15971-2010 导游服务规范。

3.2　出境旅游领队 outbound tour escort

依法取得从业资格，受组团社委派，全权代表组团社带领旅游团出境旅游，监督境外接待旅行社和导游人员等执行旅游计划，并为旅游者提供出入境等相关服务的工作人员。

本定义依据 LB/T 005 旅行社出境旅游服务规范

3.3　旅行社 travel service

从事招徕、组织、接待旅游者等活动，为旅游者提供相关旅游服务，开展旅游业务的企业法人。

4 总体要求

4.1 引导的基本要求

4.1.1 一岗双责

4.1.1.1 导游领队人员应兼具为旅游者提供服务,与引导旅游者文明旅游两项职责。

4.1.1.2 导游领队人员在引导旅游者文明旅游过程中应体现服务态度、坚持服务原则,在服务旅游者过程中应包含引导旅游者文明旅游的内容。

4.1.2 掌握知识

4.1.2.1 导游领队人员应具备从事导游领队工作的基本专业知识和业务技能。

4.1.2.2 导游领队人员应掌握我国旅游法律、法规、政策以及有关规范性文件关于文明旅游的规定和要求。

4.1.2.3 导游领队人员应掌握基本的文明礼仪知识和规范。

4.1.2.4 导游领队人员应熟悉旅游目的地法律规范、宗教信仰、风俗禁忌、礼仪知识、社会公德等基本情况。

4.1.2.5 导游领队人员应掌握必要的紧急情况处理技能。

4.1.3 率先垂范

4.1.3.1 导游领队人员在工作期间应以身作则,遵纪守法,恪守职责,体现良好的职业素养和职业道德,为旅游者树立榜样。

4.1.3.2 导游领队人员在工作期间应注重仪容仪表、衣着得体,展现导游领队职业群体的良好形象。

4.1.3.3 导游领队人员在工作期间应言行规范,举止文明,为旅游者做出良好示范。

4.1.4 合理引导

4.1.4.1 导游领队人员对旅游者文明旅游的引导应诚恳、得体。

4.1.4.2 导游领队人员应有维护文明旅游的主动性和自觉性,关注旅游者的言行举止,在适当时机对旅游者进行相应提醒、警示、劝告。

4.1.4.3 导游领队人员应积极主动营造轻松和谐的旅游氛围,引导旅游者友善共处、互帮互助,引导旅游者相互督促、友善提醒。

4.1.5 正确沟通

4.1.5.1 在引导时,导游领队人员应注意与旅游者充分沟通,秉持真诚友善原则,增强与旅游者之间的互信,增强引导效果。

4.1.5.2 对旅游者的正确批评和合理意见,导游领队人员应认真听取,虚心接受。

4.1.6 分类引导

4.1.6.1 针对不同旅游者的引导

a. 在带团工作前，导游领队人员应熟悉团队成员、旅游产品、旅游目的地的基本情况，为恰当引导旅游者做好准备。

b. 对未成年人较多的团队，应侧重对家长的引导，并需特别关注未成年人特点，避免损坏公物、喧哗吵闹等不文明现象发生。

c. 对无出境记录旅游者，应特别提醒旅游目的地风俗禁忌和礼仪习惯，以及出入海关、边防（移民局）的注意事项，提前告知和提醒。

d. 旅游者生活环境与旅游目的地环境差异较大时，导游领队应提醒旅游者注意相关习惯、理念差异，避免言行举止不合时宜而导致的不文明现象。

4.1.6.2 针对不文明行为的处理

a. 对于旅游者因无心之过而与旅游目的地风俗禁忌、礼仪规范不协调的行为，应及时提醒和劝阻，必要时协助旅游者赔礼道歉。

b. 对于从事违法或违反社会公德活动的旅游者，或从事严重影响其他旅游者权益的活动，不听劝阻、不能制止的，根据旅行社的指示，导游领队可代表旅行社与其解除旅游合同。

c. 对于从事违法活动的旅游者，不听劝阻、无法制止，后果严重的，导游领队人员应主动向相关执法、管理机关报告，寻求帮助，依法处理。

4.2 引导的主要内容

4.2.1 法律法规

导游领队人员应将我国和旅游目的地国家和地区文明旅游的有关法律规范和相关要求向旅游者进行提示和说明，避免旅游者出现触犯法律的不文明行为。引导旅游者爱护公物、文物，遵守交通规则，尊重他人权益。

4.2.2 风俗禁忌

导游领队人员应主动提醒旅游者尊重当地风俗习惯、宗教禁忌。在有支付小费习惯的国家和地区，应引导旅游者以礼貌的方式主动向服务人员支付小费。

4.2.3 绿色环保

导游领队人员应向旅游者倡导绿色出游、节能环保，宜将具体环保常识和方法向旅游者进行说明。引导旅游者爱护旅游目的地自然环境，保持旅游场所的环境卫生。

4.2.4 礼仪规范

导游领队人员应提醒旅游者注意基本的礼仪规范：仪容整洁，遵序守时，言行得体。提醒旅游者不在公共场合大声喧哗、违规抽烟，提醒旅游者依序排队、不拥挤争抢。

4.2.5 诚信善意

导游领队人员应引导旅游者在旅游过程中保持良好心态，尊重他人、遵守规则、恪守契约、包容礼让，展现良好形象。通过旅游提升文明素养。

5 具体规范

5.1 出行前

5.1.1 导游领队应在出行前将旅游文明需要注意的事项以适当方式告知旅游者。

5.1.2 导游领队参加行前说明会的，宜在行前说明会上，向旅游者讲解《中国公民国内旅游文明行为公约》或《中国公民出境旅游文明行为指南》，提示基本的文明旅游规范，并将旅游目的地的法律法规、宗教信仰、风俗禁忌、礼仪规范等内容系统、详细告知旅游者，使旅游者在出行前具备相应知识，为文明旅游做好准备。

5.1.3 不便于召集行前说明会或导游领队不参加行前说明会的，导游领队宜向旅游者发送电子邮件、传真，或通过电话沟通等方式，将文明旅游的相关注意事项和规范要求进行说明和告知。

5.1.4 在旅游出发地机场、车站等集合地点，导游领队应将文明旅游事项向旅游者进行重申。

5.1.5 如旅游产品具有特殊安排，如乘坐的廉价航班上不提供餐饮、入住酒店不提供一次性洗漱用品的，导游领队应向旅游者事先告知和提醒。

5.2 登机（车、船）与出入口岸

5.2.1 导游领队应提醒旅游者提前办理检票、安检、托运行李等手续，不携带违禁物品。

5.2.2 导游领队应组织旅游者依序候机（车、船），并优先安排老人、未成年人、孕妇、残障人士。

5.2.3 导游领队应提醒旅游者不抢座、不占位，主动将上下交通工具方便的座位让给老人、孕妇、残障人士和带婴幼儿的旅游者。

5.2.4 导游领队应引导旅游者主动配合机场、车站、港口以及安检、边防（移民局）、海关的检查和指挥。与相关工作人员友好沟通，避免产生冲突，携带需要申报的物品，应主动申报。

5.3 乘坐公共交通工具

5.3.1 导游领队宜利用乘坐交通工具的时间，将文明旅游的规范要求向旅游者进行说明和提醒。

5.3.2　导游领队应提醒旅游者遵守和配合乘务人员指示，保障交通工具安全有序运行：如乘机时应按照要求使用移动电话等电子设备。

5.3.3　导游领队应提醒旅游者乘坐交通工具的安全规范和基本礼仪，遵守秩序，尊重他人：如乘机（车、船）时不长时间占用通道或卫生间，不强行更换座位，不强行开启安全舱门。避免不文雅的举止，不无限制索要免费餐饮等。

5.3.4　导游领队应提醒旅游者保持交通工具内的环境卫生，不乱扔乱放废弃物。

5.4　住宿

5.4.1　导游领队应提醒旅游者尊重服务人员，服务人员问好时要友善回应。

5.4.2　导游领队应指引旅游者爱护和正确使用住宿场所设施设备，注意维护客房和公用空间的整洁卫生，提醒旅游者不在酒店禁烟区域抽烟。

5.4.3　导游领队应引导旅游者减少一次性物品的使用，减少环境污染，节水节电。

5.4.4　导游领队应提醒旅游者在客房区域举止文明，如在走廊等公共区域衣着得体，出入房间应轻关房门，不吵闹喧哗，宜调小电视音量，以免打扰其他客人休息。

5.4.5　导游领队应提醒旅游者在客房内消费的，应在离店前主动声明并付费。

5.5　餐饮

5.5.1　导游领队应提醒旅游者注意用餐礼仪，有序就餐，避免高声喧哗干扰他人。

5.5.2　导游领队应引导旅游者就餐时适量点用，避免浪费。

5.5.3　导游领队应提醒旅游者自助餐区域的食物、饮料不能带离就餐区。

5.5.4　集体就餐时，导游领队应提醒旅游者正确使用公共餐具。

5.5.5　旅游者如需在就餐时抽烟，导游领队应指示旅游者到指定抽烟区域就座，如就餐区禁烟的，应遵守相关规则。

5.5.6　就餐环境对服装有特殊要求的，导游领队应事先告知旅游者，以便旅游者准备。

5.5.7　在公共交通工具或博物馆、展览馆、音乐厅等场所，应遵守相关规则，勿违规饮食。

5.6　游览

5.6.1　导游领队宜将文明旅游的内容融合在讲解词中，进行提醒和告知。

5.6.2　导游领队应提醒旅游者遵守游览场所规则，依序文明游览。

5.6.3　在自然环境中游览时，导游领队应提示旅游者爱护环境、不攀折花草、不惊吓伤害动物，不进入未开放区域。

5.6.4　观赏人文景观时，导游领队应提示旅游者爱护公物、保护文物，不攀登骑跨或胡写乱划。

5.6.5　在参观博物馆、教堂等室内场所时，导游领队应提示旅游者保持安静，根据场馆要求规范使用摄影摄像设备。不随意触摸展品。

5.6.6　游览区域对旅游者着装有要求的（如教堂、寺庙、博物馆、皇宫等），导游领队应提前一天向旅游者说明，提醒准备。

5.6.7　导游领队应提醒旅游者摄影摄像时先后有序，不妨碍他人。如需拍摄他人肖像或与他人合影，应征得同意。

5.7　娱乐

5.7.1　导游领队应组织旅游者安全、有序、文明、理性参与娱乐活动。

5.7.2　导游领队应提示旅游者观赏演艺、比赛类活动时遵守秩序：如按时入场、有序出入。中途入场或离席以及鼓掌喝彩应合乎时宜。根据要求使用摄像摄影设备，慎用闪光灯。

5.7.3　导游领队应提示旅游者观看体育比赛时，尊重参赛选手和裁判，遵守赛场秩序。

5.7.4　旅游者参加涉水娱乐活动的，导游领队应事先提示旅游者听从工作人员指挥，注意安全，爱护环境。

5.7.5　导游领队应提示旅游者在参加和其他旅游者、工作人员互动活动时，文明参与、大方得体，并在活动结束后对工作人员表示感谢，礼貌话别。

5.8　购物

5.8.1　导游领队应提醒旅游者理性、诚信消费，适度议价，善意待人，遵守契约。

5.8.2　导游领队应提醒旅游者遵守购物场所规范，保持购物场所秩序，不哄抢喧哗，试吃试用商品应征得同意，不随意占用购物场所非公共区域的休息座椅。

5.8.3　导游领队应提醒旅游者尊重购物场所购物数量限制。

5.8.4　在购物活动前，导游领队应提醒旅游者购物活动结束时间和购物结束后的集合地点，避免旅游者迟到、拖延而引发的不文明现象发生。

5.9　如厕

5.9.1　在旅游过程中，导游领队应提示旅游者正确使用卫生设施；在如厕习惯特别的国家或地区，或卫生设施操作复杂的，导游领队应向旅游者进行相应说明。

5.9.2　导游领队应提示旅游者维护卫生设施清洁、适度取用公共卫生用品，并遵照相关提示和说明不在卫生间抽烟或随意丢弃废弃物、不随意占用残障人士专用设施。

5.9.3　在乘坐长途汽车前，导游领队应提示旅游者行车时间，提醒旅游者提前上卫生间。在长途行车过程中，导游领队应与司机协调，在中途安排停车如厕。

5.9.4　游览过程中，导游领队应适时提示卫生间位置，尤其应注意引导家长带领未成年人使用卫生间，不随地大小便。

5.9.5　在旅游者众多的情况下，导游领队应引导旅游者依序排队使用卫生间、并礼让急需的老人、未成年人、残障人士。

5.9.6　在野外无卫生间等设施设备的情况下，导游领队应引导旅游者在适当的位置如厕，避免污染水源或影响生态环境。并提示旅游者填埋、清理废弃物。

6　特殊/突发情况处理

6.1　旅游过程中遭遇特殊/突发情况，如财物被抢被盗、重大传染性疾病、自然灾害、交通工具延误等情形，导游领队应沉着应对，冷静处理。

6.2　需要旅游者配合相关部门处理的，导游领队应及时向旅游者说明，进行安抚劝慰，导游领队还应积极协助有关部门进行处理。在突发紧急情况下，导游领队应立即采取应急措施，避免损失扩大，事态升级。

6.3　导游领队应在旅游者和相关机构和人员发生纠纷时，及时处理、正确疏导，引导旅游者理性维权、化解矛盾。

6.4　遇旅游者采取拒绝上下机（车、船）、滞留等方式非理性维权的，导游领队应与旅游者进行沟通、晓以利害。必要时应向驻外使领馆或当地警方等机构报告，寻求帮助。

7　总结反馈

7.1　旅游行程全部结束后，导游领队向旅行社递交的带团报告或团队日志中，宜有总结和反馈文明旅游引导工作的内容，以便积累经验并在导游领队人员中进行培训、分享。

7.2　旅游行程结束后，导游领队宜与旅游者继续保持友好交流、并妥善处理遗留问题。

7.3　对旅游过程中严重违背社会公德、违反法律规范，影响恶劣，后果严重的旅游者，导游领队人员应将相关情况向旅行社进行汇报，并通过旅行社将该旅游者的不文明行为向旅游管理部门报告，经旅游管理部门核实后，纳入旅游者不文明旅游记录。

7.4　旅行社、导游行业组织等机构应做好导游领队引导文明旅游的宣传培训和教育工作。

中华人民共和国国家旅游局
2015 年 4 月 2 日发布

附录三　旅行社出境旅游服务规范

前　言

本标准按照 GB/T 1.1-2009 给出的规则起草。

本标准代替 LB/T 005—2002《旅行社出境旅游服务质量》，与 LB/T 005—2002 相比，主要技术变化如下：

本标准由全国旅游标准化技术委员会（SAC/TC 210）提出并归口。

本标准起草单位：国家旅游局质量规范与管理司、广州广之旅国际旅行社股份有限公司。

本标准主要起草人：李任芷、刘士军、汪黎明、刘莉莉、张源、郑烘、朱少东、虞国华、赵文志、钟妮、李晓慧。

本标准所代替标准历次版本发布情况为：

——LB/T 005—2002。

旅行社出境旅游服务规范

1 范围

本标准规定了旅行社组织出境旅游活动所应具备的产品和服务质量的要求。

本标准适用于中华人民共和国境内旅行社提供的出境旅游业务。

2 规范性引用文件

下列文件对于本文件的应用是必不可少的。凡是注日期的引用文件，仅注日期的版本适用于本文件。凡是不注日期的引用文件，其最新版本（包括所有的修改单）适用于本文件。

GB/T 15971-2010 导游服务规范

GB/T 16766 旅游业基础术语

GB/T 26359 旅游客车设施与服务规范

LB/T 008-2011 旅行社服务通则

LB/T 009-2011 旅行社入境旅游服务规范

3 术语和定义

GB/T 15971-2010、GB/T 16766 和 LB/T 008-2011 界定的以及下列术语和定义适用于本文件。

3.1 组团社 outbound travel service

依法取得出境旅游经营资格的旅行社。

3.2 出境旅游 outbound tour

组团社组织的以团队旅游的方式，前往中国公布的旅游目的地国家/地区的旅行游览活动。

3.3 出境旅游领队 outbound tour escort

依法取得从业资格，受组团社委派，全权代表组团社带领旅游团出境旅游，监督境外接待旅行社和导游人员等执行旅游计划，并为旅游者提供出入境等相关服务的工作人员。

3.4 出境旅游产品 outbound tour product

组团社为出境旅游者提供的旅游线路及其相应服务。

3.5　旅游证件 tour certification

因私护照和/或来往港澳/台湾地区的通行证。

3.6　出境旅游合同 outbound tour contract

组团社与旅游者（团）双方共同签署并遵守、约定双方权利和义务的合同。

3.7　奖励旅游 incentive travel

组织为其业绩优秀的员工提供所需经费，并委托专业旅游机构（组团社）精心组织，以弘扬企业文化、传达组织对其员工的感谢与关怀为创意，以增强员工的荣誉感和企业凝聚力、刺激业绩增长形成良性循环为主要目的的旅游活动。

3.8　同业合作 travel agencies' community cooperation

组团社之间互为代理对方的出境旅游产品，或者组团社委托其零售商代理销售其出境旅游产品并代为招徕出境旅游者的业务合作活动。

4　出境旅游产品

4.1　产品要求

组团社应编制并向旅游者提供《旅游线路产品说明书》（以下简称《说明书》）。《说明书》应符合 LB/T 008-2011 的要求。

4.2　设计要求

出境旅游产品设计除应满足 LB/T 008-2011 的要求外，还应：

a）符合国家法律法规、部门规章、国家或行业标准的要求；

b）突出线路的主题与特色，适时开发并推出新产品；

c）优化旅游资源的配置与组合，控制旅游者消费成本；

d）充分考虑旅游资源的时令性限制；

e）确保旅游目的地及其游览/观光区域的可进入性；

f）具有安全保障，正常情况下能确保全面履约，发生意外情况时有应急对策；

g）产品多样化，能满足不同消费档次、不同品位的市场需求，符合旅游者的愿望。

5　服务提供通用要求

5.1　总要求

5.1.1　组团社应在受控条件下提供出境旅游服务，以确保服务过程准确无误。为此，组团社应：

a）下工序接受上工序工作移交时进行检验复核，以确认无误；

b）确保其工作人员符合规定的资格要求和具备实现出境旅游服务所必需的能力，以证实自身的服务过程的质量保障能力和履约能力；

c）确立有效的服务监督方法并组织实施；

d）为有关工序提供作业指导书；

e）提供适当的培训或其他措施，以使员工符合规定的资格要求并具备必需的能力；

f）认真查验登记并妥善保管旅游者提供的相关旅游证件及资料，需要移交时保留移送交接记录。

5.1.2 组团社应安排旅游团队从国家开放口岸整团出入境，并按照出境旅游合同的约定，为旅游者提供服务。

在旅游过程中，组团社及其领队人员应：

a）对可能危及旅游者人身、财产安全的因素：

1）向旅游者做出真实的说明和明确的警示；

2）采取防止危害发生的必要措施。

b）尊重旅游者的人格尊严、宗教信仰、民族风格和生活习惯。

5.2 营销服务

5.2.1 门市部营业环境与销售人员

门市部营业环境与销售人员应符合 LB/T 008-2011 第 6 章的要求。

5.2.2 接受旅游者报名

接受旅游者报名时，营业销售人员除应符合 LB/T 008-2011 第 6 章的要求外，还应：

a）向旅游者提供有效的旅游产品资料，并为其选择旅游产品提供咨询；

b）告知旅游者填写出境旅游有关申请表格的须知和出境旅游兑换外汇有关须知；

c）认真审验旅游者提交的旅游证件及相关资料物品，以使符合外国驻华使领馆的要求，对不适用或不符合要求的及时向旅游者退换；

d）向旅游者/客户说明所报价格的限制条件，如报价的有效时段或人数限制等；

e）对旅游者提出的参团要求进行评价与审查，以确保所接纳的旅游者要求均在组团社服务提供能力范围之内；

f）与旅游者签订出境旅游合同及相关的补充协议，并提供《旅游线路产品说明书》作为旅游合同的附件；

g）接受旅游者代订团队旅游行程所需机票和代办团队旅游行程所需签证/注的委托；

h）计价收费手续完备，收取旅游费用后开具发票，账款清楚；

i）提醒旅游者有关注意事项，并向旅游者推荐旅游意外保险；

j）妥善保管旅游者在报名时提交的各种资料物品，交接时手续清楚；

k）将经评审的旅游者要求和所做的承诺及时准确地传递到有关工序。

5.3 团队计调运作

5.3.1 旅游证件

组团社应确保旅游者提交的旅游证件在送签和移送过程中在受控状态下交接和使用。

5.3.2 境外接团社的选择与管理

5.3.2.1 组团社应对境外接团旅行社进行评审，在满足下列条件的旅行社中优先选用，并与其签订书面接团协议，以确保组团社所销售的旅游产品质量的稳定性：

a）依法设立；

b）在目的地国家/地区旅游部门指定或推荐的名单内；

c）具有优良的信誉和业绩；

d）有能够满足团队接待需要的业务操作能力；

e）有能够满足团队接待需要的设施和设备；

f）有能够满足团队接待需要且符合当地政府资质要求的导游人员队伍，并不断对其进行培养和继续教育，以使其不断提高其履行出境旅游合同约定的意识和服务技能，持续改进服务质量；

g）订立了符合出境旅游合同要求的导游人员行为规范，并能在导游人员队伍中得到有效实施。

5.3.2.2 组团社应定期对境外接待社进行再评审，并建立境外接团社信誉档案。评审间隔不应超过1年。

5.3.2.3 相关的记录应予保存。

5.3.3 旅游签证/注

组团社应按照旅游者的委托和旅游目的地国驻华使领馆/我公安等部门的要求为旅游者代办团队旅游签证/注。对旅游者提交的自办签证/注，接收时应认真查验，以使符合外国驻华使领馆的要求。

代办签证/注过程中产生的相关交接记录应予保存。

5.3.4 团队计划的落实

组团社应根据其承诺/约定、旅游线路以及经评审的旅游者要求/委托，与有关交通运输、移民机关、接团社等有关部门/单位落实团队计划的各项安排/代办事项，确保准确无误。

组团社在落实团队计划过程中发现任何不适用的旅游者物品资料，应及时通知旅游者更换/更正。

与境外接待社落实团队接待计划确认信息的书面记录应予保存。

公商务旅游团队，组团社应与出团单位的联系人保持有效沟通，并对出团单位审定的方案进行评审并保存记录，以确保所需服务在组团社的提供能力范围内。超出能力范围的，应与出团单位协商解决。

团队计划落实妥当后，计调人员应做好如下工作并保存相应的移送交接记录：

a）将如下信息如实告知领队人员，并提供相应的书面资料：

1）团队计划落实情况，如团队行程；

2）团队名单；

3）旅游者的特殊要求。

b）向领队移交：

1）团队的旅游证件；

2）团队机票；

3）团队出入国境时需使用的有关表格；

4）公安边检查验用的团队名单表（需要时）；

5）另纸签证（需要时）；

6）团队的其他相关资料。

5.3.5　行前说明会

出团前，组团社应召开出团行前说明会。在会上，组团社应向旅游者：

a）重申出境旅游的有关注意事项，以及外汇兑换事项与手续等；

b）发放并重点解读根据《旅游产品计划说明书》细化的《行程须知》；

c）发放团队标识和《游客旅游服务评价表》；

注：参照 LB/T 009—2011 附录 C 给出的参考样式。

d）翔实说明各种由于不可抗力/不可控制因素导致组团社不能（完全）履行约定的情况，以取得旅游者的谅解。

《行程须知》除细化并如实补充告知《说明书》中交通工具的营运编号（如飞机航班号等）和集合出发的时间地点以及住宿的饭店名称外，还应列明：

a）前往的旅游目的地国家或地区的相关法律法规知识和有关重要规定、风俗习惯以及安全避险措施；

b）境外收取小费的惯例及支付标准；

c）组团社和接团社的联系人和联络方式；

d）遇到紧急情况的应急联络方式（包括我驻外使领馆的应急联络方式）。

5.3.6 国内段接送旅游汽车

国内段接送旅游汽车应符合 GB/T 26359 的要求。

5.4 领队接待服务

5.4.1 总要求

出境旅游团队应配备符合法定资质的领队。

5.4.2 领队素质要求

领队人员应：

a）符合 GB/T 15971—2010 要求的基本素质；

b）切实履行领队职责、严格遵守外事纪律；

c）已考取领队证并具备：

1）英语或目的地国家/地区语言表达能力；

2）导游工作经验和实操能力；

3）应急处理能力。

5.4.3 领队职责

领队应：

a）维护旅游者的合法权益；

b）与接待社共同实施旅游行程计划，协助处理旅游行程中的突发事件、纠纷及其他问题；

c）为旅游者提供旅游行程的相关服务；

d）代表组团社监督接待社和当地导游的服务质量；

e）自觉维护国家利益和民族尊严，并提醒旅游者抵制任何有损国家利益和民族尊严的言行；

f）向旅游者说明旅游目的地的法律法规、风土人情及风俗习惯等。

5.4.4 领队服务规范

5.4.4.1 通则

领队服务应符合 GB/T 15971—2010 的相关要求。

领队应认真履行领队职责（见 5.4.3），按旅游合同的约定完成旅游行程计划。

5.4.4.2 出团准备

领队接收计调人员移交的出境旅游团队资料时应认真核对查验。

注：出境旅游团队资料通常包括团队名单表、出入境登记卡、海关申报单、旅游证件、旅游签证/签注、交通票据、接待计划书、联络通讯录等。

领队应提前到达团队集合地点，召集、率领团队按时出发，并在适当的时候代表组团社致欢迎词。

5.4.4.3 出入境服务

领队应告知并向旅游者发放通关时应向口岸的边检/移民机关出示/提交的旅游证件和通关资料（如：出入境登记卡、海关申报单等），引导团队依次通关。

向口岸的边检/移民机关提交必要的团队资料（如：团队名单、团体签证、出入境登记卡等），并办理必要的手续。

领队应积极为旅游团队办妥乘机和行李托运的有关手续，并依时引导团队登机。

飞行途中，领队应协助机组/空乘人员向旅游者提供必要的帮助和服务。

5.4.4.4 旅行游览服务

领队应按组团社与旅游者所签的旅游合同约定的内容和标准为旅游者提供符合 GB/T 15971—2010 要求的旅游行程接待服务，并督促接待社及其导游员按约定履行旅游合同。

入住饭店时，领队应向当地导游员提供团队住宿分房方案，并协助导游员办好入店手续。

在旅游途中，领队应：

a）积极协助当地导游为旅游者提供必要的帮助和服务；

b）劝谕引导旅游者遵守当地的法律法规，尊重当地风俗习惯；

c）随时注意团队安全。

旅游行程结束时，应通过向旅游者发放并回收《游客旅游服务评价表》征询旅游者对旅游行程服务的意见，并代表组团社致欢送词。

5.4.4.5 特殊/突发情况的处理

组团社应建立健全应急预案和应急处理机制，建立保持畅通的沟通渠道。

旅游者在旅游过程中遇到特殊困难、旅游者在境外滞留不归或出现特殊/突发情况，如事故伤亡、行程受阻、财物丢失或被抢被盗、重大传染性疾病、自然灾害等，领队应积极协助有关机构或直接做出有效的处理，并向我驻当地使领馆报告，获得帮助，以维护旅游者的合法权益。

注：GB/T 15971—2010 附录 A 提供了应急处理的原则。

6 服务提供特别要求

6.1 奖励旅游

组团社应为组织者度身定做奖励旅游专项产品。奖励旅游产品应与组织者奖励旅游的创意和目的相匹配。组团社应参照本标准5.3.4条款的要求提供相关服务。

6.2 同业合作

6.2.1 导则

组团社之间或者组团社与其零售商之间，可依法建立批发与零售代理关系。

6.2.2 组团社

组织出团的组团社应：

a) 向负责收客的旅行社提供符合本标准第 4 章要求的旅游产品；

b) 向负责收客的旅行社招徕的旅游者提供符合本标准要求的出境旅游服务。

6.2.3 负责收客的旅行社

收客时，负责收客的旅行社应：

a) 向旅游者披露组团社，并使用组团社指定的旅游合同；

b) 向旅游者提供符合本标准要求的销售服务；

c) 销售旅游线路产品时使用该产品组团社的《说明书》；

d) 非经组团社同意，不向旅游者做出超出《说明书》范围的承诺。

6.2.4 转团

旅游团队因组团社原因不能按约成行，需将旅游者转到另外的组团社出团的，原签约的组团社应与旅游者签订转团合同，并与承担出团任务的组团社签订合作协议。

6.2.5 沟通

组团社、负责收客的旅行社与旅游者应保持有效的沟通，相关资料得到及时传递，客源交接的相关手续与信息清楚并保留相应的记录。

6.2.6 信誉档案

组团社与负责收客的旅行社应互建对方的信誉档案。

旅游者投诉时，属负责收客的旅行社自身责任所致的，负责收客的旅行社应及时做出处理；属组团社责任所致的，应及时会同组团社做出处理。

7 服务质量的监督与改进

7.1 总要求

7.1.1 组团社应按照本标准的要求并参照 GB/T 19001 的要求建立出境旅游服务质量管理体系。

7.1.2 组团社应建立健全出境旅游服务质量检查机构和监督机制，依据本标准对出境旅游服务进行监督检查。

7.2 服务质量的监督

组团社应通过《游客旅游服务评价表》、《领队日志》、电话回访、对自身出境旅游产品的定期评价、每年度对地接社及其地陪的服务供方评价及其他方式认真听取各方面的意见；对收集到的旅游者反馈信息进行统计分析，了解旅游者对出境旅游服务的满意度。

7.3 服务质量的改进

7.3.1 组团社应根据旅游者的满意度对存在的质量问题进行分析，确定出现质量问题的原因。

7.3.2 组团社应针对出现质量问题的原因采取有效措施，防止类似问题再次发生，达到出境旅游服务质量的持续改进。

7.4 投诉处理

7.4.1 组团社对旅游者的投诉应认真受理、登记记录，依法做出处理。

7.4.2 组团社应设专职人员负责处理旅游者投诉。对于重大旅游投诉，组团社主要管理人员应亲自出面处理。

7.4.3 组团社应建立健全投诉档案管理制度。

中华人民共和国国家旅游局

2011 年 2 月 1 日发布

附录四　各国报警电话一览

阿富汗

区号：0093

当地常用报警电话：100-119

阿联酋

区号：00971

当地常用报警电话：999

韩国

区号：0082

当地常用报警电话：112

菲律宾

区号：0063

当地常用报警电话：117

柬埔寨

区号：00855

当地常用报警电话：117

马来西亚

区号：0060

当地常用报警电话：112

马尔代夫

区号：00960

当地常用报警电话：119

缅甸

区号：0095

当地常用报警电话：199

尼泊尔

区号：00977

当地常用报警电话：100

日本

区号：0081

当地常用报警电话：110

泰国

区号：0066

当地常用报警电话：191

土耳其

区号：0090

当地常用报警电话：155

文莱

区号：00673

当地常用报警电话：993

新加坡

区号：0065

当地常用报警电话：999

印度

区号：0091

当地常用报警电话：100

印度尼西亚

区号：0062

当地常用报警电话：110

越南

区号：0084

当地常用报警电话：113

埃及

区号：0020

当地常用报警电话：122

津巴布韦

区号：00263

当地常用报警电话：995

肯尼亚

区号：00254

当地常用报警电话：112、999

毛里求斯

区号：00230

当地常用报警电话：999、112

南非

区号：0027

当地常用报警电话：10111

坦桑尼亚

区号：00255

当地常用报警电话：111、112

爱尔兰

区号：00353

当地常用报警电话：999

奥地利

区号：0043

当地常用报警电话：133

冰岛

区号：00354

当地常用报警电话：112

波兰

区号：0048

当地常用报警电话：997、112

英国

区号：0044

当地常用报警电话：999

丹麦

区号：0045

当地常用报警电话：112

德国

区号：0049

当地常用报警电话：110

俄罗斯

区号：007

当地常用报警电话：02

法国

区号：0033

当地常用报警电话：17

芬兰

区号：00358

当地常用报警电话：112

荷兰

区号：0031

当地常用报警电话：112、0900-8844

捷克

区号：00420

当地常用报警电话：158

卢森堡

区号：00352

当地常用报警电话：113

挪威

区号：0047

当地常用报警电话：112

葡萄牙

区号：00351

当地常用报警电话：112

瑞典

区号：0046

当地常用报警电话：112、11414

瑞士

区号：0041

当地常用报警电话：117

西班牙

区号：0034

当地常用报警电话：091

希腊

区号：0030

当地常用报警电话：100

匈牙利

区号：0036

当地常用报警电话：107

意大利

区号：0039

当地常用报警电话：112（宪兵）、113（警察）

阿根廷

区号：0054

当地常用报警电话：101

巴西

区号：0055

当地常用报警电话：190

美国

区号：001

当地常用报警电话：911

墨西哥

区号：0052

当地常用报警电话：066

澳大利亚

区号：0061

当地常用报警电话：000

斐济

区号：00679

当地常用报警电话：911、3311222

新西兰

区号：0064

当地常用报警电话：111